GZC 高校主题出版
GAOXIAO ZHUTI CHUBAN

孙中山与华侨华人系列

伟业长存

海外华侨与孙中山革命运动图片集

徐云 编著

暨南大学出版社
JINAN UNIVERSITY PRESS

中国·广州

图书在版编目（CIP）数据

伟业长存：海外华侨与孙中山革命运动图片集/徐云编著. —广州：暨南大学出版社，2021.8
（孙中山与华侨华人系列）
ISBN 978 - 7 - 5668 - 2051 - 8

Ⅰ.①伟… Ⅱ.①徐… Ⅲ.①华侨—史料—图集②孙中山（1866—1925）—生平事迹—图集 Ⅳ.①K250.6 - 64②K827 = 6

中国版本图书馆 CIP 数据核字（2017）第 004968 号

伟业长存：海外华侨与孙中山革命运动图片集
WEIYE CHANGCUN：HAIWAI HUAQIAO YU SUNZHONGSHAN GEMING YUNDONG TUPIANJI
编著者：徐　云

出 版 人：张晋升
策划编辑：黄圣英
责任编辑：詹建林　吴筱颖
责任校对：黄志波
责任印制：周一丹　郑玉婷

出版发行：暨南大学出版社（510630）
电　　话：总编室（8620）85221601
　　　　　营销部（8620）85225284　85228291　85228292　85226712
传　　真：（8620）85221583（办公室）　85223774（营销部）
网　　址：http：//www.jnupress.com
排　　版：广州市天河星辰文化发展部照排中心
印　　刷：深圳市新联美术印刷有限公司
开　　本：787mm×1092mm　1/16
印　　张：20.5
字　　数：404 千
版　　次：2021 年 8 月第 1 版
印　　次：2021 年 8 月第 1 次
定　　价：98.50 元

（暨大版图书如有印装质量问题，请与出版社总编室联系调换）

前　言

　　在中国近代史上，孙中山是一位杰出的资产阶级革命领袖，是中国革命的先行者和伟大的爱国主义者。他的一生是追求进步的一生、革命的一生、伟大的一生。毛泽东曾高度评价说："中国反帝反封建的资产阶级民主革命，正规地说起来，是从孙中山先生开始的。"孙中山"全心全意地为了改造中国而耗费了毕生的精力，真是鞠躬尽瘁，死而后已"，是"中国革命民主派的旗帜"。而我真正体会到孙中山的伟大，正是在收集、整理这本图文集的过程中。通过收集资料，研读相关论著，我深深地认识到，孙中山的伟大，不仅表现在他领导的资产阶级民主革命推翻了帝制，建立了亚洲第一个共和政体—中华民国，更表现在他整个革命生涯中百折不挠、愈挫愈勇的精神境界和人格力量。正如鲁迅称赞他的那样："站出世间来就是革命，失败了还是革命。"自1895年第一次广州起义失败而流亡海外后，孙中山就在一条充满坎坷和艰险的路上披荆斩棘、奋勇前行。他不避艰险，不顾劳瘁；败而不馁，跌而复起。经历过悬赏通缉、伦敦蒙难、金山受阻、乱党叛军等性命攸关的磨难，也经历过起义失败、军阀掣肘、同僚非议的打击。正是经过了这些锤炼洗礼，孙中山的意志更加坚定，为革命献身的理想也更加发扬光大。

　　孙中山与华侨的关系，可谓水乳交融。首先，孙中山是华侨革命的领袖，其本人就是华侨，他的求学背景和革命生涯与海外经历密切相关。自从1894年走上革命道路，到1925年去世这30余年的革命生涯中，孙中山有一半的时间是以海外为根据地进行革命活动的，这期间孙中山与海外华侨建立了密不可分的联系和友谊。在此基础上，他才能够把海外华侨广泛发动起来，积极参与到中国的民族民主革命中来，这是孙中山的一个独特功绩。其次，孙中山在海外华侨中的威望甚高，受到华侨的衷心爱戴。广大华侨奉孙中山为"侨父""海外侨胞之慈母""爱护华侨唯一恩人"，宋庆龄在纪念孙中山诞辰90周年时曾经说道："由于中山先生在革命实践中一再遭到失败，不得不在国外策动革命，他的革命事业是与华侨同胞的努力分不开的，他不仅重视华侨，且以华侨为忠诚的战友，在爱国主义的基础上和他们紧密地团结起来……中山先生反帝国主义反封建主义革命斗争中，华侨曾做出很多贡献，很多华侨同胞是他忠诚可靠的朋友。"这段话恰如其分地说出了孙中山与华侨的关系。最后，孙中山的革命活动，主要靠海外华侨的支持和帮助。尽管早期受康有为保皇派思想的影响，很多华侨对孙中山的革命思想和实践抱有怀疑甚至抵触情绪，但随着革命形势的发展和保皇派的衰落，在孙中山崇高理想和百折不挠的革命精神影响下，海外华侨的思想觉悟不断转变和提高，跟随孙中山进行革命活动的信念更加坚定，行动更加果敢，成为其革命活动的积极支持者和坚强后盾。无论是积极组织革命团体、为革命慷慨解囊，还是踊跃投身武装斗争，为民族民主革命舍生取义、毁家纾难，甚至流血牺牲，海外华侨都做出了巨大贡献，而且不求回报。因此，"华侨是中国革命之母"，这绝不是过誉之词。

值得一提的是，与抗日战争中华侨大张旗鼓宣传抗日、鼎力输将不同的是，晚清民初华侨支持孙中山革命是需要付出极大的勇气和代价的。由于当时孙中山是清政府通缉的政治要犯，跟随孙中山进行革命活动不仅本人有生命危险，甚至会株连家人。因此，晚清民初华侨支持孙中山革命的过程，更加波澜起伏，感人至深。

本书以 19 世纪后期至 20 世纪前期近代资产阶级民主革命为时代背景，以孙中山与华侨的关系为主线，结合典型事例和典型人物，再现中华民族灾难深重之际，历史巨人孙中山为挽救民族危亡奔走呼号、百折不挠，广大华侨对其革命活动多方支援的历史图景。

关于本书的入选人物，主要以长期在侨居地生活、创业和从侨居地返回国内从事革命活动的华侨、归侨为主。同时，考虑到当时的历史环境，也选取了一些具有华侨背景或活跃在侨界的相关人物。第一，旅居香港的一些仁人志士。这类人物基于香港特殊的地理环境，较早地进行反清革命活动。无论是策划武装起义，还是输送武器弹药、筹集起义军费、联络海内外革命志士，他们都做出了突出贡献，比如香港兴中会首任会长杨衢云、拿出百万家财资助起义军饷的香港富商李纪堂。第二，一些具有海外留学经历的留学生。他们在留学过程中，广泛接触西方资产阶级民主、自由、革命学说，举行集会，组织团体，出版刊物。很多人学成回国，积极投身到孙中山领导的革命斗争中，直接推动了革命形势的向前发展。这些留学生在当时是被视为具有华侨背景和抱有华侨身份的，比如留美的朱兆莘被选为民国议会的华侨参议员；留日的汪精卫被选为华侨联合会首任会长。第三，一些长期活跃在侨界的政坛人物。他们或被派往海外长期从事华侨工作，或在国内组织华侨和归侨进行政治和经济活动，是华侨与祖国革命事业之间的纽带，因此有必要做一些简要的介绍，比如国民党海外部第一任部长林森。

本书定位于通识教育，采用图文集的形式，力图以图鉴史。但是，这种愿望实现起来有很多困难，难免会留下一些遗憾。其一，中华民国成立前，由于孙中山的特殊身份，革命党人的一切革命活动均处于非法的秘密状态。因此，这一时期能够反映孙中山与华侨关系的图像、信函，保留下来的不多，能搜集到的就更少了。其二，有些著名的华侨代表人物，因为图文资料的匮乏，没能在书中加以介绍和说明，因此在内容组织上会有一定的局限性。比如，南洋霹雳资深革命活动家李源水，孙中山与其联系甚为密切，但关于其个人资料非常零散，以至于不能归纳基本的生平。其三，为保证图片的真实性，本书在编辑过程中做了必要的考证工作，包括人物、时间、地点以及背景资料，力图使其准确和完整。但有少部分图片，由于缺乏考证线索，如有讹误，敬请方家指正。另外，本书绝大部分的图片已有百年左右，其间多方辗转使用，文献原始出处早已源流不清，这点还请读者谅解。

孙中山在近代中国历史上留下了不可磨灭的功勋，也为后继者留下了珍贵的遗产。2021 年是孙中山诞辰 155 周年。深切缅怀这位伟人的奋斗历程和丰功伟绩，对于凝聚海内外中华儿女的意志，团圆共享民族复兴梦想具有非常重要的意义。孙中山天下为公和振兴中华的思想，必将鼓舞我们朝着实现中华民族伟大复兴的"中国梦"和"两个一百年目标"奋勇前行。

2021 年 4 月

目　录

山雨欲来

　　1840 年是中国近代史的开端，清朝晚期（1840—1911）是一个多灾多难的年代。1840 年爆发的鸦片战争开启了西方列强狼来虎去、弱肉强食的大幕，中国社会一步一步地沦为半殖民地半封建社会。清政府在镇压戊戌变法和义和团运动、签订《辛丑条约》、实施新政破产后，其腐朽、反动的本质进一步暴露。近代中国两大社会矛盾趋于汇流，集中体现为中国人民同清朝政府之间的矛盾。清政府成为"洋人的朝廷"，清王朝的腐败及其危害表现在政治、军事、经济、文化、对外关系等方面，这表明其统治肌体由内到外的全面衰败，资产阶级政治运动由改良发展到革命，已成为这一时期社会发展的迫切需要和必然选择。为了挽救濒临灭亡的中华民族，近代中国一批批有志之士纷纷揭竿而起，一次又一次地掀起反帝反封建的救国浪潮。1911 年 10 月 10 日辛亥革命爆发，清朝近 300 年江山气数殆尽，其灭亡成为历史必然。在推翻帝制、走向共和的历史进程中，华侨起到了既重要又关键的作用。他们早年背井离乡，忍辱负重，在世界各地侨居创业，不仅受到经济压榨和盘剥，而且在政治上受到排斥、打击甚至杀戮。他们深深体会到，"外人所以欺我侮我者，皆我国之不振有以数之"，"深知国家不强之可耻可痛"。他们渴望有一个强大的祖国作自己的靠山和后盾保护他们。因而他们盼望祖国强大，关心祖国的兴衰荣辱，把自己的命运与祖国的命运联系在一起。以孙中山为首的资产阶级革命党致力于振兴中华，与广大华侨期望祖国强大的愿望一致，有着共同的思想基础和社会基础。

风雨飘摇的晚清中国

第一次鸦片战争

晚清时期，"闭关锁国"的中国逐步落后于世界大潮，但是在外贸中中国一直处于出超地位。为了扭转对华贸易逆差，英国开始向中国走私鸦片牟取暴利。鸦片的大量输入对清政府的统治构成了威胁。首先，威胁表现为财政危机。由于收税困难，各地拖欠越来越多，国库存银日益减少，国家开支困难。为了维持政府财政，清政府虽在 1800 年、1813 年和 1815 年三次下令禁烟，但仍禁而不止。其次，吸食鸦片的人日益增多，引起了更大的政治危机。随着鸦片输入的增多，烟毒泛滥的地区日益扩大，吸食的人遍及全国，波及社会各个阶层。从而引起了社会的动荡，社会秩序混乱，军队战斗力低下，官场更加腐败不堪。

所有这些问题引起了统治阶级中一部分人的注意，他们深刻认识到鸦片对中国的危害。在道光皇帝的支持下，中国人民上演了一场气壮山河的禁烟运动，其代表性事件便是 1839 年林则徐的虎门销烟。1838 年冬，道光皇帝任命湖广总督林则徐为钦差大臣，派其赴广东查禁鸦片。林则徐到任后，严行查缴鸦片 2 万余箱，并于虎门入海口悉数销毁。这打击了英国走私商人的嚣张气焰，同时也影响到了英国的利益。中国政府的禁烟运动沉重打击了英国的鸦片贸易，大大损害了那些依靠鸦片获利的人的利益，于是禁烟与贩烟的矛盾直接导致了中英第一次鸦片战争的爆发。

1840 年 6 月，英军舰船 47 艘、陆军 4 000 人在海军少将懿律、驻华商务监督义律率领下，陆续抵达广东珠江口外，封锁入海口，第一次鸦片战争开始。战争前期，中国军民奋起抵抗，沉重打击英国侵略者，但是清政府抵抗不住英国的侵略，战争以中国失败并赔款割地告终。

吸食鸦片的中国人

林则徐虎门销烟

中英《南京条约》

1842年8月，清政府被迫同英国签订了中国近代第一个不平等条约——中英《南京条约》。中国开始被迫向外国割地、赔款、商定关税，这严重破坏了中国主权。鸦片战争使中国开始沦为半殖民地半封建社会，丧失独立自主的地位，并促进了自然经济的解体。

1842年8月，清政府代表在泊于南京下关江面的英军旗舰皋华丽号上与英国签署《南京条约》，图为签约场景

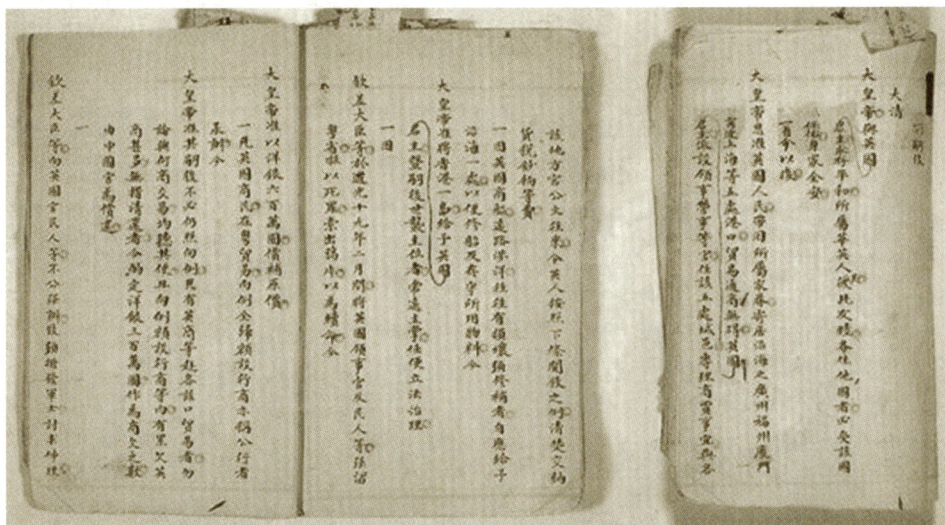

《南京条约》局部抄件

相关链接

1840年鸦片战争爆发后，清政府闭关锁国的大门被强行打开。西方侵略者在华大肆掠贩华工，逼迫清政府改变原来的海禁政策为对外"开放"的政策。中英《南京条约》的第一条为对中英两国在各自国家的侨民规定："嗣后大清国大皇帝与英国君主永存和平，所属华英人民彼此友睦，各住他国者必受该国保佑身家安全。"1860年，英法联军攻陷北京，与清政府订立《北京条约》。清廷被迫对外"出口"华民，"毫无禁阻"。自此清政府海禁大开，大批中国人走出国门。

中日甲午战争

1871 年，中日两国签订了中日关系史上的第一个条约《中日修好条规》，第一款就说："嗣后大清国、大日本国倍敦和谊，与天壤无穷。即两国所属邦土，亦各以礼相待，不可稍有侵越，俾获永久安全。"这是一个平等的条约。但日本并没有遵守这一条约，而是开始积极向中国扩张。1894 年，日本不顾《中日修好条规》，就朝鲜问题悍然挑起了中日甲午战争。日本侵略中国是蓄谋已久、准备充分的。早在 1867 年，明治天皇睦仁登基伊始，即在《天皇御笔信》中宣称"开拓万里波涛，宣布国威于四方"，蓄意向海外扩张。中日甲午战争以 1894 年 7 月 25 日丰岛海战的爆发为开端，至 1895 年 4 月 17 日《马关条约》签订结束。这场战争以中国战败、北洋水师全军覆没告终。清政府迫于日本军国主义的军事压力，签订了丧权辱国的不平等条约——《马关条约》。甲午战争给中华民族带来空前严重的民族危机，一方面大大加深了中国社会半殖民地化的程度；另一方面则使日本国力更为强大，得以跻身列强。

清朝北洋水师致远舰部分官兵合影：立梯口双手合抱者即为舰长邓世昌，右立之洋人即为他的英国轮机长，两人皆于甲午战争的黄海海战中牺牲

相关链接

"致远号"巡洋舰是清朝北洋水师向英国阿姆斯特朗船厂订购建造的穹甲防护巡洋舰,是北洋水师主力战舰中航行速度最高的。在1894年爆发的中日甲午战争中,"致远号"及"靖远号"是北洋水师最为"新式"的舰只。"致远号"管带(舰长)邓世昌是近代中国第一批自己培养出来的海军将领之一。邓世昌1849年10月4日生于广东番禺,1867年考入马尾船政学堂驾驶班第一期,1871年被派至"建威"舰练习航海,1874年以优异成绩毕业。1887年任"致远号"管带,职中军中副将。他是北洋海军管带中唯一一位未曾出洋留学或实习的管带。1894年9月17日的黄海海战中,在"致远号"弹药将尽且遭受重创后,邓世昌下令冲向日本舰队的主力舰"吉野号"欲与敌同归于尽,不幸被敌击中鱼雷发射管引发管内鱼雷爆炸沉没,全舰官兵246人为国殉难。

《马关条约》

甲午战争后,中日签订了《马关条约》。根据条约规定,中国割让辽东半岛(后因三国干涉还辽而未能得逞)、台湾岛及其附属各岛屿、澎湖列岛给日本,赔偿日本二亿两白银。中国还增开沙市、重庆、苏州、杭州为商埠,并允许日本在中国的通商口岸投资办厂。《马关条约》使日本获得巨大利益,刺激其侵略野心;使中国民族危机空前严重,半殖民地化程度大大加深。该条约适应了帝国主义列强对华资本输出的需要,随后列强掀起了瓜分中国的狂潮。《马关条约》是继《南京条约》以来最严重的不平等条约,它给近代中国社会带来严重危害,中国社会半殖民地化的程度大大加深了。

《马关条约》签订时的情景

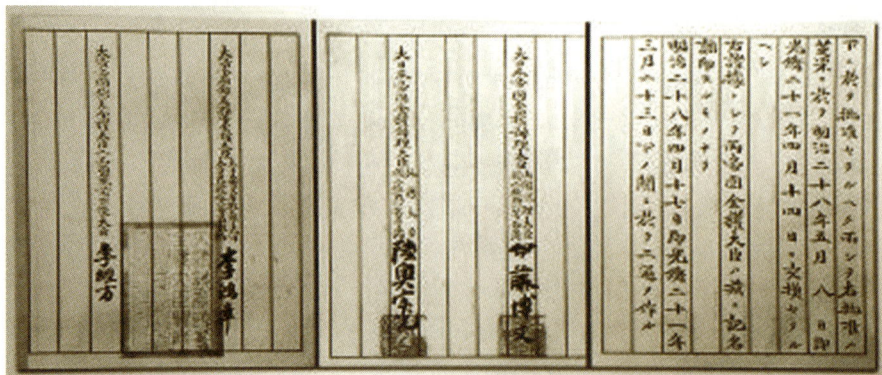

《马关条约》签署页。日方签字代表为伊藤博文，中方签字代表为李鸿章

公车上书与戊戌变法

  1895 年春，各省举人在北京考完会试，等待发榜。《马关条约》割让台湾及辽东，赔款白银二亿两的消息突然传至，在北京应试的举人群情激愤，台籍举人更是痛哭流涕。4 月 22 日，康有为写成一万八千字的《上今上皇帝书》，十八省举人响应，一千两百多人连署。5 月 2 日，由康、梁二人带领，十八省举人与数千市民集都察院门前请代奏。这就是著名的"公车上书"。公车上书被认为是维新派登上历史舞台的标志，也被认为是中国群众的政治运动的开端。"上书"提出"拒和、迁都、练兵、变法"等主张，被清政府拒绝，但在社会上产生了巨大影响。之后，康有为等以"变法图强"为号召，在北京、上海等地发行报纸，宣传维新思想。严复、谭嗣同亦在其他地方宣传维新思想。

《马关条约》震惊了正在京城会试的举子，1895 年 5 月康有为联合在京应试的各省举人一千两百多人，共同发起"公车上书"，呼吁拒和、迁都、练兵、变法

　　1898 年 6 月 11 日至 9 月 21 日，以康有为、梁启超为主的维新派人士在光绪帝的支持下进行了一场政治改良运动，倡导学习西方，提倡科学文化，改革政治、教育制度，发展农、工、商业等，史称"戊戌变法"。戊戌变法因损害到以慈禧太后为首的守旧派的利益，遭到守旧派的强烈抵制与反对。1898 年 9 月 21 日慈禧太后等发动戊戌政变，光绪帝被软禁在中南海瀛台。维新派的康有为、梁启超分别逃往海外，谭嗣同、康广仁、林旭、杨深秀、杨锐、刘光第六君子被杀，历时 103 天的变法失败。

　　甲午战争的惨败，再次将中华民族推到了危亡的关头。此时，毕业于英国海军学校的福建侯官（今闽侯）人严复翻译了英国生物学家赫胥黎的《天演论》，宣传了"物竞天择，适者生存"的观点，并于 1897 年 12 月在天津出版的《国闻汇编》刊出。该书的问世产生了严复始料未及的巨大社会反响，维新派领袖康有为见此译稿后，发出"眼中未见有此等人"的赞叹，称严复"译《天演论》为中国西学第一者也"。

严复

《天演论》

戊戌变法六君子：谭嗣同、康广仁、林旭、杨深秀、杨锐、刘光第

八国联军侵华战争

八国联军的侵华战争，将灾难深重的中国推向万劫不复的深渊。甲午战败后，西方列强划分在华势力范围、华北农村频繁发生教案、天灾频仍及宫廷权力争斗激化，这些引发了黄河北岸山东直隶农民、中国天主教会、清军三方之间的武装冲突。1900年6月，清政府允许成千上万习练义和拳并号称"义和团"的农民进驻北京，并由此祸及英美北京新教、基督教在华差会及俄罗斯正教会东正教北京传道团。义和团又先于清军进攻天津租界，最终引发八国联军远征。1900年5月28日，大英帝国、美利坚合众国、法兰西第三共和国、德意志帝国、俄罗斯帝国、日本帝国、奥匈帝国和意大利王国派遣的联合远征军为镇压中国北方义和团运动，发起了八国联军侵华战争。

八国联军首脑

被俘的义和团团员

联军的炮车

参战的美国军舰"马拉卡西"号

英法联军火烧后的圆明园

《辛丑条约》

　　《辛丑条约》是清政府与八国联军及比利时、西班牙、荷兰在义和团运动失败、八国联军攻入北京后签订的一个不平等条约。条约签订于 1901 年 9 月 7 日。《辛丑条约》是中国近代史上赔款数目最庞大、主权丧失最严重的不平等条约。条约规定：①中国赔款本息合计 9.8 亿两白银（赔偿 4.5 亿两白银，分 39 年还清，本息共计约 9.8 亿两）；②划定北京东交民巷为使馆界，允许各国驻兵保护，不准中国人在界内居住；③清政府保证严禁人民参加反帝运动；④清政府拆毁天津大沽口到北京沿线设防的炮台，允许列强各国派兵驻扎北京到山海关铁路沿线要地。《辛丑条约》的签订令中国的主权进一步沦丧，至此，中国完全沦为半殖民地半封建社会。

李鸿章代表清政府与 11 国的驻华公使在北京签订《辛丑条约》（图中右排第二人是李鸿章）

民不聊生的晚清社会

连年的战火导致了晚清社会政治黑暗、经济凋敝、财匮力尽、民不聊生，人们流离失所，疮痍未复而新创又至。战争在消耗大量社会财富的同时，对社会生产又直接造成了毁灭性的打击，因此广大人民群众挣扎在贫困线上，社会矛盾加剧，清政府的政权岌岌可危。

清末的战争、土匪和饥馑造成了大批的难民

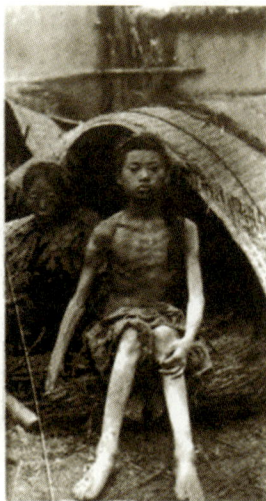

骨瘦如柴的少年

蕴藏火种的华侨社会

苦力贸易中的华工

第一次鸦片战争后，国内社会经济环境的恶化，海外经济的发展对劳动力的极大需求，清政府解除海禁政策的实行，以及西方资本主义对殖民地的开发热情，这些都造成了大规模的海外移民潮。在这些海外移民中，大部分人都是直接或变相地通过所谓"契约"的方式，被招募或遭胁迫、拐骗甚至被绑架到海外去的。故以"契约华工"的方式出国是近代多数华侨形成的主要途径。

"苦力"与"猪仔"

"契约华工"又称"苦力"或"猪仔"，是指破产失业并"应募"到海外做工的中国人，他们与人贩子或外国资本家订立契约，写明应募的地点、工作性质、年限、工资数额及预付工资等。实际上，"契约"不过是一张骗人的废纸，招募者很少履行；而对华工来说，契约就是卖身契。签约后的华工完全失去人身自由，沦为"会说话的工具"。"猪仔贩运"的主要目的地是东南亚各地，而"苦力贸易"地区主要是拉丁美洲、加勒比地区和大洋洲各岛。早期华侨先驱迁往海外，披荆斩棘、胼手胝足，以一代甚至几代人的汗水开辟出一片新天地，成为当地经济与社会发展的推动者。

聚集在甲板上的出洋华工

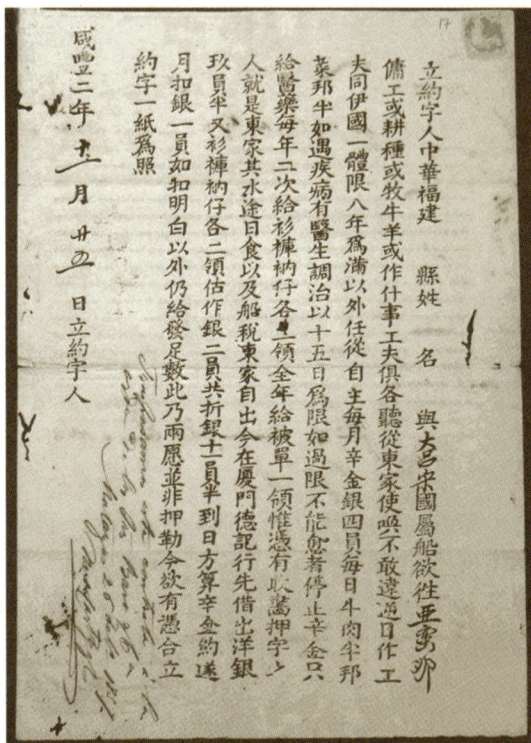

最初贩掠华工的地点是福建的厦门。为了囚禁拐骗到手的华工，殖民者雇用的投机商人在厦门修建"猪仔馆"，还在洋面设有一艘屯船，专门接收人贩子送来的"猪仔"。图为1852年福建华工赴古巴的契约合同

国人大规模地涌向东南亚也是在鸦片战争以后。19世纪后期，资本主义国家向帝国主义过渡，把大量资本输出到落后国家，更加紧了对殖民地的原料掠夺和商品倾销。这一时期，东南亚矿业的开采，橡胶园的开辟，城镇、港口、道路的大规模建设等，对中国劳动力的需求倍增，故而此时东南亚华侨数量随之剧增。图为华工在马来亚锡矿厂做工的现场

在马来亚砂劳越石隆门金矿做工的华工

鸦片战争后，最先在中国贩运华工的是老牌殖民国家西班牙，图为被贩运到南美洲，在甘蔗园里戴镣铐劳作的华工

北美洲的赊单华工

"赊单"为广东话，是指赊欠船票制。"赊单工"到达目的地后，要将一定时期内的劳动所得用来偿还购买船票的费用和利息。这是一种利用债务契约的形式，实行强制劳动，残酷剥削华工的奴役关系。"赊单工"在债务未清以前，要听从债权人的控制和驱使，不能自由行动。债主可以用高价出租或转卖"苦力"。"赊单工"主要集中在美国西部的加利福尼亚一带。1848 年加利福尼亚金矿的发现以及中西部的开发，使美国急需修筑横贯东西岸的大铁路。为了满足对劳动力的需求，美国资本家除了招引大批欧洲劳工外，也到太平洋彼岸的中国拐骗大批廉价劳动力。19 世纪 40—80 年代，先后约有 30 万华工被掠贩到美国，后来又从美国发展到加拿大。"赊单工"虽是以自由身份前往北美洲的华工，但与"契约华工"在本质上没有区别。

在加利福尼亚淘金的华工

自 1848 年在美国加州萨克拉门托附近地区发现金矿到 19 世纪 90 年代，开采金银矿的浪潮持续了近半个世纪，在这些采矿地都有华人的足迹。华工在加利福尼亚的矿山冶炼矿石，不仅条件十分艰苦，而且必须缴纳采矿税。1850年，加利福尼亚州议会通过了《外籍矿工执照税法》，规定每个中国矿工每月须缴纳20美元的营业执照税费。1880年，加州华人中还有1/5在矿山工作。

（12）

十九世纪五六十年代来加州"淘金"的华工

修筑北美太平洋铁路的华工

在内华达修筑中央太平洋铁路的华工

美国中央太平洋铁路1863年动工，1869年通车。该铁路长3 000多公里，穿越了整个北美大陆。这一壮举宣告了美国大陆在经济运行上开始连成一体，推动美国成为联结太平洋和大西洋的经济大国。从一定意义上说，正是这条铁路成就了现代美国。在西段全长近1 100公里的中央太平洋铁路上，有95%的工作是在华工加入筑路大军的四年中完成的。

华工们在"合恩角"施工现场

1866年，华工们开始挑战中央太平洋铁路工程中最大的拦路虎——塞拉岭通道。被称为"合恩角"的花岗岩石墙是这里最难攻克的险关，它的下部是垂直光滑、深达1 000英尺（约合304.8米）的悬崖峭壁。为了从笔直的山崖上劈出一条双轨宽的路基，华工把自己拴在吊篮里，从山顶上用绳索吊下去，在半空中凿壁填塞火药，点火后再往上拉。那里的岩石很硬，常使得火药从炮眼里直接迸出，伤及华工。因为火药性能不稳或者绳索被磨断而葬身崖底的华工更是不计其数。华工们腰系绳索、身悬半空，硬是开出一条行驶车辆的通道。《美洲华侨史话》记载："在修筑100英里的塞拉山脉地段的铁路时，华工的死亡率高达10%以上。"华工们为美国中央太平洋铁路的修建立下了令人感叹和敬仰的丰碑。

加拿大境内太平洋铁路的建设同样凝聚着华工们的汗水和泪水。1867年，英国北美殖民地初步统一并建立了加拿大联邦政府。为了尽快统一从太平洋沿岸到大西洋沿岸的各殖民地以便大力发展经济，便有了加拿大太平洋铁路筑路之议。1880年，太平洋铁路修筑的大幕正式拉开。当时整个北美劳动力极度缺乏，很难招到足够的工人。于是，加拿大政府将目光转向了中国劳工。起初到达加拿大的华工是从美国旧金山等地招募来的有修建铁路经验的熟练华工，此后又有大量广东人被招募。华工以吃苦耐劳闻名，最艰苦而又危险的工作，如爆破、挖隧道、筑桥等大多分配给华工。太平洋铁路工程最艰难的路段有343公里，完全由华人建筑的达257公里。在筑路过程中，华工有死于工程事故的，如岩石爆破、隧道塌方、架桥落水，有死于积劳成疾和疫病流行的，甚至有受人为折磨和虐杀的。仅1882年的一次塌方，就有数十名华工被活埋。

修筑加拿大太平洋铁路的华工

华工艰苦地修筑加拿大太平洋铁路

设在铁路边的华工的简陋营房

华工在加拿大太平洋铁路修建中作出了
不可磨灭的贡献，但在1885年加拿大太平洋
铁路通车典礼上，没有一个华工的身影

排华重压下的华侨

　　鸦片战争以后，几百万华工被贩卖到世界各地。他们历经艰难曲折，尝尽了人间的苦辣辛酸，在异国他乡生存立业，在漂泊磨难中奋斗、拼搏，以拓荒者的血肉之躯，以中华民族的勤劳智慧，为侨居地的经济开发，为当地的社会进步，为传播中华民族古老优秀文化等，作出了世所公认的重要贡献。但是在很长一段时间里，广大华侨的人权与他们所流淌的汗水和作出的贡献并未成正比。在多数国家

美国"排华"的漫画

里，华侨的处境如奴隶一样，政治上受到严重的歧视，经济上遭到残酷的剥削压迫。"贱之如奴隶，役之如马牛。"他们长期从事繁重的体力劳动，遭受非人的待遇。在长时期汹涌不断的排华逆浪中，他们受歧视、遭排挤，得不到祖国的保护，犹如失去父母的"孤儿"。①

华侨对美国的开发和繁荣作出了重大贡献，但美国也是近代"排华"最为猖獗的国家之一。起初，各地民间"排华"暴行此起彼伏，愈演愈烈，最终演变为国策。1882年美国国会通过《排华法案》，由总统签署执行。从此，美国历史上出现第一部对华人种族歧视的联邦法律。从《排华法案》颁布时起到1903年7月，禁令竟从15项增加到61项，该法案一直沿用到1943年。

美国餐厅不雇佣华人的宣传画

1882年的《排华法案》在十年内禁止华工进入美国，否则将遭到监禁或者驱逐。1892年，《排华法案》修订案要求所有美籍华人，包括在美国出生的公民，必须进行身份登记并随身携带身份证件，否则将被捕或驱逐出境。图为1894美国俄勒冈州波特兰华工居住证明

---

① 任贵祥：《孙中山与华侨》，哈尔滨：黑龙江人民出版社，1998年，第3页。

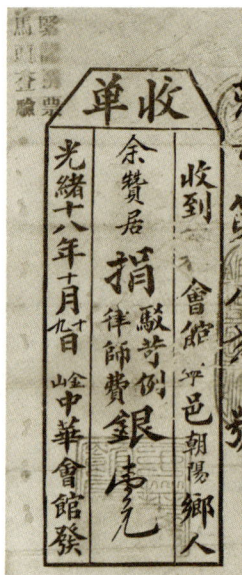

1892 年，《排华法案》修订案出台后，以中华会馆为首的华人社区领袖发起了全国性的抗议活动，同时发起在美华人一人捐一美元活动，筹得 20 万美元，聘请律师把官司一直打到联邦最高法院。图为 1892 年美国中华会馆驳苛例律师费的捐款收单

1918 年加拿大华人身份证明

美国的《排华法案》出台后，还带动加拿大、澳大利亚和新西兰 3 个英联邦国家的效仿，相继通过对华人严苛的移民法。1885 年，加拿大太平洋铁路西段工程完成后，这些华工愿意留居加拿大，但遭到当地白人劳工抵制。同年，加拿大政府颁布《中国人移民法案》，对这批打算定居的华工每人征收 50 加元的移民人头税，1900 年，人头税提高至 100 加元，而最高峰是 1903 年的 500 加元，相当于 1 名华工当时两年的工资。直到 1923 年，加拿大政府共向超过 8 万名中国移民征收了总计 2 300 多万加元的人头税。华人缴交人头税后，联邦政府即发给一张证明。这张证明既是交税后的收据，又是华工合法身份的证明，同时也是加拿大当局实行"排华"政策的铁证。

20 世纪初，温哥华街区上的一块选举公告，上书 "WHITE CANADA"

晚清社会是一个危机四伏的社会，有西方列强坚船利炮打开国门、侵犯主权的战争危机及其殖民掠夺的贸易危机，有周边国家虎视眈眈侵吞领土的边疆危机，也有灾荒饥馑带来的民生危机。19 世纪后期的华侨还未出国时，对于西方列强对中国的压迫就有相当的认识，具有潜在的民族抗争意识。居住在异国他乡的人，无论是贫穷还是富裕，都会受到无处不在的民族歧视与压迫。当华侨自身处境已经到了财产、生活、生存毫无保障，真正成了"海外孤儿"时，他们更加认同中国，渴望中国能富强，能施予海外臣民以援手。海外民族主义的兴起是华侨关注与积极参与中国国内事务以及支持孙中山革命的心理基础。

唤起侨众

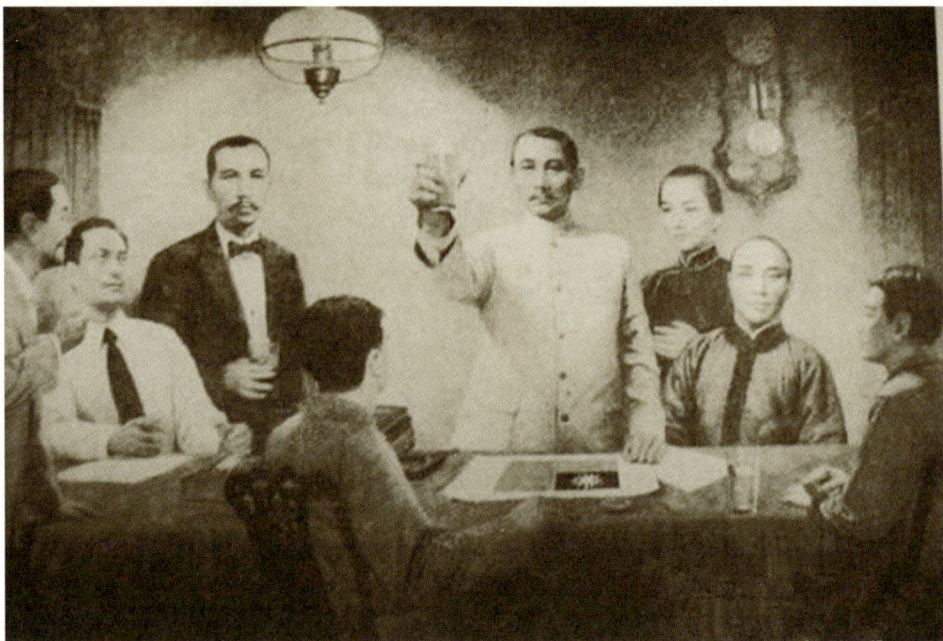

唤起侨众

　　由于有着共同的思想基础和社会基础，孙中山领导的轰轰烈烈的反帝反封建的资产阶级民主革命首先是从海外华侨中开始的。1895 年第一次广州起义失败后，孙中山在遭受清政府通缉、国内难以立足的情况下，把革命活动的中心移到海外华侨社会。他的足迹由亚洲到美洲，再由美洲到欧洲继而又到亚洲。有人做过统计，孙中山为革命 4 次环游世界、7 次到檀香山、15 次东渡日本、8 次下南洋、4 次赴美，先后在 14 个国家和地区进行革命活动和生活过。他"致力国民革命，凡四十年，其目的在求中国之自由平等。积四十年之经验，深知欲达到此目的，必须唤起民众，及联合世界上以平等待我之民族，共同奋斗"。由于中国国势贫弱，再加上清王朝的腐朽统治，侨胞的合法权益得不到应有的保障，在海外受尽欺凌、压榨，很多人客死他乡，遗恨九泉。正是由于这些辛酸的遭遇，广大华侨痛感中华民族危机的深重，加上西方资本主义思想文化的影响，他们热切希望祖国早日摆脱贫穷落后，走上富强的道路。因此，当孙中山等革命者来到他们中间时，他们即成为祖国革命事业在人力、财力和物力上"强有力的支持者"。

翠亨走出孙中山

近代中国掀起的反帝反封建民族民主革命浪潮，涌现出众多革命领袖，其中与华侨关系最密切并将华侨作为革命依靠对象之一者，唯有孙中山。[①] 1866年11月12日，孙中山在广东南部香山县（今中山）翠亨村出生。孙中山青少年时代受广东人民斗争传统的影响，向往太平天国的革命事业。1879年，孙中山随母赴檀香山投奔他的长兄孙眉。孙眉先后资助孙中山在檀香山、广州、香港等地比较系统地接受西方式的近代教育，而这段教育经历为孙中山投身革命打下了思想基础。他在乱世纷繁中体察国情，在复杂困难的境遇中探索着革命的出路。

孙中山故乡——广
东香山翠亨村

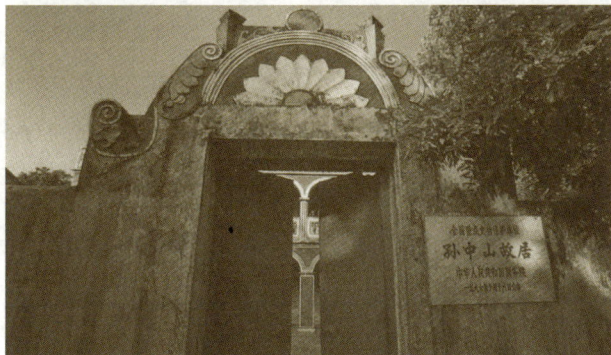

孙中山故居

---

① 任贵祥：《华侨与中国民族民主革命》，北京：中央编译出版社，2006年，第35页。

孙中山父亲孙达成　　　　孙中山母亲杨氏　　　　孙中山幼年读书的地方——
　　　　　　　　　　　　　　　　　　　　　　　　　翠亨村的冯氏宗祠

　　1879年，在大哥孙眉的安排下，孙中山来到檀香山，就学于一家英国人开办的教会学校。在这里，他受"平等""博爱"思想的影响，萌生了拯救民族、改造中国的强烈愿望。图为孙中山曾寓居四年的檀香山茂宜岛故居

1879 年秋至 1883 年夏，孙中山在檀香山意奥兰尼书院学习

1883 年，17 岁时的孙中山

现矗立在檀香山意奥兰尼中学校园里的少年孙中山雕像

孙中山从意奥兰尼书院毕业后，于 1883 年到普纳荷学校读了两个学期。今天，这所学校因为培养出了中国的孙中山和美国的奥巴马两位总统而闻名天下。图为孙中山就读过的夏威夷普纳荷学校老教学楼

喜嘉理牧师
（Charles Hager）

1883 年底，孙中山进入香港拔萃书院就读。其间由美国喜嘉理牧师施洗，成为基督徒。其后倡导革命的思想与其追随者，亦多与教会有关。图为孙中山在香港加入基督教时的受洗名单，其中的孙日新即孙中山

1886 年秋，20 岁的孙中山经人介绍踏进了广州博济医院的大门，成为这里的学生，也成为这家医院的兼职翻译。图为孙中山就读的广州博济医院附设南华医学堂旧址

　　孙中山的青少年时期是他人生观、世界观逐渐形成的时期，这与基督教有着密切的联系。孙中山从 13 岁到夏威夷意奥兰尼书院求学，到 27 岁从香港西医书院毕业，14 年中所就读的学校大都为教会学校。学校的宗教气氛、宗教活动以及基督徒教师的教导，都对孙中山的思想有着直接或潜移默化的影响。这些影响不仅使孙中山接受了基督教信仰，成为一名基督徒，而且在他日后的许多思想和活动中，烙下了深深的基督教印迹。

香港西医书院旧址

1887年9月，孙中山转学到香港西医书院。院长康德黎博士是一位虔诚的基督教徒。前排左起：江英华、关景良、孙中山、刘四福。后排左起：王九皋、王以诺、黄怡益、王泽民、陈琼石

在香港西医书院读书期间，孙中山常与陈少白、尤列、杨鹤龄三人在香港中环歌赋街二十四号的杨鹤龄祖产商店杨耀记处会面，并议论中国时政，大谈反清及太平天国遗事，倡言革命，倡导共和，时人称为"四大寇"。左图为孙中山（左二）、杨鹤龄（左一）、陈少白（左三）、尤列（左四）的合影，图中站立者为同学关景良

1892 年夏，孙中山从香港西医书院毕业，结束了学生时代的生活。当年秋天，孙中山被聘为澳门镜湖医院西医师。图为澳门镜湖医院原貌

孙中山从美国檀香山回国后，在广州、香港、澳门学医和行医的同时，常与陆皓东、郑士良、陈少白、尤列、程奎光等人聚会于广雅书局的南园"抗风轩"议论时政。图为"抗风轩"

　　1894 年，孙中山上书直隶总督、北洋大臣李鸿章，提出"人能尽其才，地能尽其利，物能尽其用，货能畅其流"的改革主张，但未被采纳。上书李鸿章失败后，孙中山感到"和平方法无可复施"，乃放弃改良思想，转向革命，决定"赴檀岛、美洲，创立兴中会，欲纠合海外华侨以收臂助"。[①]

────────────

① 《孙中山全集》第 6 卷，北京：中华书局，1985 年，第 229 页。

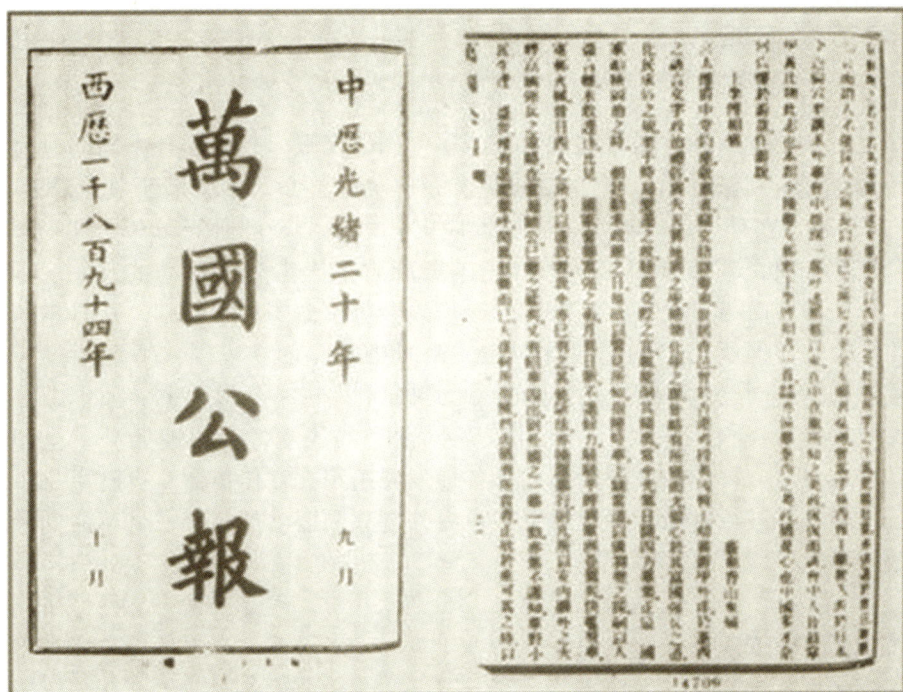

1894 年《万国公报》上刊登的孙中山的《致李鸿章书》

翠亨孙中山故居二楼卧室陈设照,当年孙中山上书李鸿章的文书就在中间这张桌子上写成

创建革命组织

上书李鸿章遭到冷遇，加之甲午战争中国的惨败，打破了孙中山的改良幻想。他再度来到檀香山，决心在海外华侨中发动革命，推翻清王朝。1894年11月24日，在孙中山主持下，中国近代史上第一个资产阶级革命团体——兴中会在檀香山正式成立，这标志着中国资产阶级民主革命运动的开始。1905年8月，孙中山与黄兴等人以兴中会、华兴会等革命团体为基础，在日本东京创建同盟会，他所提出的"驱除鞑虏，恢复中华，创立民国，平均地权"的宗旨被采纳为同盟会纲领。在同盟会机关报《民报》发刊词中，孙中山首次提出"民族、民权、民生"三大主义。同盟会的成立，有力地促进了全国革命运动的发展。孙中山派人到国内外各地发展组织、宣传革命，自己更是不辞劳苦地向华侨进行宣传和募集经费，在海外创立同盟会的支部，将革命的火种播撒在世界各地。

檀香山兴中会成立

兴中会成立旧址

1894年，兴中会在檀香山成立

1894年11月，兴中会在当地华侨李昌家中成立。成立会结束后，举行宣誓仪式，参加会议的二十多人都是华侨。入会者以左手置于一本打开的《圣经》上，右手向上高举，由李昌朗诵誓词："驱除鞑虏，恢复中华，创立合众政府，倘有二心，神明鉴察。"

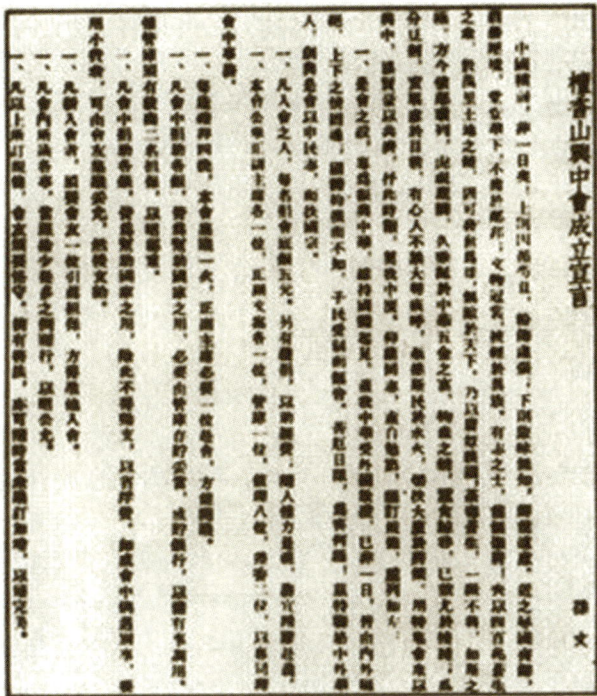

兴中会成立宣言

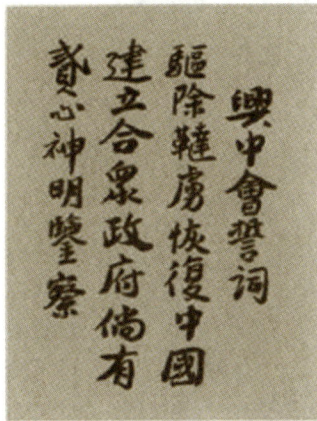

兴中会誓词

参加檀香山兴中会第一次会议的部分华侨会员

　　除了人们熟知的孙眉、邓荫南等知名华侨外，还有其他华侨参加了兴中会第一次会议，他们成为最早的一批追随孙中山从事革命事业的革命者。以下为部分其他参会的华侨。

　　何宽（1861—1931），出生于广东香山县，17 岁来到夏威夷。檀香山福街英文学校毕业后在卑涉银行任职。1894 年孙中山组织兴中会时，借了何宽家举行第一次会议。何宽家在离檀香山中国城不远的爱玛巷（Emma Lane）。后因出席的人太多，何宽家太小，就转移到李昌家举行。在第一次会议上，何宽被选为副主席。主席刘祥退出后，由何宽任主席。何宽还担任《檀山新报》编辑。他把兴中会会员名单和缴纳会银时日与进支数簿保存了三十余年。这成为研究兴中会最重要的资料之一。

何宽

许直臣

许直臣（1867—1949），出生于广东香山县。祖父许广学，军功起家。父琼章，为国子监子，属书香望族。许直臣幼年读书时，文才出众。1891 年来夏威夷。在第一次兴中会会议上，许直臣被选为副书记，积极参加兴中会会员组织的军事训练。1900 年，梁启超组织保皇党，许直臣一度参加，并为梁办的《新中国报》写稿。1903 年，孙中山回夏威夷，同保皇党展开斗争。后许直臣觉悟，转而积极拥护孙中山。

郑金

郑金是孙中山的结拜兄弟。早年，孙中山在意奥兰尼书院读书时，周末会到檀香山 Christley Lane 146 号的郑金家去。在同盟会第一次会议上，郑金被选为理事，参加兴中会组织的军事操练。1895 年，郑金和其他一些兴中会会员回国，参加第一次广州起义。起义失败后，他回到夏威夷从事律师职业。郑金在兴中会成立时，曾同孙中山、许直臣、程威南一起照相。清朝领事得此合影，指名查抄原籍家产。

钟工宇

钟工宇（1865—1961），广东香山人。他是孙中山在意奥兰尼书院读书时的同学。1894 年，孙中山来檀香山组织兴中会时，钟工宇是最早的会员之一。1910 年，孙中山从旧金山到檀香山，成立同盟会檀香山支部，召集工商界会员在钟工宇的寓所开会，组成同盟会檀香山支部秘密团，钟是协理之一。孙中山提出在檀香山开办中学校，为革命培养人才，钟工宇被推为校董会副总理。该校 1928 年易名为"中山学校"。1925 年，上海"五卅惨案"和广州"沙基惨案"发生后，檀香山华侨愤激异常，曾组织"檀香山华侨国民外交协进会"，支援祖国的救国运动并出版了三期《醒狮》刊物，钟工宇被推为会长。

夏百子（夏亚伯），广东新会人。1894年他参加兴中会第一次会议，后随孙中山回国参加第一次广州起义。起义失败后，他持双枪保护孙中山逃往香港。他的名字跟孙中山都列在"广东按察使告示及赏格"中。在告示中，他的名字是夏亚伯。悬赏捉拿他的赏银是100元。1911年后，在广东军政府机关任职。

夏百子

宋居仁，广东香山人。1881年到檀香山侨居，后结识孙中山，积极宣传革命。1894年11月，在檀香山协助孙中山组织兴中会，被选为值班。后奉派到茄荷雷建立以孙眉为主席的兴中会分会。1895年回国，随邓荫南、尤列奔走于两广间从事革命活动，多次在广州等地组织和参加反清武装起义。1905年曾主持同盟会香港分会。1911年参加辛亥革命。后寓居香港。

宋居仁

相关链接

关于早期华侨支持孙中山革命的资料保存下来的不多。因为在1911年武昌起义胜利前，清政府在美国本土和夏威夷派有领事人员，密切监视孙中山和支持革命的华侨，抓住把柄就通知国内地方当局，迫害这些人在国内的亲属。上面提到的郑金，就因为同孙中山、许直臣、程威南一起照相，遭到清政府查抄原籍家产。因此，以上提到的几位，只是当时支持革命的上千华侨华人中的极少数，多数人是无名英雄。

兴中会香港总会成立

香港辅仁文社

在檀香山兴中会成立之前，1892年3月，一个革命团体"辅仁文社"已经在香港百子里1号二楼诞生。"辅仁文社"由杨衢云、谢缵泰领导，共有成员17人，有姓名可考者除杨衢云、谢缵泰外，还有周超岳、

香港辅仁文社部分成员

兴中会香港总会旧址

黄永商、陈芬、黄国瑜、罗文玉、刘燕宾、温宗尧、胡干芝、陆敬科等。其宗旨为"进行中国大众的革新""驱除满族鞑虏",提倡学习西方,爱国维新。1895 年,香港辅仁文社与檀香山兴中会合并,在香港成立兴中会总会。

19 世纪末,香港已完全被英国控制,实行的是资本主义制度。鉴于香港的特殊地位,清政府不能直接插手镇压革命党人在港的革命活动,使得香港成为反清革命的一个策划指挥中心和前沿阵地。辅仁文社为宣传反清革命,宣传民主共和作出了巨大努力。辅仁文社成员为推动社会进步,追求民主、自由,反对专制所起的巨大作用是值得人们永远铭记的。

1895 年 2 月 18 日,兴中会总会在香港中环士丹顿街 13 号一间名为"乾亨行"的商行成立,首批共有 49 人入会。其中包括香港爱国进步团体辅仁文社的发起人杨衢云、谢缵泰。兴中会香港总会成立后,得到了许多港澳同胞、华侨以及与华侨有联系的志士的热烈支持。不久日本和越南等地的华侨和中国留学生也建立了兴中会的机构。后来兴中会的会员增加到 300 多人,其中有华侨 219 人,占 78%;在这些华侨中,资产阶级占 48%,其余有工人、职员、知识分子等。[1]

香港兴中会总会成立后,孙中山与陆皓东、郑士良又迅速在广州双门底王家祠云岗别墅成立了兴中会广州分会,陆续加入者有数百人。新成立的香港兴中会总会首要之事即为策动起义,即乙未广州之役。故香港兴中会总会实为近代中国革命运动中首具革命性质之革命团体。[2]

广州双门底王家祠

---

① 参见冯自由《革命逸史》与吴玉章《辛亥革命》等著作。
② 李金强:《香港兴中会总会的成立及其重要性》,《深圳大学学报》2011 年第 5 期。

中国同盟会成立

　　兴中会成立后，孙中山一方面继续在各侨居地进行深入的革命宣传活动，另一方面高举武力推翻清政府的旗帜连续发动反清起义；同时筹划在组织上"招集同志，合成大团"，即建立一个能够领导革命的核心组织——统一的革命政党。1905 年 8 月，孙中山在日本以兴中会为基础，联合国内独自发展起来的革命组织——华兴会、光复会成员，以及其他革命志士重新组成了具有革命政党性质的中国同盟会。同盟会以"驱逐鞑虏，恢复中华，创立民国，平均地权"为纲领，推举孙中山担任总理，黄兴为庶务，制定了《军政府宣言》《中国同盟会总章》和《革命方略》等文件，并决定在国内外建立支部和分会，联络华侨、会党和新军，成为全国性的革命组织。1905 年 10 月，孙中山等赴越南，先后在西贡、堤岸、河内、海防等地建立同盟会分会。1906 年 2—8 月，孙中山等又先后在新加坡、吉隆坡等南洋各地建立同盟会分会。同盟会在新加坡的晚晴园成立了东南亚总部，并设立了同盟会南洋支部。1908 年又依次在暹罗（泰国）、仰光、惠灵顿、澳大利亚及美国各地建立同盟会分会，并在旧金山成立美洲同盟会总会。由兴中会到同盟会、由革命团体到革命政党、由华侨扩大发展到知识分子，说明了孙中山革命思想和实践的深入。可以说同盟会是以知识分子为骨干、以海外华侨和国内民众为基础的资产阶级革命政党。华侨从参与创立兴中会到踊跃参加同盟会，从资产阶级革命团体的骨干发展到资产阶级革命政党的重要基础之一，在组织方面为孙中山领导的辛亥革命作出了重要贡献。

1905 年 2 月，孙中山在比利时布鲁塞尔时与留学生合影

1909 年 5 月，孙中山赴欧洲筹款，抵巴黎后留影

　　中国同盟会在东京成立之前，孙中山最早是在欧洲的留学生中成立了海外革命团体。1905年1月，孙中山从英国伦敦到比利时的布鲁塞尔，召集英国、法国、德国、比利时的中国留学生讨论革命救国问题，并商议了组织革命团体的具体事宜。不久，在布鲁塞尔召开第一次会议，有30多人加入革命团体。此后又相继在柏林、巴黎召开两次会议，又有30多人加入革命团体。当时这些革命团体尚未确定正式名称，只是通称为"革命党"。后来在日本建立同盟会后，这些团体统一使用"同盟会"这个名称。

华兴会与光复会

　　华兴会是清末著名的革命团体，1904年2月成立，宗旨是"驱逐鞑虏，复兴中华"。图为1905年逃亡日本的华兴会成员留影。前排左一为黄兴，左三为胡瑛，右二为柳杨谷，后排左一为章士钊，右一为刘揆一

　　光复会也是清末著名的革命团体，1904年冬在上海成立。图为1904年光复会成员于日本的合影。前排左起为陶成章、陈魏、徐锡麟；后排左起为巩宝铨、陈志军

1905 年 7 月 19 日，经日本友人宫崎寅藏的介绍，孙中山（左）与黄兴（右）会面，建议兴中会与华兴会联合，共同致力于革命，黄兴表示赞同

相关链接

宫崎寅藏（1871—1922），日本熊本县人。早年受西方资产阶级民主思想影响，接受"支那革命主义"思想，决心到中国熟悉语言风俗，逐步实现帮助中国革命的计划。1902 年出版《三十三年落花梦》，介绍孙中山的革命事迹。1905 年介绍黄兴与孙中山会晤，加入同盟会。次年 7 月与人创办《革命评论》，以文字宣传支援《民报》与中国革命，协助革命派与改良派论战，撰文介绍孙的革命主张与事迹。宫崎素擅音乐，当他得知同盟会的经费支绌，毅然到街头去卖唱为同盟会筹集经费。1912 年元旦，宫崎寅藏参加孙中山就任临时大总统典礼，8 月力阻孙中山应袁世凯之邀北上。1913 年宋教仁案发生后从日本到上海，辅佐孙筹划"二次革命"。1921 年最后一次来华，在广州会见了孙中山。次年在日本东京病逝。

宫崎寅藏

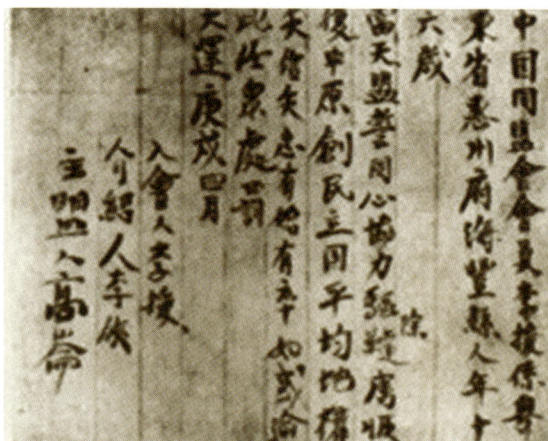

图为同盟会入会誓书，格式如下：

中国同盟会会员××系××省××府××县人，年××岁。当天盟誓，同心协力，驱除鞑虏，恢复中原，创民主国，平均地权，矢信矢忠，有始有卒，如或逾此，任众处罚

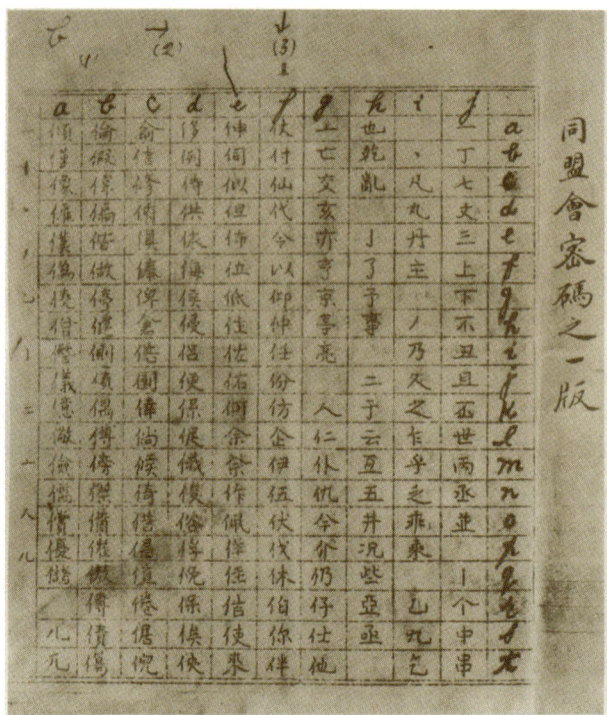

同盟会使用的电码

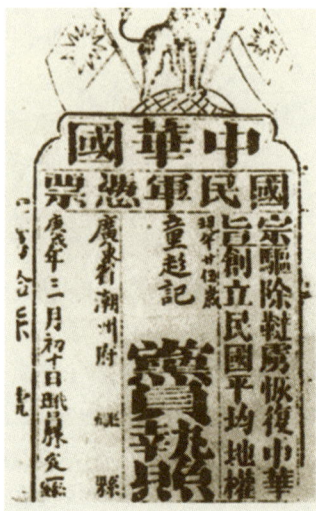

同盟会党员执照

1905年，我参加了同盟会。那时盟员中女的只有我一个。加盟的手续，本来要两个人介绍，我填的加盟书，只有黎仲实一个人签名，后来孙先生看了，他也签了个名字。于是由孙先生和黎仲实两人的介绍，我参加了同盟会。加入同盟会的宣誓仪式，是在我家举行的。我现在还清楚地记得我当时是举起

右手，激动地读了"驱除挞虏，恢复中华，创立民国，平均地权，矢信矢忠，如或逾此，任众处罚"的誓言。从此以后，我就由孙中山先生的带领和引导，正式参加了同盟会的组织，成为这个革命团体的一员，我决心恪守誓言，终生献身于伟大的革命事业。

——中国同盟会会员何香凝

同盟会新加坡分会

　　1906 年春，孙中山在新加坡同盟会分会成立时与会员合影于晚晴园。前排右起：林义顺、刘金声、尤列、孙中山、陈楚楠、张永福、林干庭。后排右起：张秉庚、黄耀庭、邓子瑜、陈何、张继、张华丹（张永福之弟）、吴悟叟

　　晚晴园是同盟会南洋支部旧址，其中保存了孙中山在新加坡时的许多重要史料。晚晴园原名明珍庐，1905 年由张永福及其五弟买下，原本为其母亲颐养天年之用，后供同盟会南洋支部使用。孙中山从 1905 年开始，数次访问新加坡，把此地作为中国同盟会南洋支部的活动据点。1966 年 3 月，新加坡中华总商会将几度易手的

晚晴园

晚晴园整修后重新开放，供人凭吊一代伟人孙中山。纪念馆的正面摆放着中山先生的座像。

同盟会徽章

同盟会印章

孙中山（中）与同盟会新加坡分会负责人陈楚楠（右）、张永福（左）摄于晚晴园

同盟会新加坡分会会长陈楚楠

陈楚楠

陈楚楠（1884—1971），新加坡爱国华侨，祖籍福建厦门。1884年生于新加坡一个木材商人之家，家境富裕。年轻时与兄长合营树胶种植业，是当地颇有名气的工商界人物。1903年夏，上海的进步报章《苏报》因发表了一系列鼓吹推翻帝制、实现共和的文章，如邹容的《革命军》、章太炎的《驳康有为论革命书》，引起清廷的恐慌与震怒，查封了《苏报》，拘捕了章太炎和邹容，企图加以杀害。消息传到新加坡，陈楚楠义愤填膺，他与张永福等致电英国驻沪领事馆，请援引保护国事犯条例，勿将章太炎和邹容引渡清廷。1903年在新加坡翻印邹容的《革命军》，改名"图存篇"，数千册在闽粤一带广为散发。1904年与张永福合办《图南日报》，鼓吹反清革命，陈楚楠任经理。1905年结识孙中山，1906年任中国同盟会新加坡分会会长。1907年创办《中兴日报》，与保皇派论战。与此同时，积极筹款支援中国同盟会发动两广及云南起义。辛亥革命胜利、福建光复后，省库空虚。福建筹饷局总办黄乃裳通电南洋华侨要求援助。陈楚楠以同盟会新加坡分会会长身份，成立以陈嘉庚为会长的福建保安

会，一个月内募捐得 20 多万元汇回福建，稳住局势。辛亥革命后他一度回上海，主持华侨联合会。曾任孙中山大元帅府参议、福建省政府委员。1933 年"福建事变"时任实业厅厅长。后重返新加坡，息影家园，颐养天年，著有《晚晴园与革命史略》。1971 年逝世。

同盟会新加坡分会副会长张永福

张永福（1872—1957），新加坡爱国华侨，1872 年出生于新加坡，祖籍广东饶平。年轻时思想进步，侠肝义胆，为人忠厚，是孙中山辛亥革命在海外的主要助手。1904 年，在革命党人尤列的影响和协助下，张永福与陈楚楠合资创办《图南日报》，这是南洋华人最早宣传反清的报纸。1905 年 5 月，孙中山乘船从英国赴新加坡和日本宣传革命，因签证关系未能登岸，张永福向警方疏通使孙中山得以登岸。1906 年，同盟会新加坡分会成立，张永福为副会长。他仗义疏财，将"晚晴园"作为在海外的主要革命据点，孙中山早期的许多工作得以在此进行。新加坡同盟会成立

张永福

后，为免革命喉舌中断，根据孙中山的指示，张永福又与陈楚楠、林义顺等向各埠同志募集资金，创办发行《中兴日报》，与保皇派展开大论战，宣传了孙中山的革命主张。1908 年，张永福、陈楚楠、林义顺等在新加坡建立同盟会南洋分会。此后若干年间，张永福追随孙中山左右，矢志不渝。1911 年武昌起义后，积极支持对国内的筹款工作。1912 年，被南京临时政府大总统孙中山授以旌义状。同年 12 月，新加坡成立国民党海外支部，取代同盟会。在翌年 7 月的选举中，张永福被推选为名誉支部部长。1915 年任新加坡中华革命党支部部长。1917 年任大元帅大本营咨议。1924 年至 1930 年任新加坡中华总商会董事和广东会馆董事。1932 年又返回中国，任国民政府侨务委员会常委、革命债务调查委员会委员、国民党党史编纂委员会名誉编纂、广东银行副经理、汕头市市长和中国银行汕头分行行长等。1938 年 12 月，汪精卫在越南河内发表"艳电"投靠日本。张永福发出拥护汪精卫电报，成为其晚年的一桩憾事。1957 年，张永福在香港病逝，享年 85 岁。

孙中山给张永福的信函

1905年孙中山在南洋倡导革命时亲自设定的中华民国之国旗图案，这幅国旗图案由张永福夫人陈淑宇织绣而成

1903年，上海发生"苏报案"，张永福、陈楚楠等人以"小桃源俱乐部"的名义致电英国驻上海领事，敦请援引保护国事犯条例，尊重人权，不要将章太炎、邹容引渡给清政府。在各方大力声援下，章、邹二人终于未被引渡。这是张永福、陈楚楠第一次参与国内政治斗争并取得胜利，对他们无疑是极大的鼓舞。图为小桃源俱乐部旧貌

1908 年 4 月，中国同盟会缅甸分会宣告成立，徐赞周主持首次会议并担任主盟人。庄银安、张永福等许多华侨放弃保皇主张加入同盟会。经数月宣传，参加者达 37 人。成立后的同盟会初以演说会为名，后改觉民书报社开展活动。图为 1908 年缅甸仰光同盟会会员在仰光大湖园合影

同盟会缅甸分会会长庄银安

庄银安（1855—1938），缅甸爱国华侨，福建同安（今属厦门）人，早年赴仰光经商。1903 年，庄银安与徐赞周先后创办中华义学和益商学校，后任《仰光新报》经理。1908 年参加同盟会，发起组织中国同盟会缅甸分会，被选为会长，积极筹饷捐资支持革命。1909 年与徐赞周等人创办《光华报》，任经理，大力宣传民主革命。因受迫害，避居槟城，与陈新政等人在槟城创办《光华日报》，继续宣传民主革命。在庄银安的带动下，加入同盟会的缅甸华侨达 2 343 人。为此，孙中山曾写信对他加以表扬。1908 年，创办觉民书报社，任正会

庄银安

长。武昌起义后，被推举为南洋同盟会总代表，回国后被聘为福建省都督府顾问、厦门参事会议长。"二次革命"失败后，因不满时政辞职，重返仰光，被选为福建华侨公会会长。晚年回国休养。1927 年，任福建侨务委员会委员，后代理主任委员。与人合编《缅甸同盟会开国革命史》。1938 年逝世。

同盟会缅甸分会立盟人徐赞周

徐赞周

徐赞周（1873—1933），缅甸华侨领袖，福建厦门人。18 岁前往缅甸谋生，当过土产店店员、司理。1903 年，与庄银安等人创办中华义学。1905 年，创办益商学校。1906 年秋，创办《商务调查月报》。1908 年，加入中国同盟会，又先后与庄银安等人创办《光华报》《进化报》《全缅公报》，宣传民主革命思想。1911 年 1 月，发起成立缅甸华侨兴商公司，后改为缅甸华侨兴商总会，团结华商，支持祖国革命。武昌起义后，任缅甸华侨同盟会参谋部部长、筹饷局局长。民国政府成立后，临时大总统孙中山颁给他旌义状。著有《缅甸中国同盟会革命史》等书，1933 年病逝于仰光。

同盟会马六甲分会会长沈鸿柏

沈鸿柏

沈鸿柏（1873—1950），马来亚爱国华侨，1873 年出生于福建泉州。约二十岁南渡马六甲，在柔佛东甲垦荒，种植硕莪千亩。甲午战争后，出任马六甲洪门会会长。孙中山到马来亚宣传革命时，任命沈鸿柏为中国同盟会马六甲分会会长。沈鸿柏积极宣传革命，发展组织，筹款赞助孙中山革命。民国成立后，发动筹募国民捐，募款 10 万元汇回中国慰劳革命将士。袁世凯复辟帝制，沈鸿柏呼吁讨伐。中华革命党成立后，任马六甲支部长。"二次革命"失败，他设法安置逃往马六甲的革命志士。此后，先后出任中国国民党驻马六甲支部部长，国民党驻南洋英属总支部指导员兼侨民科长，创办马六甲第一份华文报《侨民周报》，保送华人青年回中国投考黄埔军校和参加北伐。1928 年，济南"五三惨案"发生，沈鸿柏倡组筹赈会，筹款 20 万元赈济被日军无理杀害的外交官及群众。1931 年，任国民政府侨务委员会委员，同年到南京参加国民党第四次全国代表大会。1936 年，沈鸿柏退隐，仍兼多家社团名誉职务。1950 年 6 月 8 日，在马六甲病逝，享年 77 岁。

同盟会暹罗分会会长萧佛成

萧佛成（1862—1940），泰国爱国华侨，祖籍福建南靖，生于泰国。1905 年与孙中山取得联系，于曼谷创办《华暹日报》。1908 年建立同盟会暹罗分会，当选为会长。1912 年中华民国成立后，任国民党暹罗总支部部长。1926 年初，回广州参加国民党第二次全国代表大会，当选为中央执行委员。1927 年 4 月，支持并参加蒋介石建立的南京国民政府，任中央政治会议政治委员。随后又组织"海外清党委员会"，办理国民党海外各支部的"清党"事宜。国民党宁、沪、汉三派合流后，任中央党部海外部委员，行政院侨务委员会常务委员。1931 年 3 月，赴广州参加反蒋的"非常会议"，任广州国民政府委员。宁粤合作后，又任南京国民政府委员。1937 年抗日战争爆发后，返暹罗侨居，1940 年病逝。

萧佛成

中国同盟会南洋支部部长胡汉民

胡汉民（1879—1936），出生于广东番禺，祖籍江西吉安。资产阶级革命家。1902 年留学日本。1905 年加入同盟会，任评议部议员、书记部书记、《民报》编辑。1907 年，追随孙中山，于新加坡、河内遍设革命机关，策划两广起义。1908 年至 1909 年，赴新加坡主持《中兴日报》，在《中兴日报》上发表大批文章继续批驳保皇派。1908 年，为便于统一领导南洋各地同盟会分会，中国同盟会南洋支部在新加坡宣告成立。孙中山委胡汉民为支部部长。

胡汉民

1911 年，参与黄花岗起义，为统筹部负责人之一。11 月广州独立，胡汉民出任广东军政府大都督。12 月随孙至南京，任中华民国临时大总统府秘书长。孙中山逝世后，胡汉民主持编写了《总理全集》。曾先后在南京临时政府、中华革命党、广东非常大总统府及国民政府中担任要职。1936 年 5 月 12 日突发脑溢血病逝。

同保皇派决裂的邱菽园

邱菽园（1884—1941），福建海澄人，新加坡华侨富商。1895 年赴京会试不中，参加了"公车上书"。建议未被采纳，深感失望，旋南返新加坡。1898 年创办《天南新报》，宣传维新变法。在新马一带，有一批人受到他的影响产生改良救国的思想。戊戌变法失败后，他不顾风险掩

邱菽园

护受到清政府通缉和暗探盯梢的康有为，并被康有为任命为南洋英属各邦保皇会会长。保皇派起义一再改期而失败。参与指挥自立军起义的维新派人士秦力山等先后到南洋，揭露并欲清算康有为扣压华侨捐款，促使邱菽园宣布与改良派决裂，转向革命派。革命派同保皇派经过长时期的激烈的组织上、思想上的交锋，终于占了上风，使原来支持保皇派的大多数华侨转向革命，这个转变是可贵的、伟大的。

同盟会纽约分会

1909年孙中山第三次访美，同年11月，孙中山在纽约进行革命活动时与美国友人在汽车上留影

同盟会于12月25日在纽约成立。图为孙中山与会员的合影

同盟会纽约分会之地址：勿街（Mott. St.）七号旅顺酒家二楼

同盟会三藩市分会

1910年2月10日，孙中山由芝加哥抵达三藩市（旧金山）。他在与少年学社的华侨青年交谈中得知他们有组党的要求，十分赞同，便指示李是男等马上筹备将少年学社改组为"三藩市同盟会"（后成为美洲同盟会总会，参见下页"相关链接"）。2月28日夜，三藩市同盟会秘密成立，由孙中山亲自主盟，加盟者有李是男、黄芸苏、黄伯耀、赵昱、张蔼蕴等18人，推举李是男、黄芸苏、刘成禺为会长，吕南为书记。图为该会成立时的情景

三藩市同盟会的创办人，左起为黄伯耀、许炯藜、温雄飞及李是男。李是男与黄伯耀亦是《少年中国晨报》的创办人

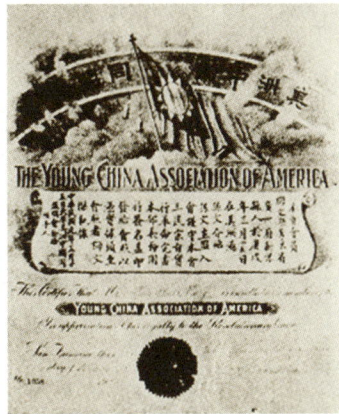

三藩市同盟会颁发的会员证书

相关链接

　　为进一步加强联络和统一领导，根据同盟会总章的规定，美国各地同盟会分会相继建立后，三藩市同盟会被确定为美洲同盟会总会，定名为"美洲三藩市中国同盟会总会"，简称"美洲同盟会"，直接统辖美洲各地分会。李是男被委任为总会会长，黄超五为中文书记，黄伯耀为西文书记。

同盟会底特律分会

　　1910年春，孙中山来到芝加哥、底特律等地，访问华侨，宣传革命和筹款。当时底特律市的华侨只有一百多人，他们经营的也都是酒楼、杂货店和洗衣馆。在孙中山的组织下，底特律成立了同盟会分会。图为孙中山与分会部分会员合影。前排左起：林槐燊、梅义荣、梅文杰、方神长。中排左起：朱卓文、孙中山、汤介眉。后排左起：林光汉、余栋、梁贺、梅天宇、梅光培、李群盛、余达

　　孙中山在芝加哥的宣传鼓动工作是深入到侨胞下层的。他每到一家餐馆，都要到厨房去，和厨工们交谈，有时一谈就是大半天。他很重视侨胞中的下层人物。有一次，大家谈论芝加哥华侨的情况，认为上层人物多数参加保皇党，对革命不感兴趣；下层人物为数最多，但经济情况一般较差，所处地位，多不受人重视，对革命事业起不了多大作用。孙中山不同意这个看法，说："不能用这种估计去看待下层的侨胞，他们的力量是不可轻视的。泥土下面，我们往往可以找到宝贝啊！"
　　　　　　　　　　——中国同盟会员梅斌林

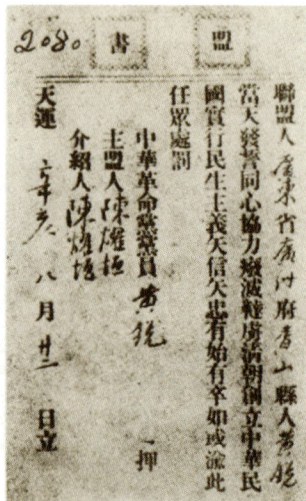

1911年1月，美洲华侨加入同盟会时填写的盟书

加州葛仑埠同盟会分会

1910 年美国加州葛仑埠中国同盟会成立开幕

郑占南，美国华侨革命家。1887 年出生于广东香山县，青年时随父亲赴美留学，后参加三藩市中国同盟会，为主盟人。1910 年"北美洲葛仑埠中国同盟会"成立，郑占南为首任会长。后追随孙中山，奔走各埠为革命筹款。孙中山就任临时大总统时，曾颁发郑占南最优等旌义状以表其功，因此郑占南也被称为革命元勋之一。

郑占南

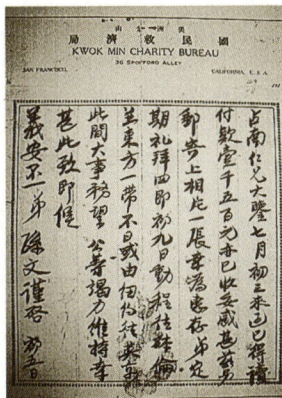

孙中山在武昌起义前三个月赠给郑占南的签名照和亲笔信

传播革命思想

随着革命进程的加快，孙中山认识到各国华侨在中国革命中占有重要地位。因此，除了在各国华侨中建立革命组织与海外根据地壮大革命力量外，孙中山还不遗余力地向各国华侨宣传民主民族革命思想，激发他们的爱国热情和觉悟，号召他们积极为中国民主革命作贡献，其足迹遍布日本、东南亚、欧洲和北美洲。

孙中山在伦敦蒙难

第一次广州起义失败后，孙中山遭清政府通缉，于是辗转澳门、香港、日本、美国、英国等地进行革命宣传活动。1896 年秋，孙中山流亡英国伦敦，不幸被清公使馆的人诱骗劫持进了公使馆。清政府立即汇来六千英镑，要求秘密将孙中山押解回国，孙中山的生命危在旦夕。幸亏孙中山在香港西医书院学习时结识的英国人康德黎全力营救，加上英国外交部的干预与舆论的压力，清政府驻英使馆最终释放孙中山。由于各界人士的努力营救和新闻媒体的广泛报道，伦敦蒙难让孙中山蜚声海外。

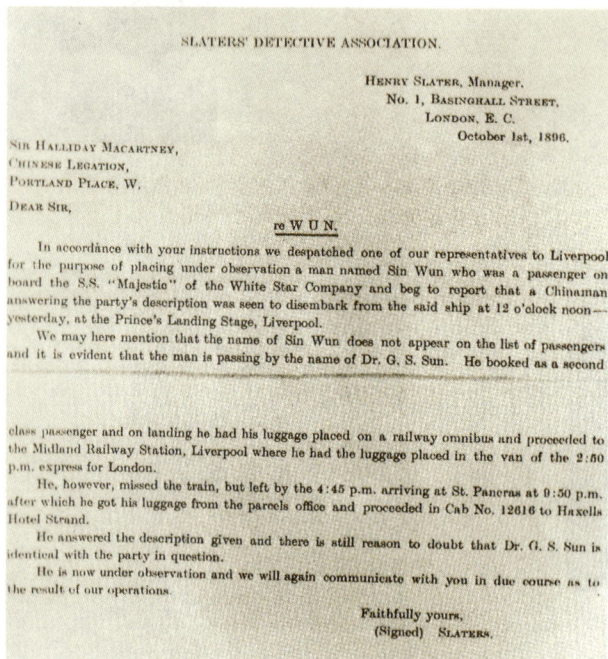

1896 年 9 月 30 日，孙中山从美国到英国伦敦。次日英国一私家侦探向清政府驻英使馆报告孙中山抵达伦敦。图为英国密探告密的文书

清政府驻英国伦敦的公使馆，1896年孙中山被囚禁于此

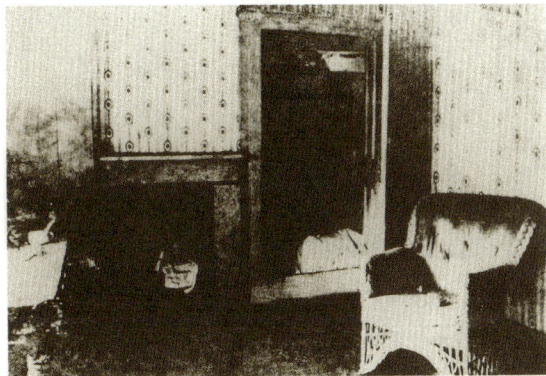

囚禁孙中山的房间内景

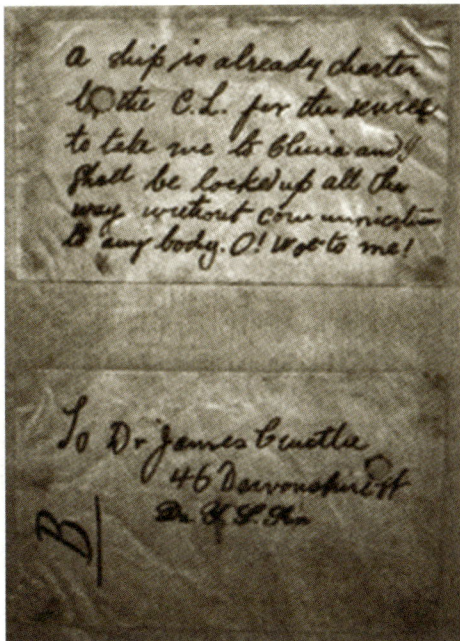

孙中山被囚禁期间，清政府驻英使馆的英仆柯尔及其太太同情孙中山的境遇，设法将孙中山写在两张卡片上的求救信转给了康德黎。

图为孙中山的求救信。主要内容是：我于星期日被绑架到中国公使馆，并将从英国偷运到中国处死。请速救我。

为了把我送到中国，中国公使馆已经租了一条船。一路上我将被关起来，不能同任何人联系。噢！真恼人！

两张卡片正面均写有："To Dr. James Contlie 46 Devonshire St."（致詹姆士·康德黎博士德文夏街46号）

康德黎（James Cantlie，1851—1926）英国人。1889—1896 年任香港西医书院教务长。赏识该书院优秀学生孙中山。1896 年 10 月 17 日获悉孙中山被清驻英使馆绑架的消息后，立即全力营救

1897 年初，孙中山用英文撰写的《伦敦被难记》在英国出版。这是孙中山最早的一本英文著作，其中记录了他被骗、囚禁及获救的全过程

　　英仆柯尔始为予效奔走，求解脱。柯尔之妻尤尽力。其于礼拜六密白予友康德黎君之书，即出自柯尔妇之手笔。康德黎君接书，已是日夜间十一点钟时。书曰："君有友某自前礼拜日来，被禁于中国使馆中。使馆拟递解回国，处以死刑。君友遭此，情实堪怜，设非急起营救，恐将无及。某于此书虽不敢具名，然所言均属实情。君友之名，某知其为林行仙。"康德黎君既得此书，其感情若何，可以不言而喻。时虽深夜，然恐营救无及之故，急起而检查马凯尼君之居址。居址既得，即匆匆出门，驰往求见。

——孙中山

孙中山在日本的活动

　　日本华侨是孙中山革命活动最早的一批追随者。1894 年 11 月，孙中山在檀香山创立了中国第一个资产阶级革命团体——兴中会后，于次年 1 月取道日本返回香港，路过横滨，经人介绍与横滨华侨中颇享盛名的冯镜如、冯紫珊兄弟等人建立了联系。1894 年 10 月，广州起义失败，清政府悬赏缉拿革命党人，领导起义的孙中山、陈少白、郑士良等乘日本货轮"广岛丸"逃亡日本。11 月 17 日抵达横滨后，就居住在华侨聚居的山下町 53 号冯镜如开设的文经印刷店二楼。随后，孙中山便着手在横滨华侨中发展和组织兴中会。半个月后，在山下町 175 号设立兴中会会所。横滨兴中会由冯镜如任会长，赵明乐任管库，赵铎琴任书记，冯紫珊、谭发、黎炳垣等为干事，会员有温炳臣、郑晓初、陈才、陈和、黄棹文、黎简卿、陈植云、冯自由等 17 人。他们都是最早同情和支持孙中山革命活动的华侨。

1897 年 7 月，伦敦蒙难后的孙中山准备离开英国返回香港，再次组织起义。但港英当局警告其一旦入境就要逮捕。不得已，孙中山只能经加拿大赴日本。在清末革命运动中，日本一直有着特殊角色。首先，大批的中国留学生考量距离与经济两个因素，选择了东渡日本，学习新知识的渴望与改变祖国的理想，使得日本成为革命党人聚集的重要地区，这些留日学生日后更成为近代中国接受过现代法政及军事训练的人才；其次，无论是维新还是革命，日益增加的政治活动，使得被清廷缉捕的政治犯人数大增，日本通常成为他们流亡的首选地；再次，基于上述两种现象，介入中国革命的外人，也是以日本人为最多。如果说檀香山是孙中山在海外建立的第一个革命据点，那么日本是孙中山建立资产阶级革命政党的大本营。在中华民国建立前近 20 年的海外革命生涯中，孙中山曾经 12 次来访或流亡日本（孙中山一生去过日本 15 次，其中民国前 12 次，民国时 3 次），总计约有 6 年时间皆是在日本度过。他把日本既作为栖身之处，又作为革命的大本营。

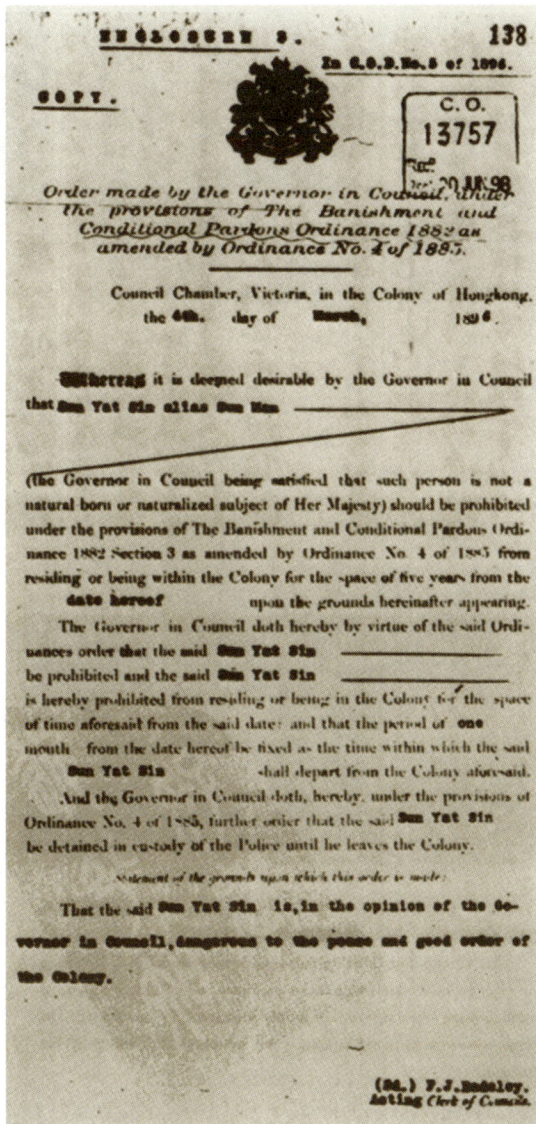

1896 年 3 月 4 日，港英政府发布驱逐孙中山出境的命令，以 5 年为限，禁止孙中山在港居住或停留。孙中山则远赴日本、檀香山

1898年11月，孙中山、杨衢云与日本友人在横滨合影

1899年5月，孙中山与日本友人在东京合影

1901年2月24日，孙中山访问日本，与日本侨商、兴中会会员温炳臣（右立者）以及日本友人的合影

1905年，孙中山在日本东京与同盟会秘书长马君武的合影

　　孙中山在日本的革命活动离不开留日学生的拥护和支持。1896年，13名中国学生因驻日使馆需要被派往东京，开启了中国学生留日序幕，到1905年，留日学生达到8 000人。日本留学生在孙中山的革命事业中具有举足轻重的地位。通过孙中山的组织和领导，留日学生对辛亥革命的贡献至少在三个方面十分突出：一是创建革命组织。1905年孙中山从欧洲到日本后，受到了留日学生的热烈欢迎，经过认真而周密的讨论和筹备，将分散的留日学生革命团体组织为一个统一的革命政党同盟会。这在中国革命史上是空前的一件盛事。而同盟会的领导骨干基本是留日学生。二是进行革命舆论宣传。留日学生在日本创办的各种报刊有50多种，从政治、经济、社会、文化等各个方面宣传社会变革和反清革命，对当时中国人的思想启蒙产生了巨大的作用。三是分赴各地将

革命一步步地推进。辛亥革命在中国的发展，主要是留日学生归国后才推动实现的。而各地的武装起义，甚至武昌起义及各省响应，留日学生亦出力颇多。①

如果整理一下近代留日学生的名单，会发现如下名字：黄兴、徐锡麟、陈其美、蒋介石、阎锡山、蔡锷、孙传芳、唐继尧、吴禄贞、李烈钧、卢永祥、何应钦、章士钊、章太炎、宋教仁、朱执信、冯自由、廖仲恺、何香凝、邹容、陈天华、曹汝霖、陆宗舆、胡汉民、戴季陶、沈钧儒……虽然这些人后来的人生轨迹各异，政治面貌也有所不同，但他们大多数都曾是追随孙中山、站在革命前列的声名赫赫的人物。

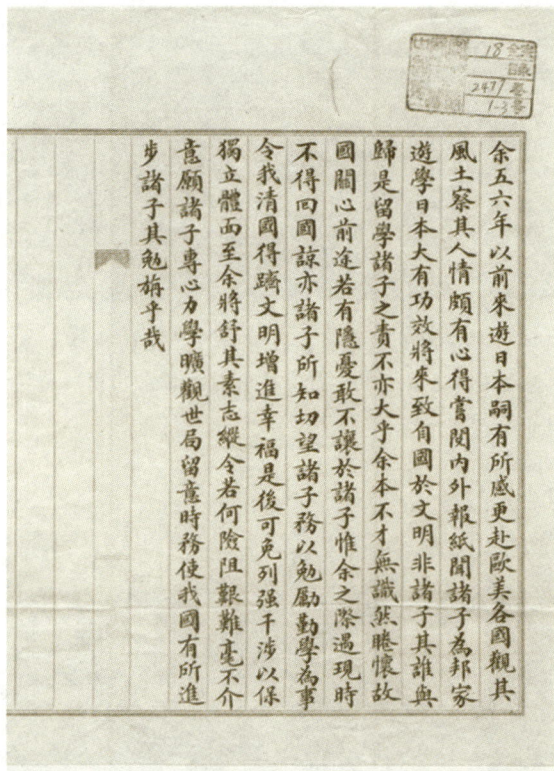

1905 年，在中国同盟会正式成立的一周前，孙中山在东京富士见楼中国留学生欢迎大会上发表的演说

---

① 李喜所：《孙中山与近代中国的留学生》，《广东社会科学》1997 年第 2 期。

1913年2—3月，孙中山重访日本，在对留日学生的讲话中多是鼓励他们努力"研究学问"，学成后返国建设祖国。图为孙中山出席东京中国留学生会和青年会举行的欢迎会

1913年3月8日，孙中山在日本名古屋与中国留学生合影

1913 年 3 月 9 日，孙中山在日本京都与中国留学生合影

孙中山在东南亚的活动

辛亥革命期间，世界各地 630 多万华侨大部分侨居在东南亚一带，他们的侨居国与祖国毗邻或隔海相望，其中有不少人在当地披荆斩棘，艰苦创业，成为华侨资本家。南洋华侨从人力和财力上，都蕴藏着较大的爱国能量。孙中山等革命党人也经常来到这一带开展革命活动。据初步统计，从 1900 年至 1911 年，孙中山曾 43 次到过东南亚各地，其中 8 次到新加坡、9 次到马来亚。[①] 孙中山在新马各地曾做过多次演讲。1905 年，由于受日本政府驱逐，孙中山经华侨介绍到达马来亚槟城，住在小兰亭俱乐部。槟城闽商吴世荣、黄金庆热情接待孙中山等人。在吴世荣、黄金庆的安排下，孙中山在小兰亭俱乐部大力宣传"三民主义"，阐述"满虏不去吾国必亡"的理由。他大声疾呼："侨胞诸君，我们要救中国，便要实行革命，先把满清推倒；因为满清是我们革命的障碍物，满清不倒，中国终不得救"；"我全体汉人，惟有抱革命决心，发愤为雄，驱逐鞑虏，光复旧物，挽回已

1902 年孙中山在河内与越南代理总督哈德安等人合影

① 《孙中山全集》第三卷，北京：中华书局，1984 年，第 13 页。

失的主权，建设独立的基础，才可救中国"。①

为了实现中国民族民主革命理想，孙中山先生曾六次到越南宣传革命思想，团结革命力量。1900—1903 年，孙中山两次到越南河内、西贡一带进行革命活动，此间召集广肇、客家、潮州、海南、福建等各帮三合会堂首脑开会，宣称"中国人都是同胞兄弟"，"洪门的宗旨在于反清复明，革命就是推翻清朝，希望洪门兄弟同心同德，支持革命"。

越南第一个兴中会会员——黄隆生

黄隆生（1870—1939），越南爱国华侨。1870 年出生于广东新宁。早年随乡亲到越南谋生。先学制鞋，后为裁缝师，在河内开办隆生洋服店。1902 年，孙中山在河内组建了兴中会分会，以黄隆生开设的隆生公司为会所，并发展了华侨商人黄隆生、刘歧山以及南海华侨杨寿彭、张奂池等大批华侨革命志士。这是孙中山在越南华侨中建立的第一个革命团体。黄隆生是孙中山的得力助手，他以自家洋服店为据点，积极发动旅越南华人捐款、购置枪械、印刷宣传品，接待并资助国内几次起义失败而流落去河内的革命党人。1907 年，孙中山再赴河内，将河内的兴中会分会改组为同盟分会，并在河内设立领导起义的总机关，指挥当年 4 月的潮州起义、惠州起义，7 月的钦州起义、廉州起义和 11 月的镇南关起义。为给起义购买军火，黄隆生捐出巨款，又派人去边境联络起义事宜。河口之役，他因运米粮供应前线，被法国殖民政府驱逐出越境。1911 年武昌起义成功的消息传遍世界，黄隆生立刻从越南回到了中国。1923 年孙中山在广州重建大元帅府，黄隆生任会计司司长。1924 年 8 月，孙中山先生为了统一广东财政，决定成立中央银行，任命宋子文为行长、黄隆生为副行长，并发行货币。1935 年出任广东省侨务委员会委员，1939 年在广州逝世。

图注：黄隆生

---

① 颜清湟著，李恩涵译：《星马华人与辛亥革命》，台北：联经出版事业有限公司，1982 年，第435 页。

槟城的小兰亭内陈列着孙中山铜像

19世纪80年代初的平章公馆，坐落在椰脚街，是槟城华人大会堂的前身，孙中山曾于1907年在此发表演讲

1907年3月，孙中山在晚晴园与同盟会新加坡分会会员合影。一排左起：张继、林镜秋、张永福。二排左起：林航苇、黄康衡、陈楚楠、黄耀庭、孙中山、尤列、张成忠、张华丹、刘金声。后排：林义顺（左三）、邓子瑜（左四）等

孙中山在美国的活动

与保皇派的论战

华侨素有"忠君"的传统观念，康有为、梁启超领导的维新变法爱国运动，将"忠君"与"爱国"有机结合起来，不失为团结广大海外华侨，反对主要敌人——国内顽固势力有效的政治主张。孙中山创立的兴中会自成立后一直是未公开的革命团体，进行的是秘密行动，广大华侨对孙中山的革命知之甚少。而康有为、梁启超因"百日维新"而在海内外已成为知名人物。康、梁提出的"保皇救中国"和建立君主立宪制的救国方案，其温和的主张和渐进的思想，比之要冒险地使用武力——"造反"，较易被华侨接受和欢迎。因此，在 20 世纪初的美国，保皇派的势力远远大于革命派。甚至，包括孙中山大哥孙眉在内的一些兴中会会员也纷纷加入了保皇会。截至 1903 年，美洲各地成立的保皇会组织共 11 个总会、103 个支会，美国及加拿大各城市无不有保皇分会。

1904 年南非洲砵厘士碧埠华侨朱友源的保皇会入会存票

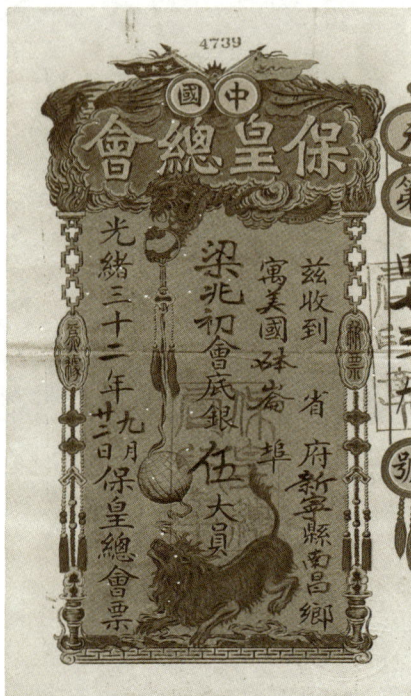

1906 年美国砵仑埠华侨梁兆初的保皇总会底银收据

1903 年 9 月，孙中山由东京抵达檀香山，进行有针对性的宣传活动。由于 20 世纪初保皇派在美洲有一定的势力，孙中山一开始在美洲进行革命宣传时，遭到侨胞冷遇。而此时的兴中会组织已经陷入瘫痪状态，不仅失去了原有的号召力，而且难以适应革命斗争形势发展的需要。为扭转这种局面，重振兴中会声威，孙中山到达檀香山后，立即马不停蹄地进行宣传演说，坚定地提出只有革命才能拯救中国。

1903 年 9 月，孙中山离日赴美洲开展革命活动。12 月 13 日，孙中山在檀香山美利坚戏院对华侨做了公开革命演说。图为戏院旧址

1903 年孙中山在檀香山茂宜岛宣传革命的旧址

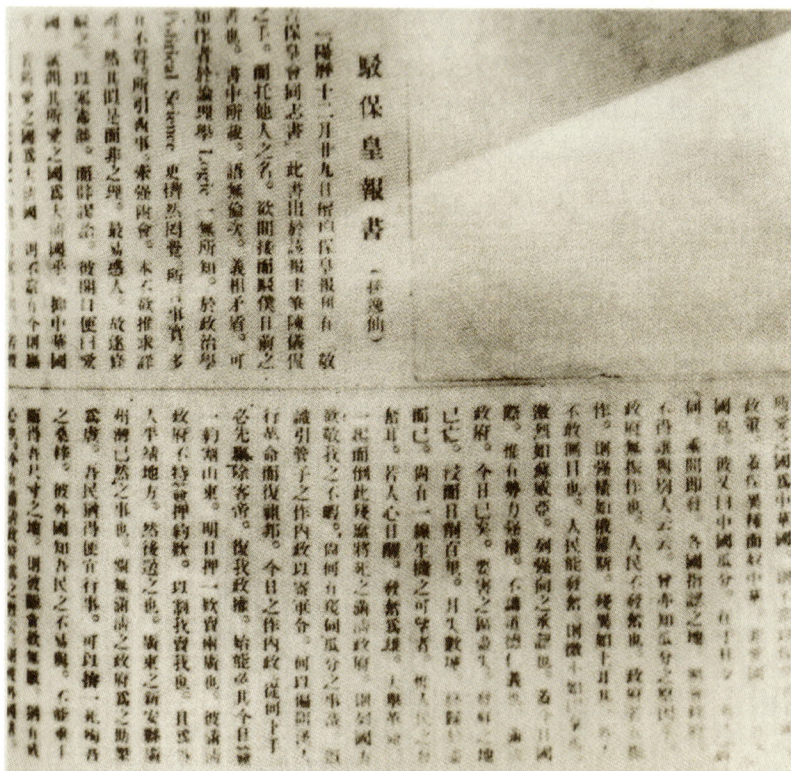

1903 年 12 月，檀香山华侨革命党人程蔚南根据孙中山的建议，将所办之商业报纸《檀山新报》（又名"隆记报"）进行改组，使之成为宣传革命思想，批判保皇邪说的舆论阵地。图为 1904 年 1 月《檀山新报》上发表的孙中山的《驳保皇报书》

成立中华革命军

除了进行宣传鼓动和撰文论战外，孙中山下决心改组兴中会。1903 年 10 月，孙中山在夏威夷群岛希炉埠成立了"中华革命军"。该军入会誓词定为"驱除鞑虏，恢复中华，创立民国，平均地权"，参加者共 20 余人。同时，孙中山在当地发表演说，揭露和批判保皇派，鼓吹反清革命，听众千余人。12月，孙中山由希炉埠重返檀香山后，召集原兴中会会员李昌、何宽等重组兴中会，改兴中会为"中华革命军"，加入者数十人。为筹集经费，孙中山遂于 1904 年 1 月以"中华革命军"的名义，亲自签署发行军需债券。因兴中会的影响范围已被保皇会蚕食过半，购者寥寥，全数仅得两千余元。

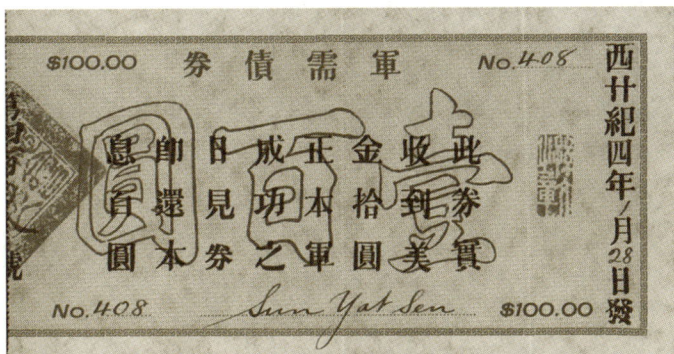

1904 年 1 月中华革命军发行的军需债券

1904 年 4 月孙中山抵旧金山时演讲及筹款的旧址

  1904 年 4 月，在爱国华侨邝华泰、伍盘照等人的协助下，孙中山在旧金山士作顿街长老布道会所召开兴中会救国筹饷大会，演讲非推翻清政府无以救中国的道理和认购军需债券对促进中国革命的作用。演讲完毕后，即提议请在座众人购买革命军需债券，谓此券规定实收美金十元，待革命成功之日凭券即还本息一百元，凡购券者即为兴中会会员，成功后可享受国家各项优先利权。一开始，各教友对于购券事均甚赞成，唯闻凡购券者即为兴中会会员一节，多谈虎色变，谓"吾辈各有身家在内地，助款则可，入会则不必"。为打消众人顾虑，孙中山遂宣称此举志在筹饷，入会与否，一唯尊便，此项债券票面并不写姓名，可勿过虑。于是各教友先后购券，得美金四千余元。①

---

① 安跃华：《中国国家博物馆藏孙中山在美洲发售的债券考述》，《中国钱币》2011 年第 1 期增刊。

在檀香山加入致公堂

孙中山于 1904 年 1 月在檀香山加入了致公堂，此举是听从了其舅舅杨文纳的建议。鉴于当时旅美侨胞中百分之七八十是洪门中人，杨文纳认为如果孙中山能够加入洪门致公堂，然后以洪门盟友的身份在美进行革命活动，必多获声援，事半功倍。孙中山赞同此议，于是商请洪门叔父钟水养向洪门"国安会馆"推荐。但此事并不顺利，开始时为保皇分子非议，欲加阻止。钟水养慷慨陈词："洪门宗旨在于反清复明，孙先生虽未入洪门，但已实行洪门宗旨多年，此等人应竭力接纳之不暇，何可拒之门外，致贻违反宗旨之讥讽？"反对者则无言以对。国安会馆旋于 1904 年 1 月 11 日在固圭街会所特别"开台演戏"（入会仪式）。①

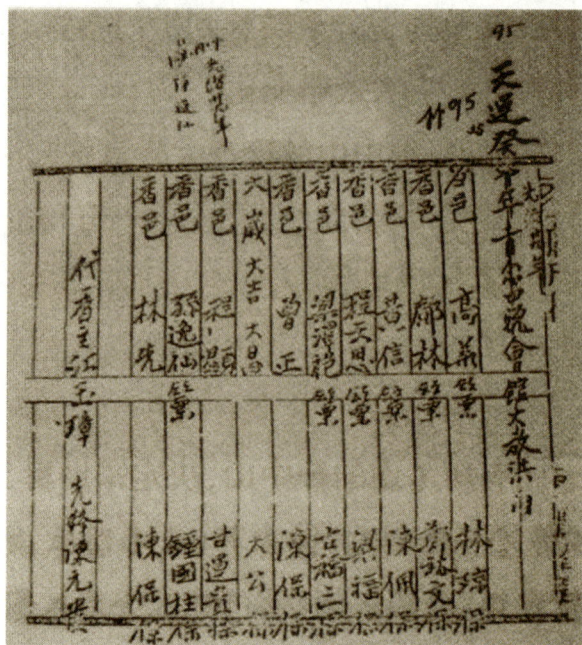

孙中山在檀香山加入洪门"国安会馆"为会员时的记录。上面注明孙逸仙，香山县人，担保人钟国柱。上图中"大放洪门"即入会仪式，由"香主"主盟，"先锋"监誓

---

① 刘伟森：《孙中山与美加华侨》，台北：近代中国出版社，1999 年，第 8 页。

1904 年 4 月孙中山抵旧金山时，曾住在致公总堂二楼　　　　　致公堂会员证

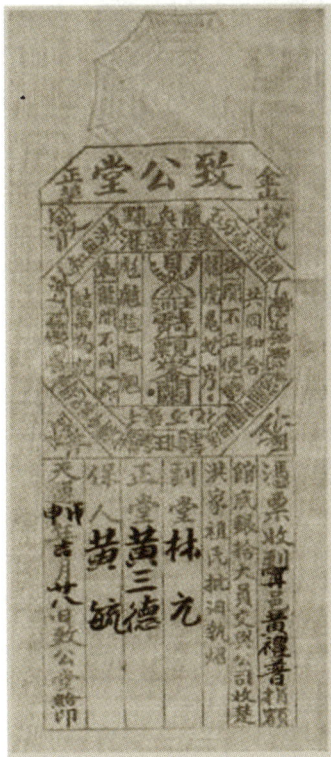

　　1904 年 5 月，致公堂总堂根据孙中山的建议，举行全美致公堂会员总注册（重新登记），孙中山建议重订章程，谴责清政府的黑暗专制及保皇党拥护清朝、反对革命的立场。致公堂职员们赞成这个建议，并请孙中山起草总注册章程，孙中山起草的《致公堂重订新章要义》把"联合大群、团集大力，以图光复祖国、拯救同胞"列为"本堂义务之不可缺者"，规定"本堂以驱除鞑虏、恢复中华、创立民国、平均地权为宗旨"，"以协力助成祖国同志施行宗旨为目的"；还把"先清内奸而后除异种"列为"本堂义务之不可缺者"，规定凡国人所立各会党，"其宗旨与本堂相反者，本堂当视为公敌，不得附和"。① 这样，孙中山把一个会党组织改造为具有资产阶级革命性质的团体。

美洲致公堂大佬——黄三德

　　黄三德（1863—1946），美国爱国华侨，广东台山人。15 岁时出国闯"金山"，1883 年 12 月，加入了美洲华侨中最大的组织——洪门致公堂。1897 年，

----

① 《孙中山全集》第 1 卷，北京：中华书局，1984 年，第 261 – 262 页。

黄三德

他被选任为旧金山致公堂总理，侨胞都爱称他为"洪门大佬"。1903 年，孙中山赴檀香山，两人一见如故，无所不谈。为了便于在美洲联络多数同志，在黄三德的介绍下，孙中山加入了檀岛致公堂，并被推举为"洪棍"。1904 年 4 月 2 日，孙中山被美国海关当局以"中国乱党"的罪名拘禁后，也是黄三德倾全力以救。孙中山随后在旧金山的革命活动中，都有黄三德全面的、周密的安排，而且他亲自陪同孙中山到全美各埠发表演说。1907 年，孙中山准备在镇南关起义，发函要求黄三德筹款支持。黄三德即与各埠致公堂联系，把筹得的美金 7 000 多元寄给孙中山。同年 12 月，孙中山又赴美国约见黄三德，说明此次来美亦为筹款。黄三德听取了司徒美堂的提议后，毅然决定抵押和变卖致公堂楼宇来支持孙中山的革命活动。1911 年 6 月，孙中山发动成立美洲洪门筹饷局，黄三德与李是男为总监督。华侨捐资踊跃，温哥华埠致公堂率先捐资 1 万元港币。华侨踵趾相接，仅六个月的时间，就筹得美金 14.4 万元，其中经黄三德发动筹得的款项就达 10 万多元港币。武昌起义后，黄三德等人又立即代筹旅费，让孙中山由纽约启程，取道欧洲回国。孙中山抵上海后，黄三德用美洲各埠洪门致公堂名义、各华侨团体名义，一日内发数十封电报回南京，请代表支持孙中山，以致"电报之费逾千"。为表彰黄三德对革命作出的贡献，1912 年 3 月 1 日，孙中山发给黄氏旌义状。1946 年，黄三德在洛杉矶病逝，终年 83 岁。出殡那天，旧金山、洛杉矶各界华人及美洲洪门弟子共万余人参加了葬礼，送葬的人流长达十里。中国政府也发去唁电，对黄三德为中国辛亥革命所作出的贡献给予高度评价。

洪门安良堂大佬——司徒美堂

司徒美堂

司徒美堂（1868—1955），美国爱国华侨，1868 年出生于广东开平。1882 年 3 月到美国务工，在旧金山"会仙楼"食馆当厨工。1885 年，加入华人反清组织洪门致公堂。1894 年冬，在美国波士顿致公堂内另立堂口安良堂，以"锄强扶弱、除暴安良"为旗号。安良堂很快就成为洪门致公堂旗下的强势团体，1905 年，在美国纽约成立"安良总堂"，最后发展到全美国 31 个城市都有安良堂，规模浩大，成员有 2 万多人。司徒美堂任安良堂总理达四十年之久，被拥为"大佬"，尊称为"叔父"。

1904 年，司徒美堂在波士顿会见了以"洪门大哥"

身份出现在美国的孙中山，并担任其保卫员兼厨师。同住 5 个月期间，孙中山得到了司徒美堂对其革命活动的支持。1911 年 4 月，广州黄花岗起义失败，同盟会急需经费。司徒美堂积极筹集款项。1912 年元旦，孙中山被选为中华民国临时大总统，司徒美堂发动美洲各埠致公堂通电 300 多次拥护孙中山当总统。1924 年初，孙中山北伐时，亦得到司徒美堂的大力支持。

孙中山曾亲自电邀司徒美堂回国担任总统府监印官。司徒美堂想到孙中山在担任总统后，没有忘记海外华侨如此器重自己，但自己只是爱国爱乡情切而并非为名利，便回信婉拒。后来孙中山曾对身边的人说："司徒美堂自从 1904 年我到美国宣传革命，一直支持我们。推翻满清帝制后，我请他回国任职，他却不回来做官，他是大好人啊。"

金山受阻

金山受阻是孙中山继伦敦蒙难之后遭遇的又一次清政府有预谋的迫害。1904 年 4 月，孙中山从檀香山赴美国大陆进行革命活动，引起清廷总领事何祐的恐慌，为阻止其入境，何祐向美国举报孙中山的护照有问题。所以孙中山一上岸，就被移送到移民候审所。美国海关移民官员根据孙中山的自述和调查，认为他自动放弃了美国公民身份并拒绝了他的入境申请，并准备以中国公民身份将他遣送回中国。

旧金山洪门首领黄三德等人知道此事后，迅速与美国移民局和联邦工商部打官司大力营救孙中山。1904 年 4 月 28 日，商务暨劳工部执行部部长发出决议认为：孙中山提供的出生证明、护照等都"格式无虞"，一位负责檀香山事务的美国警探的报告证明

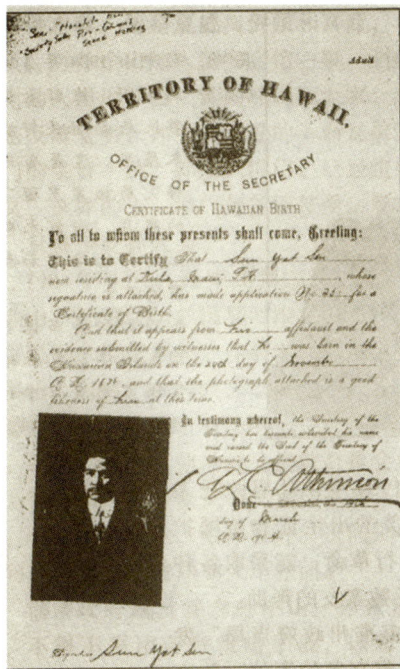
图为孙中山的《夏威夷出生证明书》。这意味着孙中山的美国公民身份正式得到了美国政府的认可。从此之后一直到 1912 年中华民国成立，孙中山从事的一系列革命活动，都有着这样一重身份的掩护

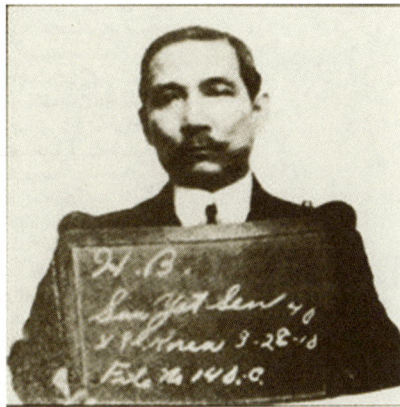
1904 年孙中山遭美国旧金山移民局逮捕拘留的档案照

孙中山的陈述是真实的，在"孙中山出生于夏威夷"没有争议的情况下，根据相关法律，孙中山具有美国国籍，可以自由出入美国本土。取得在美居留的权利后，孙中山就公开活动。不管清朝领事和保皇党徒怎样造谣破坏，都未能阻止孙中山从事革命活动。

唤起侨众不遗余力

孙中山在海外华侨中进行革命活动，首先是从启蒙宣传开始的。正是由于孙中山等革命党人四处奔波，不断地做启蒙宣传，才唤醒了许许多多海外华侨，使他们踊跃支援革命，成为革命的一支重要力量。但是孙中山在海外进行活动，也引起了当地殖民政府的恐慌。先是荷印政府不准孙中山入境，继之马来亚也限期令其出境，日本、越南等地限制入境期均未满。这样，孙中山在南洋一带难以立足。加之此前南洋各地华侨革命党人多次为革命起义捐献大笔款项以及出资办报、维持党务活动等，"大有接应不暇之势。出钱者固多叹原气之未复，劝捐者亦殊觉开口之为难也"，于是孙中山决定赴欧美另谋款项。1909年10月，孙中山离开伦敦赴美国。

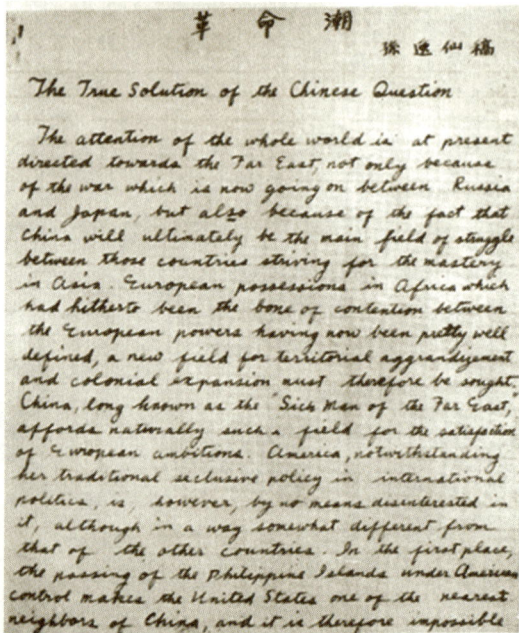

1904年8月，孙中山在美国圣路易撰写了《中国问题的真解决》，该文指出，清朝"正迅速地走向死亡"，"中国现今正处在一次伟大的民族运动的前夕，只要星星之火就能在政治上造成燎原之势"。图为《中国问题的真解决》英文手稿

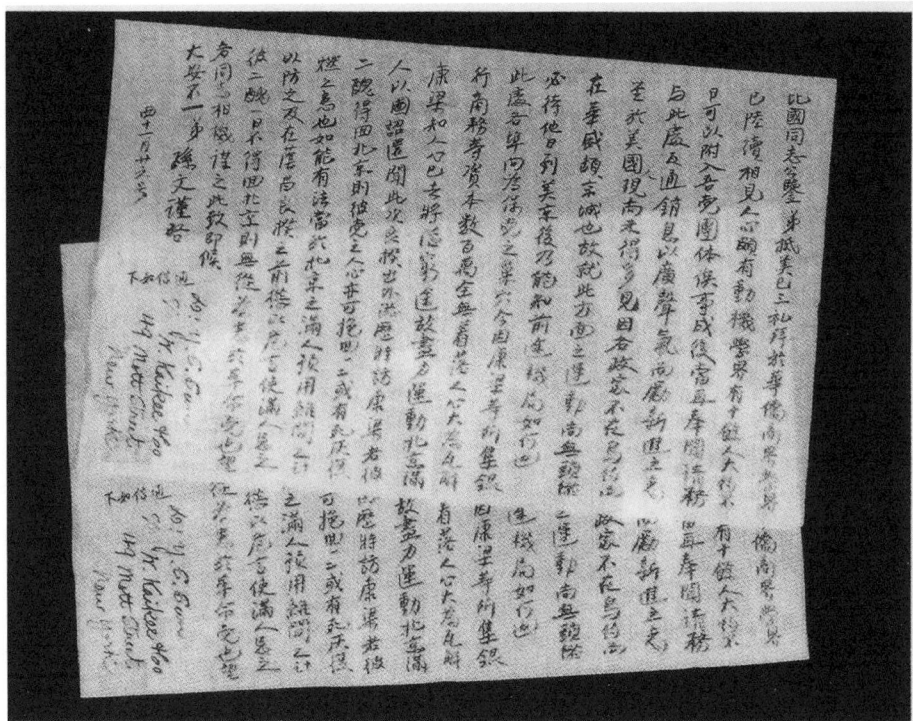

1909 年 11 月 26 日，孙中山在纽约写给比利时同盟会会员的关于同保皇党作斗争的信函

孙中山在美国旧金山从事革命活动时用过的保险箱

1910 年初，孙中山由纽约来旧金山从事革命活动，曾住在企李街"京都餐馆"楼上的"粤东旅馆"3 号房

　　一旦我们革新中国的伟大目标得以完成，不但在我们的美丽的国家将会出现新纪元的曙光，整个人类也将得以共享更为光明的前景，普遍和平必将随中国的新生接踵而至，一个从来也梦想不到的宏伟场所，将要向文明世界的社会经济活动而敞开。

——孙中山

孙中山当年演讲时借用的凳子

1911 年 6 月，孙中山在美国旧金山

孙中山在旧金山时，常在天后庙街演讲，由革命同志四周警戒。图为天后庙街的一段

1911 年 10 月 14 日的美国《丹佛日报》上刊登了孙中山和黄芸苏在旧金山洪门致公总堂演讲的传单样张，以"中国未来的统治者到访丹佛，清王朝悬赏十万美元买孙逸仙的人头"为标题加以报道

1911 年，孙中山在旧金山推动革命时与当地华侨合影

孙中山在加拿大的活动

1911 年 2 月 5 日，孙中山为国内起义筹款来到加拿大温哥华，华埠华侨千余人在车站欢迎孙中山的到来。在当地致公堂的安排下，孙中山在华人大戏院连续四天演讲宣传革命，每次听众超过千人。温哥华致公堂响应孙中山号召，发动会员踊跃为革命捐助资金，不少华侨工人捐出一两个月的工资。至 3 月，加拿大各埠华侨为黄花岗起义共捐助七万港元。

1911 年 2 月，孙中山与加拿大华侨合影

孙中山在温哥华与致公堂会员在史丹利公园的合影。前排左起：马球、黄树球、高超、谢秋。后排左起：李希寰、许昌平、周国、孙中山、冯自由、马延远、黄佳。后立者：黄龙杰

1911 年 1 月 14 日，孙中山在温哥华致公堂任大佬盟长时招贤纳士的记录

参加中华革命党（中国国民党的前身）驻加拿大总支部于 1917 年 8 月 18 日举行的全加代表恳亲会的代表合影

创办进步报刊

舆论往往是行动的先导，它为大规模的革命运动的发动和开展做了重要的准备。辛亥革命时期，华侨能够广泛地被发动起来支援和参加革命，与革命党领导人和革命派华侨大造舆论宣传有密切关系。其中创办革命报刊是舆论宣传的一个重要内容。据不完全统计，从兴中会创立到讨伐袁世凯结束期间，海外华侨报刊有 100

进步报刊

多种，占同期报刊总数的近八分之一。如香港的《中国日报》，檀香山的《檀山新报》，旧金山的《少年中国晨报》，改组后的《大同日报》，东京的《民报》，温哥华的《大汉公报》，新加坡的《图南日报》《中兴日报》，槟城的《光华日报》，曼谷的《暹华日报》，仰光的《觉民日报》《全缅公报》《光华日报》，爪哇的《泗滨日报》《前锋报》《吧城日报》，棉兰的《苏门答腊民报》，加拿大的《新国民报》等，都宣传孙中山的反清革命。这些宣传不仅把华侨的爱国思想提升到革命行动上来，还成为当地华侨革命力量汇聚的中心，起了重要的促进作用。这一时期华侨报刊的创办有这样几种情况：有的是革命党领导人亲自创办的，或是在其支持下创办的，如孙中山本人创办和指导创办的报刊就达 12 种；有些是华侨革命党人或同情革命的进步华侨亲自创办的；有些是原来华侨自发创办、后经革命党人加以改造而成为革命报刊的；有些是保皇派首领或倾向保皇思想的华侨创办的；还有些是没有明显政治倾向的侨商、宗教界等华侨创办的。在这大量报刊中，革命报刊占多数，影响也最大。这些报刊对于传播中华民族文化，激发华侨的民族意识，增强华侨的团结和凝聚力，尤其是唤醒和推动华侨参加或支援革命等起了重要的作用。[①]

福建近代第一份报纸——《福报》

《福报》是专事宣扬维新变法的报纸，也是福建近代第一份报纸，于 1896 年 4 月由黄乃裳在福州创办。戊戌变法失败后，黄乃裳眼见"六君子"被杀，清廷腐败，即萌生"非革命不足以救亡拯毙"的思想。1900 年 6 月，黄乃裳在新加坡见到孙中山，并晤谈数次，参加革命的意志益坚。从现存《福报》刊载的 55 篇文章看，其基本内容全是鼓吹变法维新的，所以说它是一份维新派报纸是切合实际的。第一期《福州宜设报馆说上》和第二期《福州宜设报馆说下》两篇带宣言性的文章曾明确地指出："泰西举事最得风气之先，即广设报馆之力也……为今之计，唯地无分南北，多设报馆，交相易观，事属新闻，理堪互证。""报馆益多则闻

《福报》

见益广，闻见益广则变通益速，变通益速则国势益强。""朝廷立政，须先容此直言正气之人，聪明方属不奎。"办报的宗旨很明确，就是开风气、广见闻，立直言正气，加速变通，益强国势。[②]

---

① 任贵祥：《辛亥革命时期的华侨报刊》，《华侨华人历史研究》1997 年第 4 期。
② 林其锬：《黄乃裳和他创办的〈福报〉》，《文献》1987 年第 1 期。

美国第一份中文日报——《中西日报》

1899 年，美国基督教长老会牧师、华人伍盘照在洛杉矶创办周报《华美新报》，不久停办。伍又向教友集股，于 1900 年 2 月 16 日在旧金山创办《中西日报》，自任主笔。在伍盘照主持下，《中西日报》恪守"启民智、进文明"宗旨，倡导华侨华人积极融入美国社会，该报因此从初创时便被英语世界誉为"美国第一份中文日报"。《中西日报》在排华、政争等矛盾交错的复杂环境中，采取了实用主义的认同策略，以护侨、救国为价值取向，以美式观念实施独立办报，有效地提升了华埠形象，成为政党报刊和低俗读物的制衡者。不屈、不党、不俗的伍盘照，堪称中国新闻传播史上第一位真正意义上的"独立报人"。其报纸凭借客观、平衡而负责任的新闻报道，在中北美地区吸引了大量华侨华人读者，成为"民主革命准备时期"和民国初期销量最大的海外华文报纸。[1]

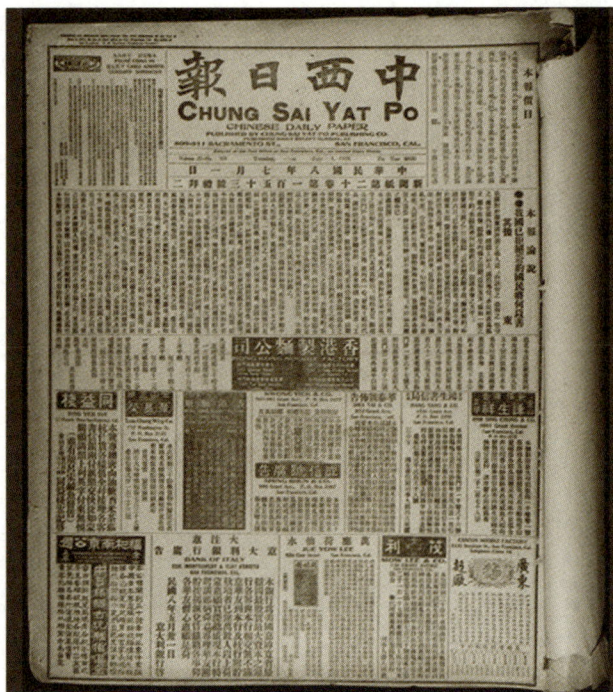

《中西日报》

---

[1] 陈英程、曾建雄：《从独立报人到外交家——旅美华侨伍盘照成功办报实践及"侨民外交"活动评述》，《新闻与传播研究》2014 年第 2 期。

《中西日报》总经理兼总编辑——伍盘照

伍盘照

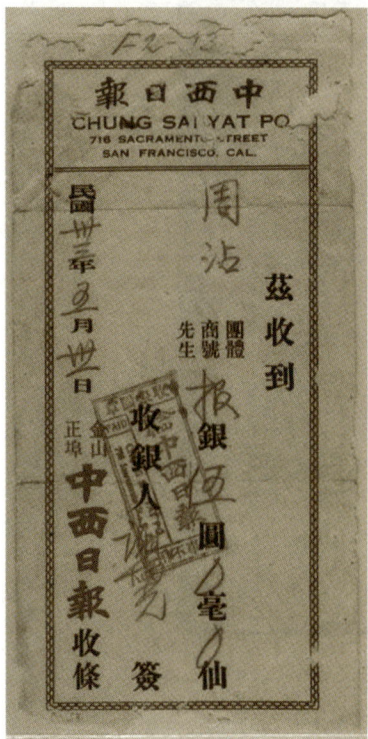

华侨订购《中西日报》收据

伍盘照（1868—1931），美国爱国华侨，出生于广东台山。13 岁赴美国旧金山，初当童工，后入长老会英文学校，因勤奋好学而为西人牧师赏识，成为基督教徒。1889 年考入长老会神道大学，毕业后任洛杉矶南加省华人长老会主任牧师。在任期间，乐于助人，深受教友爱戴。1899 年 5 月 2 日，伍盘照辞去了牧师职务，在同乡伍于衍、伍时雨等人的支持下在洛杉矶开办了中文报纸《华美新报》，以改良社会、教育侨民和协助孙中山宣传革命救国为办报宗旨。1900 年 2 月，伍盘照把报社迁往有更多华人居住的旧金山，并改名为"中西日报"。伍盘照苦心经营，自己出任总经理兼总编辑。《中西日报》内容充实、仗义执言，为华人讲话，因此深得美国华人读者的欢迎，发行量不断增大，很快就发展成为全美最大的中文报纸。

1904 年 4 月，孙中山二次赴美，准备在华侨中开展革命宣传活动。旧金山保皇会成员同清廷驻该市领事串通一气，向美移民局诬告孙中山是中国乱党，美以非法入境罪扣留孙中山。得知孙被拘消息后，伍盘照立即与致公堂首领黄三德、唐琼昌联系，积极组织营救，使孙中山获得自由。伍盘照还在《中西日报》上刊登亲笔所写《非禁说》一文，作为历史佐证。邹容《革命军》一书产生了巨大的影响，孙中山同伍盘照、黄三德商议在美洲发行此书，伍、黄非常支持，决定由中西日报社排印，印刷费 500 美元。伍盘照慨然允诺免收排印费。该书共印发 11 000 册，在美洲和南洋华侨中广为散发，发挥了革命启蒙作用。这以后，伍盘照一直与孙中山紧密联系，在华埠做了大量革命宣传工作，曾为孙中山募集捐款多达 50 万美元。辛亥革命成功后，1913 年伍盘照被委任为中国驻旧金山领事馆副领事。对于美国禁用华工以及对华侨的苛刻待遇，他能站在维护华侨利益的立场向美国在野人士据理力争。1931 年，伍盘照因病医治无效逝世，享年 63 岁。

兴中会第一份机关报——《中国日报》

《中国日报》是兴中会创办的第一份机关报，也是中国最早宣传资产阶级革命的报纸，1900 年 1 月 5 日在香港创刊。孙中山选择香港作为办报的基地，是因为它靠近华南起义地区，又为清廷势力所不及。孙中山亲自筹集经费、采购设备、选定人员，报刊名称也是他确定的，取"中国者中国人之中

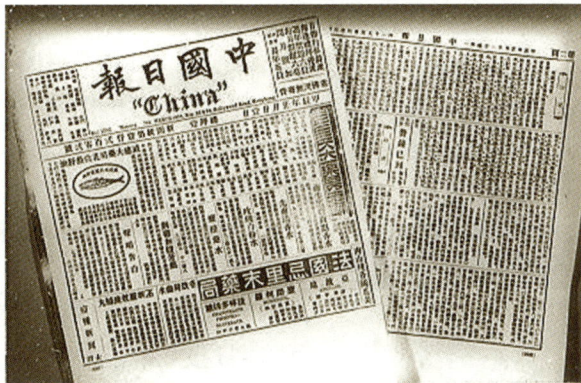

《中国日报》

国"之意。由于港英当局一时不准孙中山入境，他便委托自己的得力助手陈少白去香港办报。

《中国日报》的早期宣传内容集中在以下几个方面：①揭露和声讨清政府的腐败无能和卖国罪行，宣传反清和反对专制制度。②宣传资产阶级的民权思想，介绍英国、法国资产阶级革命的历史，赞美民主共和，号召人民起来争取民主自由。③报道革命党人留日学生的革命活动，对 1900 年惠州革命党人的武装起义、1902 年章太炎在东京发起的"支那亡国 242 年纪念会"都作了报道，还宣传声援义和团反帝反侵略的行动。④宣传反帝救亡，谴责八国联军侵华、荼毒京津的罪行，在 1903 年拒俄运动中较系统地揭露了沙俄侵华的野心，号召人民起来救国。⑤批判资产阶级保皇派，1902 年革命党人发动的第二次广州起义失败后，广州保皇派报纸《岭海报》趁机诬蔑，《中国日报》坚决驳斥，论战月余。《中国日报》在出版日报的同时还出旬刊《中国旬报》，

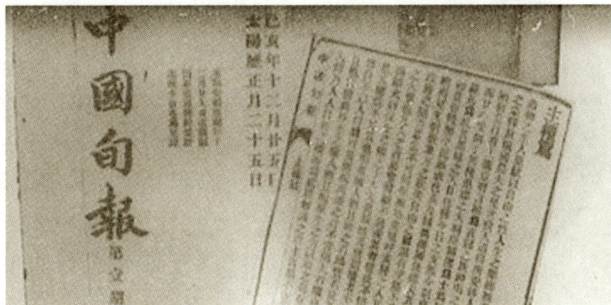

《中国旬报》

主要发表译文和长篇论文，还发表文艺作品。它的《杂俎》专栏移入日报后改名"鼓吹录"，是中国最早的文艺副刊之一。《中国日报》不仅是革命党人的舆论宣传阵地，也是他们的重要活动据点，多次武装起义的策划、组织、联络工作，都是在报馆内进行的，这种既是舆论机关又是联络机关的组织形式，后为多家革命派的报馆所继承。辛亥革命后，《中国日报》迁到广州出版，1913 年 8 月被袁世凯的广东代理人龙济光查封，共出版了 13 年零 8 个月。

《中国日报》社长兼总编辑——陈少白

陈少白

陈少白（1869—1934），1869 年出生于广东新会一个牧师家庭。1890 年，经孙中山介绍，入香港西医书院。1892 年，陈少白辍学，在孙中山开设的东西药局料理店务，为革命奔走。后成为兴中会主要领导成员，早期兴中会的文告多由他来执笔。1895 年广州起义失败后，他随孙中山流亡日本，向孙中山建议到香港创办报馆，鼓吹革命。1899 年冬他奉孙中山之命去香港筹办《中国日报》，创刊后担任社长兼总编辑。在主持该报工作七年里，他发表了许多文章、诗词和漫画。20 世纪初，正是中国资产阶级民主革命思潮出现、形成的时期，其间，1900 年、1903 年、1905 年、1907 年和 1908 年都是很重要的年份，或者说是关键性的年份。陈主编《中国日报》时期，就经历了前三个关键性年份，对宣传革命陈少白可说是厥功至伟。[①] 他是兴中会的重要报刊宣传家。1905 年同盟会成立，他任香港分会会长。辛亥革命后，任广东都督府外交司司长、孙中山总统府顾问，之后脱离政界，兴办实业。1925 年孙中山逝世后，他回故乡广东新会，担任该县外海乡乡长。除建设家乡，还创办了以移风易俗为宗旨的我国最早的乡报《外海杂志》。1934 年病逝于北京。

《中国日报》出资人——李煜堂

李煜堂

李煜堂（1851—1936），美国爱国华侨，出生于广东台山。早年在美洲经商致富，后返回香港，创办药材行。1905 年加入香港同盟会，积极参加革命活动。1906 年革命党的唯一机关报《中国日报》因受保皇党人控诉，几近停业，后经陈少白、冯自由之请，出资购买该报，使它得以维持。辛亥广东光复后，一度任财政部部长。此后专心从事实业，曾多次捐助广东教育交通慈善事业，创办岭南大学。在经商

---

① 张运华：《五邑华侨与辛亥革命》，《五邑大学学报（社会科学版）》2010 年第 1 期。

的同时，仍十分关心国家大事，多次联络港商，筹措饷粮，支持讨袁运动、护法运动及北伐运动。九一八事变后，募集巨款，支援淞沪会战。1932 年发生"一·二八"事变，筹款支援抗日义军。1936 年在香港病逝。著有《九国游记》。

中国留日学生创办的第一份革命刊物——《开智录》

《开智录》是中国留日学生团体"开智会"所出版的半月刊，于 1900 年 12 月 22 日创刊于日本横滨，创办人为郑贯一（贯公）、冯自由、冯斯栾三人，郑为主干。他们同时也是主要撰稿人，其他撰稿人还有蔡锷、秦力山、蒋观云和邱菽园等人。《开智录》的一个重要特色，就是旗帜鲜明地宣传了自由平等、天赋人权等资产阶级政治思想。该刊不仅从日

《开智录》

文著作中连续译载了《法国革命史》等著作，介绍了卢梭、孟德斯鸡等人的民权思想和理论，而且运用这些理论来分析形势、考察实际政治问题。郑贯一、冯自由、冯斯栾三人分别以"自立、自由、自强"（人称"三自"）的笔名发表文章，"倡自由之言论，申独立之民权"，赞扬义和团，谴责帝国主义和倡言"排满"革命，但《开智录》的革命倾向被保皇派发觉，被迫停刊。

《开智录》创办人之一——郑贯一

郑贯一（1880—1906），留日革命留学生。1880 年生于广东香山。年少时留学日本。1899 年秋入东京高等大同学校，倡设《开智录》半月刊，宣扬革命学说。1901 年经孙中山介绍就任香港《中国报》记者。1904 年后，相继创办《世界公益报》《广东日报》《有所谓报》，宣传民主革命。1905 年任同盟会香港分会庶务干事。1906 年病逝于香港。

郑贯一

流亡革命党人创办的第一份革命 "排满" 的报纸——《国民报》

《国民报》创刊于 1901 年 5 月 10 日，终刊于同年 8 月 10 日。每月一期，共出四期。由流亡日本的革命党人秦力山、沈翔云等主办，在东京编印出版。办报宗旨是"破中国之积弊，振国民之精神，撰述先译，必期有关中国大局

《国民报》

之急务，毋取空琐，毋蹈偏私"。辟有《社说》《时论》《丛谈》《纪事》《来文》《外论》《译编》《答问》8 个栏目。

1901 年 7 月，在《国民报》发表《中国灭亡论》，明确同保皇党划清政治界限，并谴责保皇党的作为。该文指责侨居者中"且有不知革命、勤王之为何解者，亦昧然从而叫嚣不绝，如醉如梦，有若病狂"，并指斥康有为，"其所谓君恩未报者，亦既读书万卷，俨然为一代之经师，而又深鉴夫支那四万万同胞之脑气筋，各具一事父事君、家奴走奴之性质，于是以对病下药之名医自居，而求便于我功名之想。究其所行所为。不过书生之见，如《水浒传》所谓白衣秀士王伦而已"。

《国民报》主办人——秦力山、沈翔云

秦力山（1877—1906），反清革命党人。湖南善化（今属长沙）人。1897 年入长沙时务学堂学习，次年加入南学会。戊戌政变后流亡日本，任《清议报》主笔。1900 年至武汉与唐才常组织自立军，任前军统领。事败再次亡命日本。1901 年创办《国民报》，为留日学生界第一份宣传革命的报纸。该报大倡革命"排满"学说，措辞激昂，每期输入上海逾 2 000 份，影响力辐射东南各省。1902 年与章太炎等发起支那亡国纪念会。同年又在上海创办作新社，创刊《大陆》月刊，竭力驳斥康梁保皇言论。1905 年入云南从事反清活动，积劳成疾，次年病逝。

秦力山

沈翔云（1888—1913），反清革命党人。浙江吴兴人。少有大志，肄业于武昌自强学堂，1899 年留学日本，参与发动励志社。当时孙中山、陈少白、梁启超先后亡命日本，彼此往还，相与研究革命方略，至为透辟。1900 年 8 月，唐才常谋举自立军于武汉，起义事败，革命同志或死或逃。沈翔云愤而起草了《复张之洞书》，对张之洞的《戒上海国会及出洋留学生》一文公开驳斥，痛陈革命理由，1901 年与秦力山在东京创办《国民报》。1911 年 11 月上海都督府成立，任沪

沈翔云

军参谋部外务科科长。"二次革命"失败后迁居上海。因致电袁世凯，劝其退位，于1913年在袁世凯令上海护军使杨善德大兴党狱时被杀害。

南洋第一份宣扬革命思想的报纸——《图南日报》

《图南日报》创刊于1904年春，它既是南洋第一份宣扬革命思想的报纸，也是新加坡革命侨报的先驱。受到革命党人尤列的宣传影响，新加坡进步侨商陈楚楠、张永福等人产生了反清革命思想，随即开始了革命活动。但由于风气闭塞，他们的革命活动一开始不为侨众所理解。陈楚楠等"觉得欲成大事，非先唤醒民众不可"，遂于1904年春和张永福两人"各出一些资本，来组织一间《图南日报》"。兴中会会员尤列及华侨黄伯耀、何德如、康阴田等任编辑。当时南洋华侨社会思想封闭落后，一般侨众对宣传革命言论多不能接受，反视为大逆不道。故报纸出版多日，鲜有订阅，销路不广。如张永福自己所说："图南报出世第一天，入了社会人士的眼帘，他们就紧张起来，不约而同大呼小叫，说是无父无君，谋反大逆的报纸。不要说叫他们出钱来买一

《图南日报》

份看看是无望；就是你十二分诚意的不要钱送给他们一份看，请他们赏识，他们老实不客气地随手就撕掉。"可见起初该报办得很艰难。初期报纸每日印1 000份，可订阅者只不过30多份，所以只好偷偷地把报纸塞到各商店里或住户家门口，免费赠阅，故经费开支甚多而收入微乎其微，终因经济困难于1905年秋被迫停刊。[①]

《图南日报》的名誉总编——尤列

尤列（1866—1936），反清革命党人。广东顺德人。十七岁时在上海参加洪门，二十二岁入广州算学馆。结识孙中山、陈少白、杨鹤龄，常议论时政，高谈造反灭清，时人称之为"四大寇"。1895年在香港参与组织兴中会，准备广州起义。1901年自日本到新加坡，以行医为名，深入工农群众，向农民、工人及会党宣传反清革命，经半年努力"颇得农、工人士之信仰"，遂在新加

尤列

---

① 任贵祥：《辛亥革命时期的华侨报刊》，《华侨华人历史研究》1997年第4期。

坡设立中和堂。其后尤列又赴马来半岛活动，在吉隆坡、怡保、暹罗、芙蓉、柔佛和槟城等埠设立中和堂分堂，在联络会党成员和动员广大华侨，特别是鼓动华侨下层支持和参加反清革命方面起了重要作用。1904 年支持陈楚楠在新加坡创办《图南日报》，宣传革命思想。辛亥革命果实被袁世凯窃取后，反对袁世凯称帝，并组织救世军进行讨袁活动。1921 年任孙中山护法军政府顾问。后脱离政界，定居香港，以教授蒙童为生。1936 年病逝于南京，著有《四书章句易解》《四书新案》等。

同盟会的机关报——《民报》

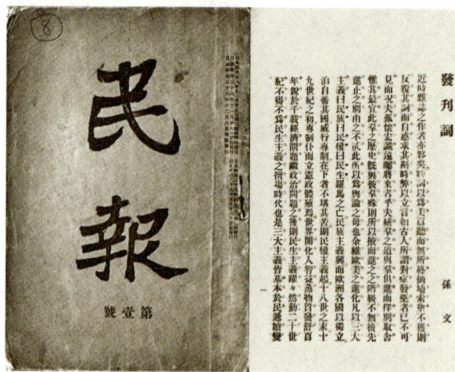

孙中山为《民报》撰写的发刊词

《民报》创刊于 1905 年 11 月，以刊载政论为主，前身为宋教仁在东京创办的《二十世纪支那》。1905 年 8 月，在东京同盟会成立大会上，黄兴提议将该刊改组为同盟会的机关报，得到与会多数人的同意，于是更名为"民报"。11 月 26 日，《民报》在东京正式创刊。1908 年 10 月，清政府运动日本当局将《民报》查禁。1910 年 1 月，在孙中山的支持下，《民报》在日本秘密复刊，同年 2 月停刊，前后共出 26 期。孙中山在 1917—1919 年写成的《建国方略》中追述革命源起时称赞《民报》说："同盟会成立未久，发刊《民报》鼓吹"三民主义"，遂使革命思潮弥漫全国，自有杂志以来可谓成功最著者。其时慕义之士，闻风兴起，当仁不让，独树一帜以建义者，踵相接也。"这一评价是符合实际情况的。《民报》在以资产阶级民主革命思想教育群众，帮助读者摆脱改良主义思想影响，激励、引导爱国之士奋起为推翻清王朝而斗争等方面，确实充分发挥了同盟会机关报的喉舌作用与战斗作用，成绩卓著。《民报》的出版，受到海外留学生和国内倾向革命的知识分子的热烈欢迎。前期的《民报》往往一再翻印，仍供不应求。[①] 孙中山在为《民报》撰写的发刊词中，第一次提出了民族、民权、民生三大主义。这是孙中山在中国旧民主主义革命阶段政治思想的基本内容，是一个比较完整的民主主义革命纲领。它的提出，使资产阶级革命派有了理论指导和斗争旗帜。

---

① 朱生华：《孙中山与〈民报〉》，《江汉大学学报》1995 年第 4 期。

同盟会新加坡分会机关报——《中兴日报》

1906年春，孙中山来到新加坡建立同盟会分会，陈楚楠被选为会长。在孙中山的支持下，翌年8月，陈楚楠、张永福、邓子瑜、沈联芳等人合股创办同盟会的机关报——《中兴日报》。该报在经费和编辑力量上得到孙中山等革命党人的大力支持。同盟会的骨干胡汉民、居正、陶成章、汪精卫、田桐等多人均参加过编辑工作，可见其编辑力量雄厚、阵容庞大。该报在南洋、欧美等地均设有代理处，发行至世界各地。《中兴日报》发刊词为胡汉民所撰，其宗旨是"开发民智，而使数百万华侨生其爱种爱国之思想也"，使每个人都能爱其民族和国家，以恢复中国人统治的中国，民族思想

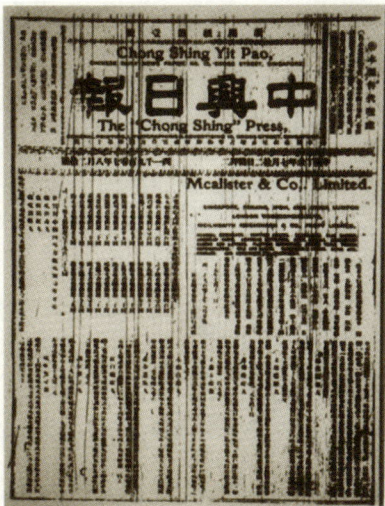

《中兴日报》

寓于其中。与以前大为不同的是，该报刚出版便"很受华侨大众的欢迎，大队群众排列在报社大门口等候创刊号的发行，以便先睹为快"。"南洋华侨从前对于革命党的报纸是从来不愿意看的，在这次激烈的辩论中，无论是赞成革命的，反对革命的，或是中立的，对于当时主持革命言论的中兴报，都争相传阅，有形无形中增加他们认识革命的宗旨不少，南洋华侨的革命风气，也逐渐的开展。"①

加拿大洪门致公堂创立 《大汉公报》

加拿大温哥华的中文报纸《大汉公报》，于1906年由加拿大洪门致公堂创办。其曾经过了《华英日报》《大汉日报》两个阶段，于1915年正式更名为"大汉公报"。辛亥革命前期，《华英日报》与当时康有为保皇党的《日新报》进行了革命与维新的笔战。加拿大洪门致公堂及其两任主笔的崔通约在辛亥革命前后

《大汉公报》

---

① 黄福銮：《华侨与中国革命》，香港：亚洲出版有限公司，1954年，第83页。

对于革命看法的变化及其政治抉择，也鲜明地反映出那一时代的海内外知识精英在探索和拯救国家命运时的摇摆与复杂的思想历程，但不乏以天下为己任的担当与爱国热忱。该报亦报道温哥华华人社区所关注的本地、国内和国际新闻。《大汉公报》发行多年，一直以温哥华华埠和东区一带的老华侨为目标读者群。

《大汉日报》主笔——崔通约

崔通约

崔通约（1864—1937），华侨革命报人。原名成达，信仰基督教后改名通约，广东高明人。早年师从康有为，后追随孙中山。1897 年，前往马来亚吉隆坡，创办《南洋时务报》（又称《广时务报》）宣传维新变法。后加入兴中会。1903 年在香港参与创办《世界公益报》，任总编辑。不久改任该报和《羊城日报》驻日本东京记者，报道留日学生革命活动。1905 年加入同盟会。1907 年赴加拿大温哥华主持《华英日报》工作，同当地的保皇派《日新报》展开笔战。一年后转赴美国旧金山任《中西日报》记者，又与当地的保皇派机关报《中国维新报》进行笔战。1910 年，兼任新成立的《少年中国晨报》编辑。1912 年，再赴加拿大主持《大汉日报》。1915 年至 1928 年在中国国内从事宗教、教育、办刊活动。1928 年再次赴美，主持《中西日报》笔政。1937 年病逝于上海。

美洲同盟会机关报—— 《少年中国晨报》

1908 年，旧金山华侨青年李是男、温雄飞、黄伯耀、黄超五、张蔼范等人组织少年学社，并由李是男、黄伯耀出资，于 1909 年 7 月 4 日创办《美洲少年周刊》，从事革命宣传活动，由温雄飞任总理，黄超五为总编辑，李是男为副刊编辑，黄伯耀为翻译兼发行人。适孙中山由欧抵美，对少年学社及少年周刊高度赞扬，并亲自带领李是男等人招股集资，组织股份有限公司，于 1910 年 8 月创办《少年中国晨报》，成为美洲宣传"三民主义"的重要阵地。《少年中国晨报》在发刊词中鲜明地提出："革命事业可分两时期，一曰宣言鼓吹时期；二曰武力实行时期"，今日的口诛笔伐，是"使革命思潮，为之澎湃而不可抑"，最后达到倾覆清朝、建立民主共和的目的。《少年中国晨报》高举反清、共和旗帜，与保皇势力进行坚决的斗争。

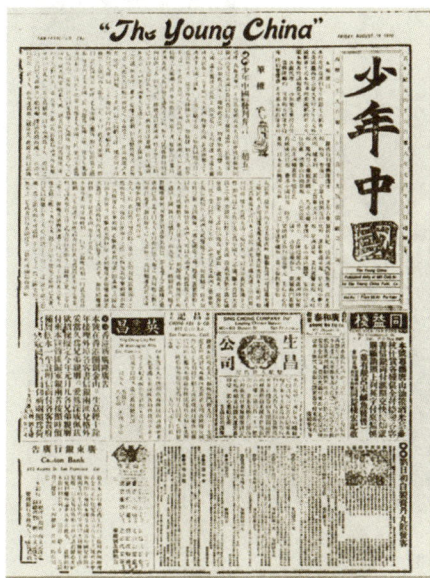

《少年中国晨报》创刊号头版

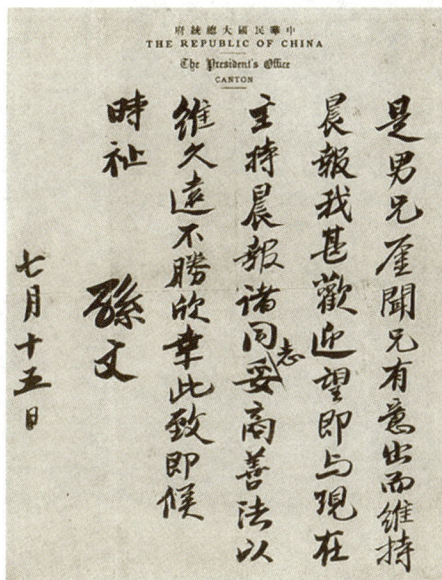

1922 年 7 月 15 日，孙中山就维持少年
《中国少年晨报》运作一事，致函李是男

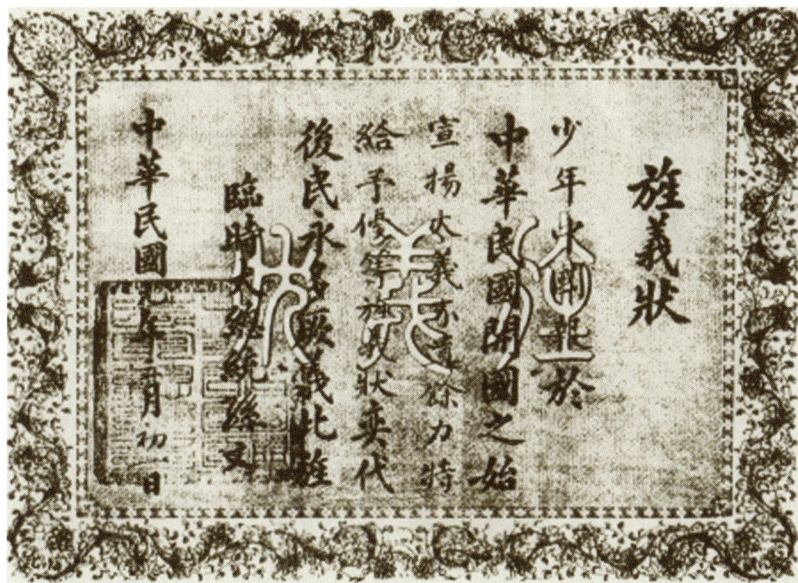

孙中山发给《少年中国晨报》的旌义状

《少年中国晨报》创办时同仁合影

《少年中国晨报》总经理兼营业部经理——黄伯耀

黄伯耀

黄伯耀（1883—1965），美国爱国华侨，出生于美国旧金山，祖籍广东台山。1904年参加兴中会，任兴中会驻美通讯员。1907年12月创办《社会公报》，并任主编。1909年与李是男等在旧金山组织少年学社，出版《美洲少年周刊》，担任翻译兼发行人。1910年，该刊在孙中山先生的大力支持下改组为《少年中国晨报》，为资产阶级革命派在美洲的机关报，大力宣传革命。据有关资料记载，当时孙中山先生所用之写字台，现仍保存于该报馆内。1916年黄伯耀在美国旧金山创办中华飞行学校，并任校长。同年回国，当选为中华民国第一届国会议员。随后在香港创办《晨报》，在北平创办《民国日报》，作为革命党的南北喉舌，任社长兼发行人。"七七"事变后，北京沦陷，他随国民政府迁往重庆，任中央党部秘书。太平洋战争爆发前后，黄伯耀贫病交加。1943年赴美任国民党驻美总支部书记长。1965年病逝于旧金山。

缅甸同盟会的机关报——《光华日报》

1910 年 12 月，原缅甸侨报《光华日报》的创办人庄银安，为躲避保皇党人勾结清政府驻缅领事的政治陷害到槟城避难，与当地华侨革命党人陈新政、黄金庆等共同创办《光华日报》。此时孙中山将同盟会南洋支部由新加坡移到槟城，《光华日报》遂被作为同盟会南洋支部的机关报，为同盟会后期在南洋的重要宣传机关。《光华日报》一经问世，即以"鼓吹孙中山革命主张，唤醒华侨"为宗旨，极力宣传"驱除鞑虏，建立民国"的主张，"大倡革命排满，尤抨击康梁，不遗余力"。①《光华日报》远销国内、东南亚和美洲各埠，在这些地区有较大的影响。它一直坚持出到 1936 年，是东南亚历史最长的侨报之一。

《光华日报》

《光华日报》旧址

《光华日报》创刊初期的部分同仁。前排右起：方秋、邱明昶、谢此篇、林副全。后排右起：许致云、林怡博、陈新政、雷铁崖及陈三弟

---

① 肖泉：《缅甸华侨与辛亥革命》，《世界历史》1981 年第 5 期。

《光华日报》主要创办人——黄金庆

黄金庆

黄金庆（？—1916），马来亚爱国华侨。生于马来亚槟城，祖籍福建厦门。自幼接受中文教育，后继承父业，事业有成。创办《槟城日报》。1904 年，孙中山来槟城宣扬反清革命，但当时保皇派在南洋有很大的影响力，孙中山遭到冷遇，唯有吴世荣与黄金庆等四五同志热情欢迎，更代为解决吃住问题，筹募军费。黄金庆于 1906 年加入同盟会。1907 年参与创办槟城阅书报社。1910 年参与创办《光华日报》。中华民国成立后，南京临时政府褒以特别旌义状。1913 年赴上海晤吴世荣、杨汉翔诸同志于华侨联合会。因为革命事业捐输过巨，生意疏于管理。1916 年病逝于新加坡。

邹容的《革命军》

《革命军》

20 世纪初，中国报界曾发生了一起震动中外的"苏报案"，而起因则与邹容的革命小册子《革命军》有关。1903 年夏，在上海外国租界地区出版、由章士钊任主笔的《苏报》，因发表一系列宣扬推翻帝制、实现共和的文章而遭到查封。当时民主革命的先驱邹容出版了一本宣传小册子《革命军》，《苏报》除发表邹容为该书写的自序外，还刊登了章太炎写的《序〈革命军〉》和章士钊写的《介绍〈革命军〉》等文章，加以推荐。6 月 29 日，《苏报》又发表章太炎写的《康有为与觉罗君之关系》一文，驳斥康有为"只可行立宪，不可革命"的主张，指责光绪皇帝和慈禧太后都是"汉族公仇"。就在该文发表的当天，外国租界当局应清政府的要求，拘捕了章太炎和邹容，随后又查封了苏报社。当时清政府极力主张杀害章、邹二人，但租界当局在会审时迫于舆论压力，初审时判决他们终身监禁，之后又不得不改判章太炎有期徒刑三年、邹容两年徒刑。1905 年 4 月 3 日，邹容病死于狱中，年仅 20 岁。

邹容（1885—1905），重庆人，出生在一个商业资本家家庭。原名桂文，留学日本时改名邹容。留日归国革命家。孙中山评价《革命军》"为排满最激烈之言论，华侨极为欢迎，其开导华侨风气，为力甚大"。辛亥革

邹容

邹容之墓

命以后，孙中山追赠邹容"陆军大将军"荣衔，崇祀忠烈祠。

邹容死后，义士刘三收其遗骸，葬于上海华泾镇刘宅旁的工地上。1924 年，修墓立碑。1981 年重建。墓区占地 1 亩余，坐北朝南，中间是一座高 2.4 米的塔形墓标，上书"邹容之墓"四字。墓标后为圆筒状墓，高 2.36 米，直径 2.48 米。墓后有章太炎所书"赠大将军巴县邹容墓"墓碑。四周遍植松柏，庄严肃穆。

谢缵泰的《时局图》

读中国近代史著作，读者常可在书中发现一幅发人深省的插图：一张清末中国版图，周围熊、犬、蛤蟆、鹰、太阳、香肠环列，它们个个垂涎欲滴，张牙舞爪地向着中国猛扑过来，盘踞口岸、霸占港湾、横行边陲、窥视内地……置身于版图中的清廷官吏则昏庸无能，醉生梦死……图的上方赫然书"时局图"三字，左右两旁各书四字曰"不言而喻，一目了然"。这张时局图的作者，是兴中会会员、澳洲华侨谢缵泰。

《时局图》是中国近代时事漫画的杰作，最早刊于 1898 年 7 月香港《辅仁文社社刊》。该图揭露了 19 世纪末中国面临被帝国主义列强瓜分的严重危机。图中用熊、

谢缵泰绘制的《时局图》

犬、蛤蟆、鹰、太阳、香肠分别代表俄、英、法、美、日、德帝国主义国家，更揭露清政府的昏庸腐败。

《时局图》不仅仅是中国近代时事漫画的杰作，其出现已经显示了宣传对革命的重要性，实际上一点都不亚于筹枪筹款。同时，《时局图》亦将谢缵泰宣传的本事表现得淋漓尽致。这位"兴中会第三号人物"，"在谋求外国人声援及宣传，制造革命声势上尽显所长"。黎东方先生在《细说民国创立》中说，"清朝晚期，民怕官，官怕洋人，洋人怕百姓"，而谢缵泰在民与官、官

谢缵泰

与洋人、民与洋人之间展现了其高超的外交手腕和人格魅力。

谢缵泰（1871—1937），澳大利亚爱国华侨，1871年出生于澳大利亚悉尼华侨家庭，祖籍广东开平。其父是澳洲中华独立党领袖之一。16岁时，随家人迁至香港居住，并就读于香港皇仁书院，其时结识了杨衢云等一些爱国青年。1892年3月，他曾参与组织"辅仁文社"，以"热爱祖籍国"为宗旨。1895年春，与孙中山、杨衢云等创设香港兴中会总机关。在此之前，谢缵泰曾草拟致清光绪皇帝的"公开信"，在《德臣西报》、香港《士蔑西报》以及新加坡和远东其他报纸发表，广为传播，以探测海内外国人对清政府的意向。参与筹划第一次广州起义，起义失败后，孙中山和陈少白逃往澳门，后转去日本，谢缵泰则留在香港办理善后事宜。1903年，谢缵泰在香港创办《南华早报》，致力于革命宣传工作。1924年，他在《南华早报》发表了英文日记体裁的回忆录《中华民国革命秘史》，记述了兴中会的有关活动，保留了一些较重要的史料。谢缵泰晚年专心钻研中国古代文学艺术。1937年病逝于香港，终年66岁。

创办阅书报社

辛亥革命时期，与华侨报刊有密切联系的还有世界各地的华侨阅书报社，其既是华侨报刊和革命书籍的阅览室和发行所，又是变相的革命机关或革命的秘密联络站。最早建立的华侨阅书报社，是1903年新加坡基督教华人牧师郑聘廷建立的星洲书报社。当地革命派华侨陈楚楠等人曾给予书报社赞助。陈楚楠和张永福等经常利用书报社宣扬民族主义与革命思想。1905年孙中山来到新加坡，革命派华侨将星洲书报社的情况向他作了汇报。孙中山认为书报社可以用来宣传革命，要求革命党人注意在书报社内部吸收党员。后来经过工作，书报社的创始人郑聘廷首先被吸收为同盟会会员，其他不少华人基督教徒也相继加入了同盟会。有了星洲书报社的成功范例，其他各地华侨革命党人也纷纷仿效，在各自的活动地域创办书报社。至中华民国成立前夕，新马华侨建立的书报社共有72个，印度尼西亚有48个，缅甸有19个，印度支那（越南和柬埔寨）有9个。①

---

① 任贵祥：《辛亥革命时期的华侨报刊》，《华侨华人历史研究》1998年第1期。

新加坡星洲阅书报社

星洲阅书报社的前身是中华基督教青年会阅览室，1905 年由中华基督教会首任华人牧师郑聘廷创办。

郑聘廷

郑聘廷（1872—1944），马来亚爱国华侨，福建惠安人。1885 年起，在家乡基督教会学校就学。1891 年毕业于厦门鼓浪屿神道学校。后来在厦门和汀州等地传教。1897 年，应聘南渡槟榔屿，任圣公会传道。翌年，转任新加坡中华基督教会首任华人牧师。1902 年在新加坡创办中华基督教青年会阅览室。1905 年，将该阅览室改办为星洲阅书报社。南洋中国同盟会主要领

星洲阅书报社旧址

导人陈楚楠、张永福均成为该书报社社员。星洲阅书报社在郑聘廷主持下，以“开通民智，宣传主道”为名，邀请反清革命志士到社进行反帝制和推翻清政府的演讲。1906 年郑聘廷加入中国同盟会后，书报社更成为宣传革命的重要场所。胡汉民、汪精卫等革命党人都曾到该社演讲。在星洲阅书报社的影响下，新马及印尼等地华侨纷纷组织书报社，推动反清运动的发展。中华民国成立后，临时大总统孙中山特颁给星洲阅书报社一份旌义状：“星洲阅书报社于中华民国开国之始，宣扬大义，不遗余力，特给予优等旌义状，奕代后民，永多厥义。”

新加坡同德书报社

星洲阅书报社成立后，南洋各埠纷纷仿效，依照星洲阅书报社成例组建阅书报社。这些书报社多数成为同盟会活动基地，一些书报社骨干成为后来新创办的革命报刊的主持人。新加坡另一书报社——同德书报社，正式成立于1910 年 8 月 8 日，20 世纪 20—30 年代，张永福数次担任社长。在此期间，同德书报社继续关注国内社会政治变化，支持孙中山的革命事业。1920 年同德书报社成立十周年之际，孙中山发电祝贺：“爱群故爱党，知艰非行艰。”

同德书报社旧址

马来亚槟城阅书报社

书报社建立起来的广泛群众基础，成为同盟会在马来亚开展各项革命活动的重要保障。1908 年发起成立的马来亚槟城阅书报社是英属马来亚地区规模最大的革命书报社，成为南洋各地书报社在设立和运行时的参照。①

槟城阅书报社最初设址于柑仔园 94 号

---

① 赵钢：《论马来亚华人对辛亥革命的贡献》，吉林大学硕士学位论文，2011 年，第 9 页。

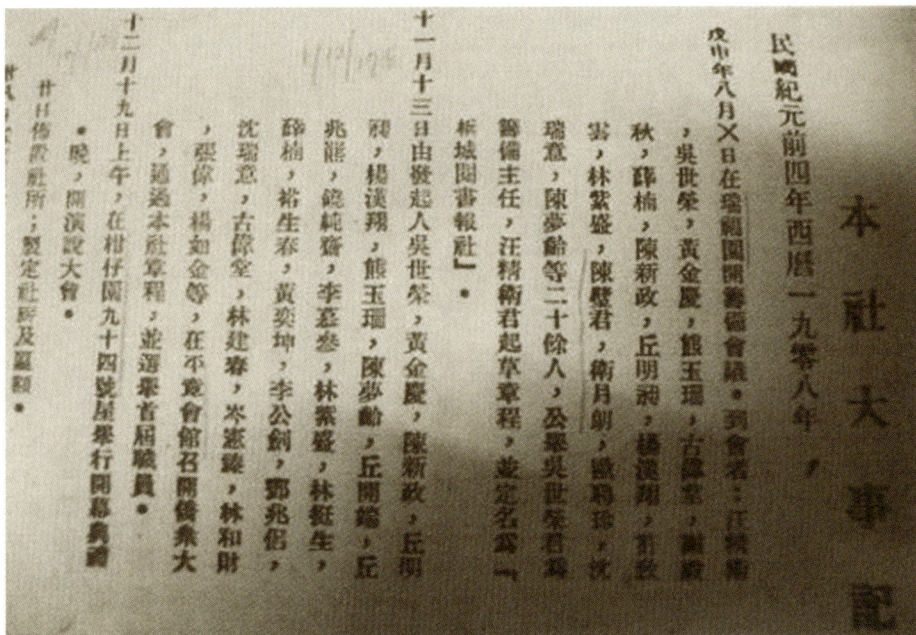

1908 年的槟城阅书报社大事记

槟城阅书报社创办人陈新政

陈新政（1881—1924），马来亚爱国华侨。1881 年出生于福建同安。1899 年赴马来亚槟榔屿，协助父亲从事航运业，数载之间遂成富商。清朝末年，孙中山、汪精卫、胡汉民以及黄兴等人先后到南洋宣传革命，发展同盟会组织，陈新政与黄庆金、吴世荣、邱明昶等率先加入同盟会，积极支持孙中山革命，是孙中山避难马来亚槟榔屿时的挚友。孙中山发动镇南关、河口诸役，陈新政等人都踊跃输将，以济军需。每逢起义失败，则妥善安排流亡将士，为革命奔走呼号。1907 年，陈新政与吴世荣、黄金庆等人在槟城创办槟城阅书报社，其成员都是同盟会成员或同情革命的人。援助起义、安置同志是槟城阅书报社日常工作的重要内容。1915 年，陈新政、丘明旭、徐洋溢、林如德、许生理等开会磋商，议决创办国民班，主张兴办教育，作为革命的基本工作。学校命名为"钟灵学校"，取"钟灵毓秀"之意。1921 年，英国海峡殖民地政府颁布华文学校注册条例，意在限制华文教育的发展。陈新政在报上发表文章，反对殖民当局对华文教育的限制，据理力争。殖民当局以反抗条例的罪名将陈新政逮捕递解出境。1924 年逝世，终年 43 岁。

陈新政

1911 年槟城阅书报社庆祝光复武汉合影留念

反清起义

　　孙中山在辛亥革命前共领导了 10 次武装起义。在这 10 次武装起义中，他直接领导的几次均是在侨居地策划的，如在檀香山酝酿策划第一次广州起义；在越南河内酝酿、发动、部署了防城起义、镇南关起义和钦州起义；而轰动中外的黄花岗起义，则是孙中山等革命党的领导人在马来亚槟城策划的。侨居地的华侨不但积极支持孙中山的反清活动，还亲身投入革命运动中，披肝沥胆，在所不辞。第一次广州起义，檀香山几名华侨即回国参与策划起义；1905 年爆发潮州黄冈起义，则是由华侨许雪秋直接领导的；七女湖起义的领导人也是由孙中山派回国的华侨邓子瑜。至于滇越边境的几次反清起义，在孙中山的发动下，越南华侨或参与领导起义，或为起义部队的主力。参与黄花岗起义的许多华侨，也是直接或间接地受到孙中山的影响和感召，义无反顾地回国参战。华侨对反清起义最大的支持，是经费上的捐助。在捐款中，有不少是收入微薄的华侨下层劳动人民捐赠的。孙中山在匹兹堡时，有一位洗衣工人到旅店拜访他，送给他一个麻袋，未留名而辞去，麻袋内装的是洗衣工人的全部积蓄。加拿大一位名不见经传的华侨林礼斌，在孙中山为黄花岗起义的筹款中，一人捐款 4 000 元，相当于檀香山、纽约两地捐款的总和。[1] 孙中山发动领导的 10 次武装起义，共耗资约 62 万元（大多为港币），80% 为华侨资助。[2] 虽然这些起义最终都失败了，但它们弘扬了不屈不挠的革命精神，唤醒和鼓舞着中国人民的斗志。在此基础上，1911 年武昌起义的胜利，敲响了清朝的丧钟。

反清起义

①　参见张维持：《孙中山与美国华侨》，《中山大学学报（社会科学版）》1984 年第 4 期。
②　参见蒋永进：《华侨开国革命史料》，台北：正中书局，1977 年，第 47 页。

第一次广州起义

1895 年兴中会发动的广州起义，是自太平天国农民反清斗争以来，中国人发动的第一次有组织、有领导的反清起义，也是华侨参与的第一次对清政府的武装进攻。这次起义由孙中山与檀香山华侨主动发起，参与者还有跟随孙中山由檀香山回国的邓荫南、宋居仁、侯艾泉、夏百子等华侨。为支持起义，侨商邓荫南变卖自己的家产作为起义费用，澳大利亚华侨谢缵泰参与指挥起义，日本华侨陈清担任起义队伍的敢死队队长。在 1895 年 2 月兴中会香港总部成立会议上，与会者对起义进行了部署。议定孙中山前往广州专任军事准备，杨衢云驻香港负责筹款、募兵及运输枪械。孙中山偕郑士良、陆皓东、邓荫南等到广州后，利用各种社会关系，从秘密和公开渠道开展起义筹备工作。3 月，孙中山到香港同杨衢云、谢缵泰、黄咏商等商定起义方略，计划以奇兵袭取广州。孙中山返穗联络各路力量，具体筹备。杨衢云亦在香港招募散勇、工人成军；何启起草英文宣言，朱淇起草中文《讨满檄文》并多方游说英、日、德在港人士，谋求支持。8 月底起义准备工作大体完成，决定在阴历九月初九（阳历 10 月 26 日）重阳节正式举义。10 月 10 日，兴中会在香港商议，起义后成立临时政府，杨衢云为总统。重阳节前夕，起义准备就绪，候命待发。但最后由于事机不密等，起义失败。清政府大肆捕杀革命党人，陆皓东、朱贵全、丘四等被杀，程奎光病死狱中，孙中山、杨衢云、陈少白等均被悬赏通缉。后孙中山称"乙未九月九日为予第一次革命之失败"。

第一次广州起义

为共和革命而牺牲第一人——陆皓东

陆皓东

陆皓东（1868—1895），反清革命党人。1868年出生于广东省香山县翠亨村，是孙中山的同乡、幼年的同学。1883年秋，在香港与孙中山一起加入了基督教。1886年，陆皓东赴上海入电报学堂学习，23岁毕业后在上海电报局任译报员。后任芜湖电报局领班旋又返粤居住，常与孙中山谈论倾覆朝廷情事，义甚洽，风雨同床，起居相共。他提取父亲的遗产作为活动经费，积极资助在海外活动的孙中山。1895年，他协助孙中山在香港成立兴中会总部，并决定以武装起义袭取广州为革命根据地。他亲手绘制青天白日旗，作为起义军的旗帜。起义失败后，为掩护革命党人而不幸被捕。在狱中遭受严刑逼供，宁死不屈，当庭奋笔疾书，痛斥清政府腐败、投降卖国的丑行："今事虽不成，此心甚慰，但一我可杀，而继我而起者，不可尽杀！"1895年11月7日，英勇就义。孙中山后来称他是"中国有史以来，为共和革命而牺牲第一人"。

陆皓东在广州双门底王家祠被捕图

1895年，兴中会决定在广州发动起义，陆皓东设计了青天白日旗作为起义军之旗。旗底为蓝色，以示青天；旗中置白日，有白色光芒十二道。因广州起义失败，陆皓东英勇牺牲，该旗未能使用。1900年惠州起义时，起义军队伍第一次举起青天白日旗

陆皓东烈士坟场

陆皓东故居

广州起义总指挥杨衢云

杨衢云

　　杨衢云（1861—1901），香港革命党人，福建海澄人。祖父杨福康，曾任肇广府新兴县知县，痛感广东时政腐败，愤而弃官出国，侨居南洋槟城。其父杨清河即生于该地，后定居香港。杨衢云1861年出生于香港，参加革命前曾任招商局总书记、沙宣洋行副经理，为推动革命，毅然放弃高官厚禄。1892年与谢缵泰等十余人组织辅仁文社，任社长，以"开通民智""尽心爱国"为宗旨。1895年为香港兴中会首任会长。1895年10月，兴中会第一次在广州起义，由杨衢云在香港任总指挥。起义失败后，陆皓东等70多人被捕，杨衢云及孙中山被通缉。在清政府开列的缉捕名单上，孙中山值"花红银一千元"，杨衢云值"花红银一百元"。港英当局受清政府压力，迫令二人离境，于5年内不准入境。杨衢云经新加坡，前往南非约翰内斯堡，1900年转往日本，同年从日本到香港，发动惠州起义。1901年1月10日，杨衢云于中环结志街52号2楼寓所内被清政府派出之刺客开枪刺杀并于翌日因失救而逝世。

杨衢云被暗杀的地点——香港中环结志街 52 号

1901 年建成的杨衢云无字碑

杨衢云牺牲后，被葬于跑马地香港坟场。谢缵泰为杨衢云设计墓碑，碑上没留名字，只刻有编号"6348"，并以天圆地方概念进行设计，刻上青天白日图案，以追封杨衢云的功绩，并象征着杨衢云革命的精神

广州起义失败后，孙中山乔装成商人，辗转逃到香港。由于港英当局已经允诺了清政府——5 年内禁止孙中山入港，因此，香港不可久留。到港次日，孙中山即与陈少白、郑士良一起上了日本货轮"广岛丸"。他们逃往日本横滨，上岸之前剃发、易服，还拍了一张照片留下来，表示与清政府彻底决裂，誓将革命进行到底。图中左起为陈少白、孙中山、郑士良

惠州起义

　　1900 年的惠州起义，又称"庚子惠州之役""惠州三洲田起义"。1895 年广州起义失败后，兴中会准备发动一次新的反清武装起义。1900 年 6 月，孙中山自横滨到香港，准备潜入内地领导起义，但因港英当局尚未解除对他的驱逐令，故不准他登岸。孙中山只好在香港海面"佐渡丸"上召集郑士良、陈少白、谢缵泰、邓荫南、史坚如、李纪堂等举行军事会议，确定这次起义的主要目标仍是夺取广州，但发动的地点改为广州和惠州，广州为正军、惠州为旁军。起义的总指挥是郑士良，杨衢云与史坚如等人则分别负责在港、穗策应，起义地点定在了当时隶属惠州府的三洲田（今属深圳宝安）。1900 年 10 月 8 日，郑士良率领会党群众 600 余人在惠州三洲田山寨起义。起义军从三洲田出发，向西行走不到 113 公里即可抵达最终的攻击目标——广州。孙中山在台湾的各项准备还未就绪，于是他电令郑士良先将起义队伍分散，避免同清军接触。孙、郑还在电报往返时，水师提督何长清的先头部队约 200 人占领了距三洲田不足 13 公里的沙湾集镇，派出的轻骑侦察兵甚至到了起义军营地附近。郑士良的副将黄福不知道孙中山有让部队先行分散的命令，眼见敌人逼近，决定先下手为强，率领 80 人的队伍对沙湾发动了攻击。惠州起义就此爆发。起义军虽然人数不多，却攻势如潮，把清军打得落花流水，毙敌 40 人、俘敌 30 人，缴获了他们的枪支和几箱子弹，还将俘虏的辫子统统剪掉。但是，孙中山在台湾努力筹措粮饷和军火颇为不顺，弹尽粮绝的起义军遭到了越来越多清军的攻击。在弹药已尽的情况下，郑士良只好按照孙中山的指示，将大部分起义军解散，并率一部分随从逃至香港。

惠州起义时的孙中山

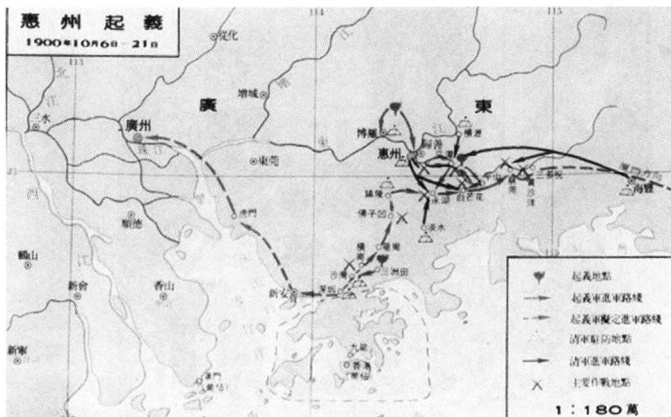

惠州起义路线图

1900 年《中国旬报》第 27 期刊载的关于惠州起义的消息

1900 年 8 月,孙中山由日本抵台湾,在台北建立惠州起义指挥中心,图为孙中山在台北的寓所

孙中山在台湾与策划惠州起义的同仁合影

1900 年 10 月 24 日《申报》上的《惠州匪乱》报道的就是"惠州起义"

起义总指挥郑士良

郑士良（1863—1901），旅港革命党人，广东惠阳人。少有大志，跟随乡中父老习武，结识不少会党人物。长大后到广州求学，初入德国教会所办的礼贤学校。1886 年入博济医院学医，与孙中山为同学，对其革命主张十分折服，1895 年从澳门赴香港协助孙中山筹建兴中会总部，后到广州参与建立兴中会分会，在讨论起义计划时被指派去专门动员广州一带会党，亲赴北江联络会党首领梁大炮，得数千众。起义失败后，与孙中山等东渡日本。不久奉孙中山命返港从事联络内地会党的活动。1899 年，郑士良参与成立兴汉会，推举孙中山为会长。1900 年奉命指挥惠州起义，连战皆捷，各地会党群众纷纷来投，起义军增至两万余人。后因饷械不济，解散义军，避往香港。

郑士良

谋炸两广总督德寿的史坚如

谋炸两广总督德
寿的史坚如

1900 年，一件政治刺杀大案发生了，那就是兴中会史坚如刺杀清两广总督德寿案。虽然此案发生在中华民国还未成立时，但它是革命志士们为成立中华民国所进行的最早的英勇斗争。

史坚如（1879—1900），反清革命党人。1899 年加入兴中会。1900 年惠州起义爆发后，史坚如在广州响应，并在邓荫南的支持下，买得炸药两百磅，将其埋在德寿后花园附近宅院内他所挖掘的地道中。10 月 26 日晚史坚如引爆炸药，但引线失灵；10 月 28 日史坚如独自再炸，但因其所挖掘的地道与德寿卧室的位置有偏差，德寿只是被炸药气浪震落。10 月 31 日史坚如赴香港时，半路被清兵抓获。被捕后的史坚如受尽酷刑，英勇不屈，于 1900 年 11 月 9 日就义。孙中山高度评价史坚如"浩气英风，实为后死者之模范"。

兴中会成员史坚如（右一）、崔通、黎俊民、张后臣合影

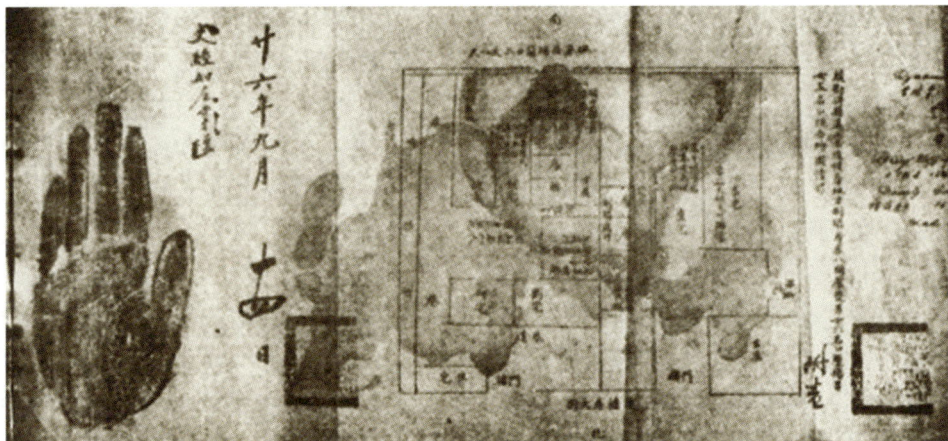

印在清吏审讯档案上的史坚如手模

黄冈起义

　　兴中会领导的几次反清起义，由于缺乏广泛的群众基础，没有建立巩固的根据地，没有雄厚的经济基础，也没有一支强大的革命军队，敌我力量对比悬殊，因此失败。而孙中山及其革命党人的可贵之处在于不屈不挠，屡败屡战。这种精神同样体现在一部分爱国华侨身上。中国同盟会建立后，孙中山等更加重视和开展反清武装斗争。

黄冈起义

　　黄冈起义是 1907 年同盟会领导的、发生在广东潮州饶平县黄冈镇的一次武装起义。起义领导人是南洋华侨许雪秋。许雪秋在 1906 年与孙中山相识并加入同盟会，后返粤为武装起义做准备。1907 年初，许雪秋一边往南洋筹款，一边指派陈涌波、余既成等潜回潮汕，在黄冈镇挑水巷泰兴客栈策划武装起义。他们联络海阳、饶平、澄海等地"三合会"会员数百人，购置火药千余斤和一批枪械，制成大红门旗一面，上书"大元帅孙"四字，另制作青天白日旗一面、书写"驱逐满虏"的旗帜十几面。1907 年 5 月 22 日晚九时，起义军八百余人集中在黄冈北面三里处连厝坟举行誓师大会，后兵分四路进攻黄冈镇内各清吏、清兵驻守的部门。起义军英勇无比、纪律严明，至清晨，镇内敌人各据点均被攻克，起义军占领全镇。起义军在原都司署成立军政府，推举陈涌波为司令，余既成、张跃为副司令，余永兴为总指挥，并决定乘胜攻取潮州、汕头。但最后由于兵力不支，被迫撤退，起义宣告失败。

　　黄冈起义，在我国近代民主革命史上写下了光辉的一页，开创了辛亥革命运动中的六个"第一"：中国同盟会成立后的第一次武装起义；孙中山第一次委派将领的武装起义；孙中山第一次派遣成批留学生参加的武装起义；第一个军政府成立；第一次在中华大地上升起青天白日旗；第一次发行银票。①

黄冈起义中的八百余名义军在距黄冈镇三里处的连厝坟举行誓师大会

---

　　① 陈史：《辛亥风云中的黄冈起义》，《潮商》2011 年第 5 期。

潮州黄冈丁未革命举义誓师处

1907年5月27日，香港《华字日报》刊载的关于黄冈起义的消息

《时事画报》上登载的黄冈起义激战图

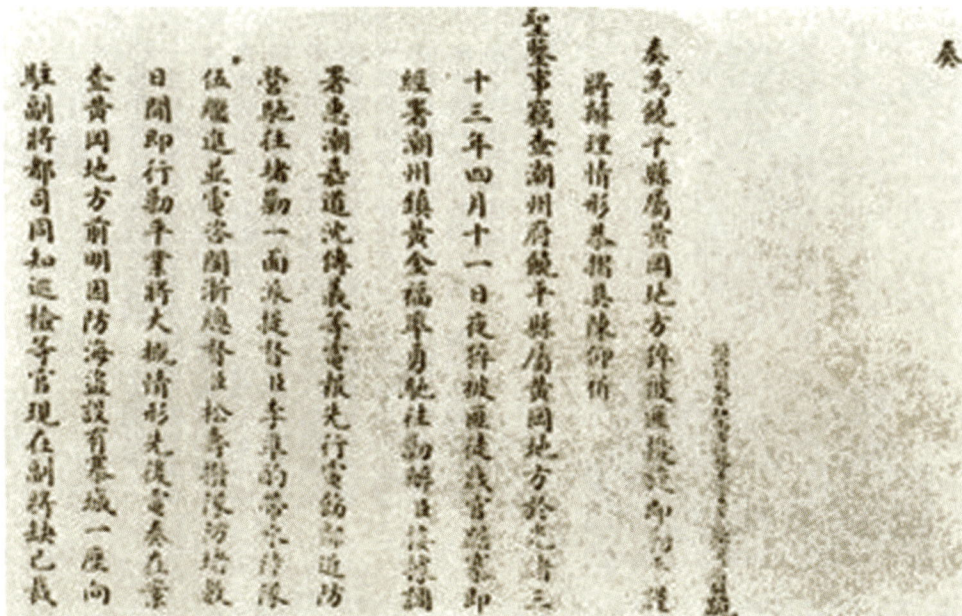

1907 年 6 月 6 日，两广总督周馥向清廷报告镇压黄冈起义经过的奏折

黄冈起义指挥者许雪秋

许雪秋

许雪秋（1875—1912），新加坡爱国华侨，广东潮安人，小时候随父亲前往南洋经商，家境殷实。从小偏好练武骑马，加之性格豪爽，仗义疏财，被大家冠以"小孟尝"之名。受友人影响，服膺孙中山的民族主义之说，1905 年以建筑潮汕铁路名义，拟广招工人，在潮州起义。事泄后，因同仁被捕，赴县府自首，并力辩其枉，县令以"富家子宁有此事"俱获释。1906 年在新加坡加入同盟会。1907 年 5 月，与同盟会嘉应州主盟人何子渊等发动黄冈起义，失败后逃去香港、新加坡。同年 10 月又谋于汕尾发动起义，因接送枪械失误未成。1908 年企图再次举行起义，因经费无着落未举。武昌起义后，返回潮汕主持军务，对光复潮汕地区作出了贡献。1912 年不幸被清降将吴祥达杀害。何香凝曾为许雪秋题词："先烈之血，主义之花。"

策划黄冈起义的秘密机关——黄冈镇挑水巷泰兴客栈

许雪秋故居——中宪第

许雪秋后人保存的珍贵文档,上面有何香凝等人的题词

七女湖起义

　　七女湖起义，又称"丁未惠州七女湖之役"。1907 年，孙中山派邓子瑜等人到广东惠州发动起义，以响应黄冈起义。6 月 2 日，邓子瑜得知黄冈起义猝发，即命陈纯等人在惠州响应。邓子瑜和陈纯等集合少数"三合会"会员在距惠州二十里的七女湖截获清军防营枪械，击毙巡勇（警察）及水师哨弁多人。25 日，攻泰尾，大败清军。27 日至杨村，营勇（清朝时地方招募的士兵）悉败走。28 日向柏塘进发，清营勇拒战，起义军杀哨弁一人，悉缴其营勇之枪，随后分头攻击八子爷、公庄、横沥、梁化。惠阳、博罗、龙门各处纷纷响应，声势大振，惠州"人心惶恐"，电省告急；惠阳、博罗两县紧闭城门。惠州协统两次派兵往御，均被击回。两广总督周馥乃檄调驻惠各路营勇与东路巡防各营管带洪兆麟、李声振、吴鳌等率所部合力拒革命军，又恐兵力不足，调新会右营守备中路巡防第十营管带钟子才赴援。时起义军两百多人，在水口、横沥、三径、蔗浦等处，攻势甚锐，所向披靡。6 月 12 日，横沥巡防营管带洪兆麟率部到八子爷，被林旺率义军五十人在山坳伏击，洪中枪坠马，死两名护兵，伤者甚多。李声振、钟子才各部亦连战败北，省城为之震动。两广总督复电饬水师提督李准，移攻黄冈之师从汕头往援惠州，顺道由澳头登陆。起义军与清军鏖战十余日，声东击西，来去飘忽，清军疲于奔命。此后，得知黄冈起义失败，其他地方因准备不足，未能起义响应，原定接济的枪械也不能如期到达，惠州起义军孤立无援，弹药匮乏，遂拔队至梁化墟附近村落，掩埋枪械，宣布解散。部分起义军流亡香港，大部分退入罗浮山区。

七女湖起义

七女湖起义总指挥邓子瑜

邓子瑜（1873—1928），新加坡爱国华侨，广东博罗人。少行侠义，曾是惠阳、博罗等县"三合会"首领。早年因参加反清活动而遭通缉，避逃香港、新加坡，曾在新加坡经营旅馆业。1900 年，协助郑士良筹划惠州三洲田起义。起义失败后避居南洋，在新加坡开设广亿昌客栈，凡惠属革命党人到南洋，均热情接待。1906 年 4 月，加入同盟会新加坡分会。翌年奉孙中山命至香港，发动会党举行七女湖起义，与清军战斗十余天，攻克泰尾、杨村、柏塘等地。后避居新加坡经营旅店，协助开展同盟会工作。在镇南关起义和云南河口起

邓子瑜

义期间，邓子瑜又奉孙中山之令到英属南洋各埠募集军费。中华民国成立后，继续支持孙中山，为之筹措讨袁军饷。1914 年加入中华革命党，1915 年参加讨袁，被推为讨袁军东江别动队司令。1917 年秋，回国参加孙中山领导的护法运动。次年任广东海山盐场知事，数月后因盐政腐败、无从改革而辞职。1920 年，响应孙中山号召，组织讨莫军东江别动队，自任司令，参与讨伐桂军的广东督军莫荣新。此后回乡居住，1925 年秋在惠州病逝。孙中山闻讯，电唁沉痛哀悼，并派人亲临祭奠，拨款安葬。

七女湖起义指挥部旧址

香港同盟分会接待所之一——普庆坊，
1907 年间，这里曾接待黄冈起义和七女湖
起义流亡将士

○惠州七女湖匪势之猖披 惠州龙城三十
余里之七女湖地方·时有土匪散聚其间廿三
日已刻忽有三百余匪在该处逞勇巡防营及
水军巡船登时派勇对垒终袁寡不敌战至家
牌时候贤勇被枪伤散名蛇者数名水巡哨弁
被军伤者一员剜即扛回县城北门外裹报县
令及营务咸惜城中营勇甚少除留守护外无
可派逼周令富即票陈守电票周督·值至申刻
该匪扬掳得惠觉向桑尾而去

1907 年 6 月 7 日，香港《华字日
报》登载的七女湖起义的消息，该消息
将七女湖起义称为"匪势之猖披"

香港兴中会会员李纪堂

1901 年，李纪堂在香港新界青山购地数百亩，办畜牧园植场，场名为"红楼"。红楼既是李纪堂在青山农场的办公地，也是接待潮州黄冈起义和惠州七女湖起义流亡将士的掩护地

中越边境上的几次反清起义

革命党在华南发动的几次反清起义相继失败，孙中山便决定改变起义的进攻方向——由华南转向西南的中越边境。在中越边境的钦州、廉州、镇南关等地，孙中山领导和发动了几次武装起义。1907 年春，孙中山在越南华侨帮助下，在河内甘必达大街 61 号建立起义指挥机关，筹划中越边境的反清武装起义。在中越边境发动的几次起义中，越南华侨成为起义的重要力量。他们不仅为起义募集和捐赠经费，而且亲自披挂上阵，或组织队伍奔赴前线，或由华侨会党首领联络海内外会党共同举事，成为反清起义的骨干力量。

孙中山设于越南堤岸广东街办事处的旧址

防城起义

防城起义又称"钦廉防城起义""丁未钦州防城之役"。1907 年 4 月下旬，广东钦州三那墟（那黎、那彭、那思）人民反抗清政府苛征糖捐，推举代表数十人请求酌减糖捐。官府无理关押请愿代表，三那墟人民愤怒异常，组织"万人会"，并推举富豪刘恩裕为首领，举行抗捐反清起义，入城救出被关押的代表。孙中山决定联合抗捐群众，大举起义。孙中山派黄兴、王和顺潜入钦州，任王和顺为"中华国民军南军都督"，让他在钦州联络会党、民团，扩大起义斗争。1907 年 9 月 2 日，王和顺率领两百多人在钦州王光山发动起义，日夜兼程袭取防城，5 日起义军占领防城。王和顺以"中华国民军南军都督"的名义发布《中华国民军都督王告示》，发表起义文告《报告粤省之同胞》《告海外同胞书》《招降满洲将士布告》，宣传同盟会纲领，声明起义的宗旨"以自由、平等、博爱为根本"，历数清政府的罪恶，斥责立宪派。攻克防城的当天，王和顺率军五百人攻打钦州，准备攻下钦州后以此为根据地。后因枪械缺乏、清军反扑，起义军被迫退往越南，起义失败。

防城起义首领王和顺

王和顺

王和顺（1871—1934），越南归侨会党首领，出生于广西。19 世纪末广西著名的会党首领，其队伍曾发展到三千多人。该队伍在他的领导下活跃在南宁、太平、庆远府境的州县地区，同清政府斗争有五六年之久。后在清朝官兵的残酷镇压之下，南宁地区会党起义斗争趋于低潮。1905 年王和顺被迫逃往香港，后避逃越南西贡，因堤岸侨商黄景南、李亦愚之助，得免于冻馁。① 1907 年在西贡加入同盟会，被孙中山委任为中华国民军南军都督，回国指挥防城起义。1908 年和黄明堂、关仁甫发动河口起义。失败后转入越南，被法国殖民当局拘捕，解往新加坡服劳役。广州黄花岗起义爆发后，王和顺潜入广东东江组织民军万人，称惠军统领，克复惠州，进驻广州，为广东民军之首。在袁世凯复辟帝制后积极参加讨袁活动。1922年陈炯明叛变，衔命入广西联络滇军杨希闵、桂军刘震寰，发动滇桂军将领入粤讨伐陈炯明，拥护孙中山从上海回广州重开大元帅府。1934 年于广州病逝。

---

① 莫家仁：《壮族与辛亥革命》，《广西民族研究》1991 年第 1-2 期。

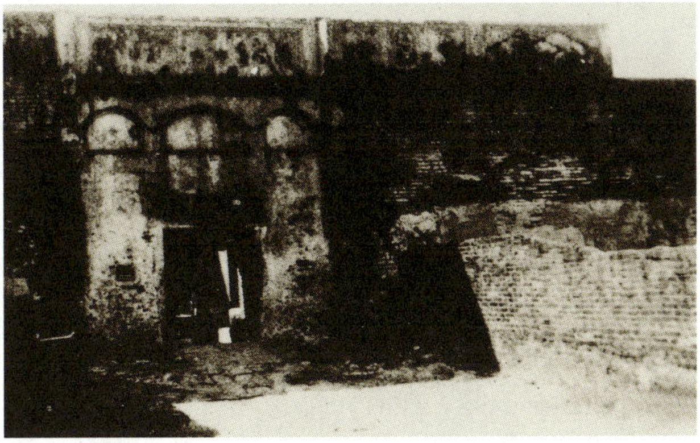

被革命军攻破的防城监狱旧址

○防城黨軍進上思

同日午後一時北海特派員發

防城會黨已有眾萬人清軍防營皆棄械逃潰郭道所部以黨軍勢盛不敢進逼聞黨軍初一日已棄防城直趨廣西上思州與該處會黨聯合北上

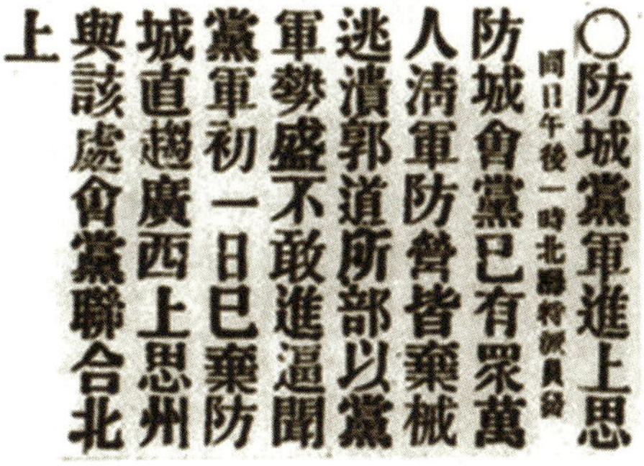

1907 年 9 月 12 日，香港《中国日报》上刊载的有关防城起义的消息

中國日報

報告粤省之同胞

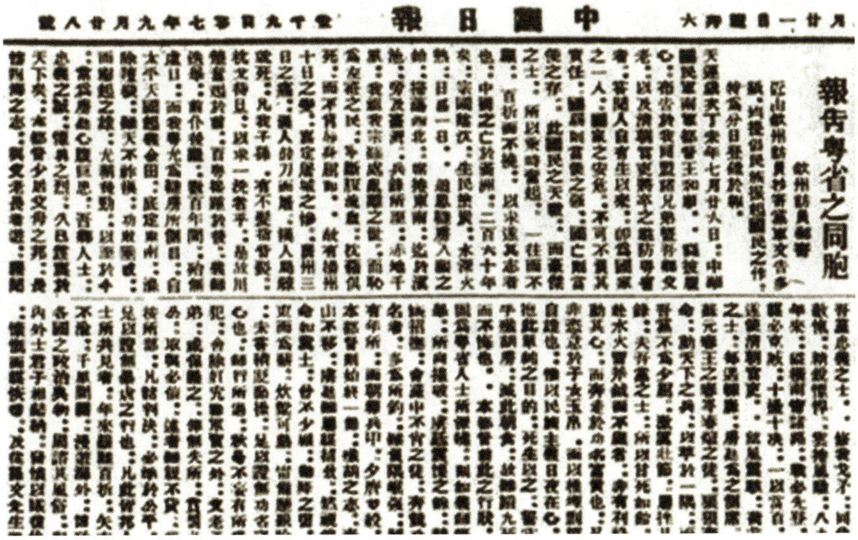

1907 年 9 月 28 日，香港《中国日报》上刊载的王和顺以中华国民军南军都督名义发布的《报告粤省之同胞》文告

镇南关起义

防城起义失败后，孙中山随即和越南华侨革命党人部署镇南关起义。镇南关为中越边境交通要道，地势险要。因越南华侨革命党人王和顺、黄明堂、关仁甫等人对中越边境情况熟悉，孙中山特派他们到镇南关、平宜关、水口关等地进行活动，准备发动起义。1907 年 12 月 2 日，同盟会会员黄明堂、关仁甫率乡勇八十人，携带快枪四十二杆，潜袭镇南关，直取第三炮台。守兵百余人略事抵抗，即相率投降，接着，第二炮台、第一炮台相继夺得。3 日，孙中山亲率黄兴、胡汉民等人登上炮台，全军鼓舞。次日，清军开到，发起攻击，孙中山在阵地为伤员包扎，并亲手发炮，竟打得很准。他慨言道："反对清政府二十余年，此日始得亲发炮击清军耳！"由于军械武器不足，孙中山决定回河内筹款筹械，命黄明堂坚守五日，一俟饷械运到，便进取龙州。7 日，清军以四千人的兵力围攻。黄明堂坚持数日，枪弹告罄，于 8 日夜退至安南燕子大山。而孙中山从越南运送的枪弹在文登即被法方扣留，镇南关起义遂告失败。

镇南关起义

清末的镇南关

孙中山在镇南关起义时戴过的军帽

清军镇北炮台上的德制克虏伯大炮被起义军缴获

镇南关起义总指挥黄明堂

黄明堂（1866—1938），越南华侨会党首领，广西钦州人，壮族。由于他性格豪放，见义勇为，作战勇敢，且富有号召力和组织能力，在广西当地会党中颇有声名威信，被推为首领。后纠集游勇数百人，利用中越边境的缓冲地带，在越南的文渊州那模村一带建立活动基地。钦州防城起义失败后，孙中山改镇南关为突破口，进而夺取"两广"。1907 年 3 月，他派人联络黄明堂加入同盟会。黄明堂对孙中山所晓谕的民族大义心悦诚服，愿率队伍接受指挥。同时，黄明堂联络当地有势

黄明堂

力的人士，争取他们的支持。经过一段时间的工作，黄明堂共招得乡勇数十人，另外还筹集到一批军械和粮食。1907 年 10 月，黄明堂被孙中山任命为镇南关都督，负责指挥镇南关起义。经过一系列的作战部署之后，12 月 1 日，黄明堂按孙中山命令率所部两百余人从越南太原府左州疾进国境之险要关隘镇南关。27 日黎明，黄明堂、李幼夕及何伍等八十余人，翻山越崖，一举攻占了驻有重兵的镇南关右辅山镇北、镇中、镇南三座重要炮台，因后援不济失败，退入越南。1908 年，受任为革命军指挥，发动云南河口起义。因寡不敌众，退入越南。后去香港同盟会支部工作，到粤桂边境组织武装。1911 年配合武昌起义，率所部明字顺军从粤桂边境东进。1920 年参加孙中山领导的讨伐桂系军阀战争。1922 年，在讨伐陈炯明叛乱中任南路讨贼军总司令。1925 年辞职，晚年闲居广州。1938 年日寇进占广州，回家乡钦州组织民众抗日，不料途中病发逝世，时年 72 岁。国民政府以中将待遇安葬。

黄明堂墓

镇南关起义华侨敢死队队长张云田

张云田

张云田（？—1907），越南爱国华侨，祖籍广东新会，年轻时娶越女阮氏为妻。精通文墨，素有大志。因有感于中国人被外国人嘲辱为"东亚病夫"，遂弃文习武，结交义士。晚清时曾先后加入三合会、兴中会、同盟会。1894 年，恰逢同盟会急需一笔经费。张云田为筹经费，竟忍痛将出生仅六个月的儿子张猛送人以换取革命活动经费，直至张猛七岁，其养父亡故，张猛才回到父亲身旁。1906 年在海防设云田书塾，以教书为掩护，书塾成为孙中山在海防联络通信的秘密机关。1907 年 12 月

1 日，张云田参加孙中山发动和指挥的镇南关起义，率领云田书塾弟子林焕廷等 20 余人，编成敢死队，任队长，在攻占镇北炮台的战斗中中弹牺牲。在 1962 年张云田烈士逝世 55 周年纪念活动中，国家副主席的宋庆龄在张云田遗像上题写："1907 年 10 月 26 日中国同盟会会员于广西镇南关起义殉难张云田烈士遗像。"

当年报纸对镇南关起义的报道

1908 年 2 月，孙中山写信给林义顺，请其速在新加坡开办石山公司，以安置流亡海外的起义军将士

钦州起义

钦州起义，也称"钦州马笃山起义""钦州上思起义"。镇南关起义失败后，孙中山被法国殖民当局逐出越南。孙中山临行前，指示黄兴再入钦州发动起义。1908 年 3 月，黄兴遂同越南华侨中的同盟会会员三百余人，组成中华国民军南军并自任司令，准备进入钦州马笃山举行起义，且亲赴钦州劝说清军统领郭人漳接济弹药，响应革命军的起义。3 月 28 日，黄兴率军越过中越边界向广东钦州进发。29 日下午，起义军与清军 36 营交战，击毙清军数十人。次日，途中又击败清军一个营，毙百人。4 月 2 日，革命军击溃清军三营，攻占马笃山，人员增至六百余。当起义军准备进兵广西之际，郭人漳违背承诺，率兵三千人尾追起义军，黄兴率敢死队夜袭清营，清军不战而逃，起义军乘胜追击，大获全胜。在黄兴指挥下，革命军在钦州、廉州及广西上思一带，转战四十余日，先后击败了上万清军。但革命军由于孤军深入，又没有建立革命根据地，兵力、装备悬殊，最后弹尽援绝，兵力疲惫，难以与清军继续周旋，无法坚持下去。黄兴等出走越南，余部退入十万大山，起义失败。

1908 年 1 月，孙中山在钦州起义前与黄兴等革命党人在越南河内筹谋起义事宜，图为与会人员合影

钦州起义时黄兴宿营七塘下黄村黄氏宗祠残址

1908年3月，担任中华国
民军南军总司令的黄兴

1908年3月27日，黄兴率旅越华侨中同盟会会员两百余人组成中华国民军后入
钦州起义图

1908 年上海报纸刊载的清廷悬拿钦州起义革命党人的赏格

1908 年 4 月 17 日钦州起义时，孙中山写给邓泽如告以两广边境革命形势并请其筹款支持革命军行动的信

河口起义

　　河口起义，也称"戊申河口之役"。河口是滇越铁路的交通要道，在镇南关起义的同时，孙中山即筹划在河口起义，希望以此为依托，图取云南。1908年 4 月，孙中山派黄明堂、关仁甫、王和顺率领从镇南关撤出的起义军一百余人，开赴云南边境，汇合当地会党、游勇，在孟坝寨设立前敌指挥部，伺机起义。4 月 29 日，起义军与反清义军会合，攻克河口。在河口，起义军张贴了《中华国民军都督黄告示》。此后，起义军分兵出击，连克新街、南溪、坝洒，直逼蛮耗、蒙自；部队也由三百余人发展到三千余人。清军防营一部闻讯，击毙其管带蔡正钧，响应起义。云贵总督锡良在起义爆发后，一面调兵镇压，一面向清政府告急，清政府即派刘春霖帮办云南边防事务，令广西提督龙济光率

防营增援，又命两江总督端方、湖广总督陈夔龙接济饷械，四川、贵州地方亦派军往援。革命军与清军在老范寨、泥巴黑、羊子街等地相持二十余日，最后被清军击败。5 月 26 日，清军占领河口。黄明堂率六百余人撤至越南境内，但被法国殖民当局勒逼缴械，强行遣散，河口起义随即失败。

起义军在河口起义中枪毙清吏图

20 世纪初的河口

当时的《东方杂志》登载的有关河口起义的消息

河口起义首领关仁甫

关仁甫（1873—1958），华侨会党首领，河口起义主要首领之一，广西上思人。因家道中落和应试落榜而不满清廷的统治，二十岁时加入了桂越边境十万大山的会党组织，后被推举为该会党的大哥。1906 年，因抗清流亡越南，并与河内华侨之女谭佩容结婚。1907 年 3 月下旬，孙中山偕胡汉民等人前往越南，到河内后便派黄兴与关仁甫联络，吸收关仁甫加入同盟会，并使其成为"负责办理党务"的骨干分子。1907 年 6 月，关仁甫被孙中山任命为"中华国民军西军都督"，负责主持广西地

关仁甫

区的军事，计划进攻镇南关，建立广西革命根据地。关仁甫受命后即潜赴桂越边境镇南关、龙州一带联络会党旧友或部下以及清军内应。1907 年 7 月，关仁甫在河内福昌庄从黄隆生处得越币六百元，手枪十二支，出发桂边。孰料事机不密，起义遂告失败。1907 年，孙中山再到越南，整合革命力量，策动粤、桂、滇边起义，关仁甫均积极参与。特别是在 1908 年 4 月的河口起义中，关仁甫起到了重要作用：是他催发了河口起义；是他被推为新成立的云贵都督府都督，并率先北上蛮耗（蔓耗镇）；是他率败军潜往新加坡，并促成对他们的合理安置。黄兴将此役写成小册子，题曰"革命先锋"，封面绘一位革命英雄，手持青天白日旗，跃马前趋，以表彰关仁甫的忠勇精神。

河口起义炮台遗址

河口起义纪念馆

广州新军起义

　　广州新军①起义，也称"第二次广州起义"，是 1910 年 2 月 12 日同盟会在广州依靠新军发动的反清武装起义。以孙中山为首的资产阶级革命派经历了1907 年至 1908 年多次起义的失败，仍然坚持武装斗争。1909 年，黄兴在香港设立领导机关，准备在广州发动起义，派赵声、朱执信、倪映典等在广东新军中发展革命组织。年底，各项工作逐渐准备就绪，预定于 1910 年 2 月 24 日前后发动起义。不料，1910 年 2 月 9 日，二标士兵华宸忠等九人同警察发生冲突并被警方拘留。12 日，倪映典恐起义消息败露，遂击毙炮一营管带齐汝汉，率新军千余人在广州城郊起义。起义军夺取讲武堂枪械，随即兵分三路向广州进军。主力抵达牛王庙时，清军居高临下，发炮轰击，起义军伤亡颇重。这

---

　　① 新军，是中日甲午战争后清政府为加强陆军力量而下令由湖广总督张之洞、直隶提督聂士成、温处道、袁世凯等编练的新式陆军，"习洋枪，学西法"，史称"新军"，全称"新建陆军"。这支军队的特色是完全采用西式的军制、训练以及装备，一切依照德日制度，初期教官多为德国人，装备多从德国进口，军人们走的是德式正步。新军是清朝最后一支有战斗力的正规军。

时，巡防营帮带童常标、管带李景濂等人到阵地前，传呼请见。倪与童是安徽同乡，而李又曾加入同盟会，倪以为他们是来约自己磋商反"正"问题的，遂独自一人入清营。当倪从清营回阵地时，清军突然开枪，当即将其击毙。倪牺牲后，起义军群龙无首，终因子弹缺乏（每人不过七颗）而失败。这次起义虽然失败了，但影响巨大。它证明清朝统治的工具——新军，经过革命党人的工作，确实可转化为革命的力量，从而大大增强了革命党人和广大群众对革命胜利的信心，加速了革命形势的发展。

广州新军起义

广州新军起义首领倪映典

倪映典（1885—1910），反清革命党人。祖籍安徽合肥，自幼随父学医。1904年考入安徽武备学堂，不久加入岳王会。毕业后至江宁，入江南炮兵速成学堂校科。结业后任新军第九镇炮兵队官，与赵声、吴旸谷、柏文蔚等进行反清革命活动。后任第三十一混成协炮兵营管带，与熊成基等策划起义，事泄后逃避缉捕至广东赵声处。经赵声介绍加入同盟会，任新军炮队见习排长。1910年2月，因新军与警察局发生冲突，倪映典当机立断，提前起义。2月12日，将管带齐汝汉击毙，率部攻城，后牺牲。孙中山对此深为痛惜，称倪映典为广州革命主干人物。1912年，南京临时政府追封其为陆军上将。

倪映典

《神州画报》刊载的反映广州新军起义的情景图

《时事画报》上反映广州新军起义的《倚若长城》图

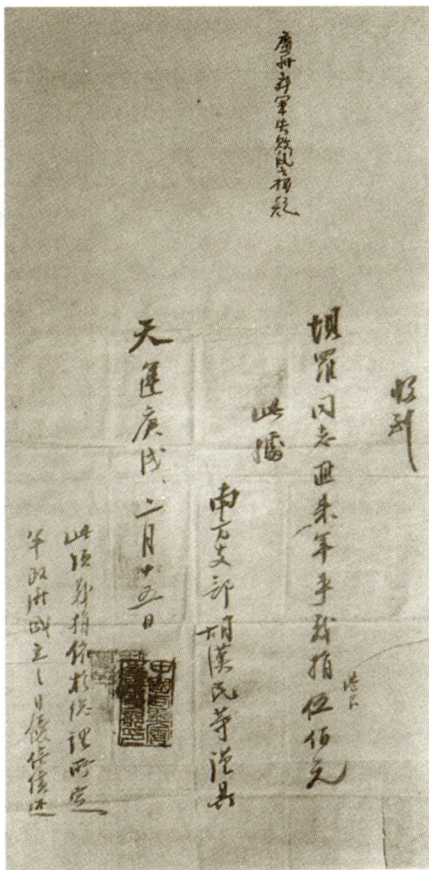

1910 年 2 月 15 日同盟会南方支部胡汉民等给坝罗（马来亚霹雳州首府的旧称）同志开具的捐款收据

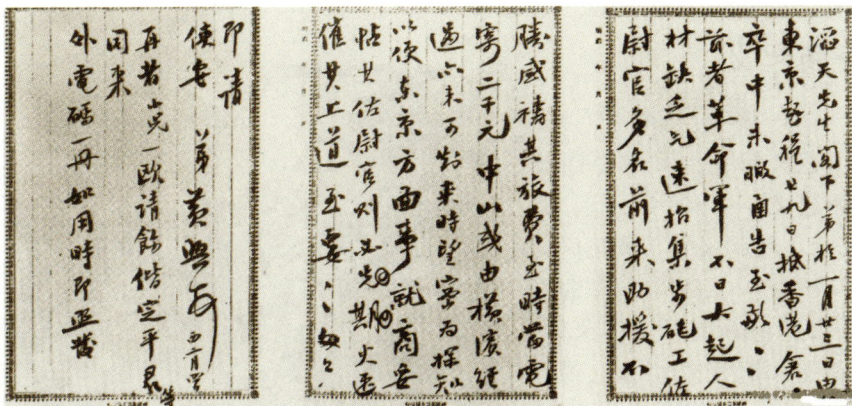

1910 年 2 月 4 日，黄兴为请速召军事人才以发动广州新军起义致日本友人宫崎寅藏函

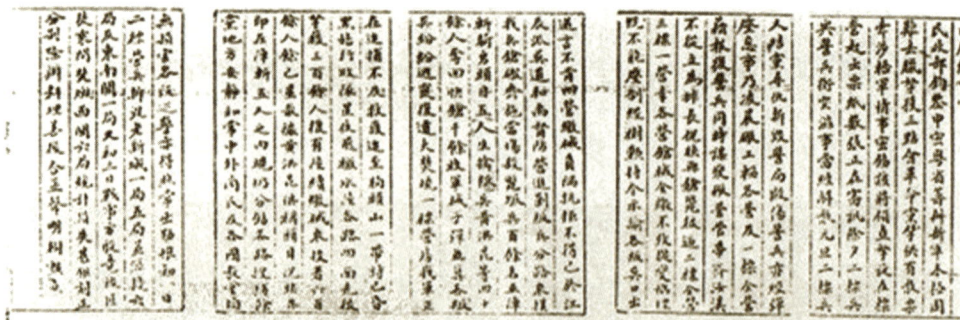

1910 年 2 月 15 日，两广总督袁树勋向民政部报告镇压广州新军起义的电文

手持龙旗的新军军官

黄花岗起义

黄花岗起义，又称"第三次广州起义""辛亥广州起义""三二九广州起义""黄花岗之役"。在以孙中山为首的革命党人领导的多次反清武装起义中，要数黄花岗起义最悲壮、最感人、影响最大，海外华侨在这次起义中作出了重大贡献。1910 年 11 月，孙中山在马来

黄花岗起义

亚槟城召开秘密会议，会议决定再发动一次大规模的广州起义，起义军以广州新军为主干，另选革命党人五百（后增至八百）组成"先锋队"（即敢死队，下同），赵声、黄兴分别为革命军的正、副指挥。原定于4月13日（农历三月十五）在广州发难，但由于海外的募款和购买的武器未完全到位，以及临近起义前温生才刺杀了清政府在广州的将军孚琦，清政府加强了戒严防范，并全城搜查革命党人，因而起义被迫延期至4月27日。1911年4月27日下午5时半，黄兴在形势十分不利又不得不起义的情况下，毅然率领革命党"先锋队"一百多人，各人手臂上一律缠着作为起义标志的白布，脚穿黑色橡胶鞋，从现越华路的小东营指挥部出发，一直攻入两广总督署。黄兴率领队伍攻入总督署后，准备活捉两广总督张鸣岐，迫使他号令两广清军反"正"。但张鸣岐闻风声后躲到水师行台，革命党遂放火焚烧总督署后退出。此后黄兴和喻培伦所率领的革命党人分成几路，与敌人展开了激烈的巷战。最终还是因敌我悬殊而失败。在这次战役中，共有八十六位革命者英勇牺牲，其中有三十一位华侨烈士。起义虽然失败了，但革命党人在起义中英勇战斗、不怕牺牲的大无畏革命精神，给了清政府沉重的打击，为同年10月10日武昌起义瓦解清政府统治奠定了基础。

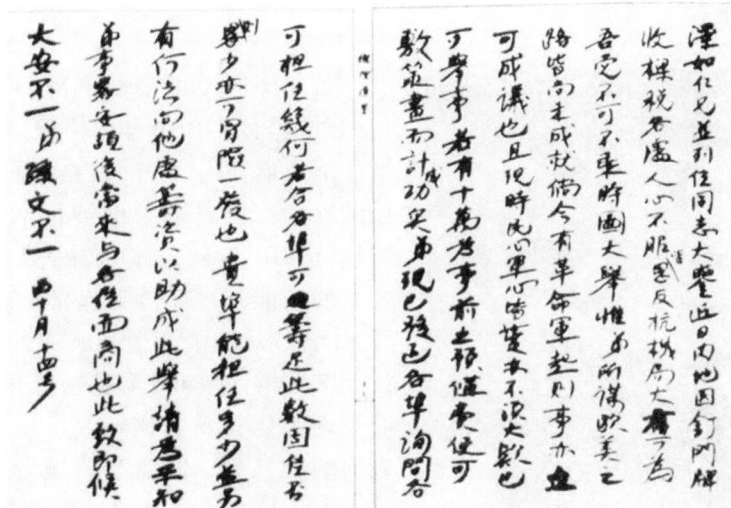

1910年10月，孙中山致函邓泽如及南洋革命党人，指出"各处人心不服，皆思反抗。机局大有可为，吾党不可不乘时图大举"

1910 年 10 月，孙中山致函张永福、陈楚楠等人，告知南洋筹款情况

庇能会议

槟城打铜仔街 120 号

黄花岗起义的酝酿和准备始于庇能（槟城）会议。1910 年，广州新军起义失败，清政府用七十万两白银悬赏取孙中山的性命。同时孙中山被日本政府勒令离境。1910 年秋，孙中山从美洲来到马来亚的庇能，打算再举起义。1910 年 11 月 13 日，对中国命运影响深远的庇能会议在槟城柑仔园 400 号秘密召开，会议精心策划了广州黄花岗起义。庇能会议结束后的第二天，同盟会槟城分会在打铜仔街 120 号槟城阅书报社再开紧急会议。孙中山在会上发表演说，呼吁革命党人在财务上踊跃捐助，当晚即得叻币八千

元。① 与会者包括同盟会会员黄兴、胡汉民、赵声、孙眉、戴季陶以及槟城的华侨吴世荣、黄金庆，怡保的华侨李孝章，芙蓉的华侨邓泽如等。②

槟城柑仔园 400 号

黄花岗起义中的华侨烈士

在黄花岗起义中，经查证有名在册的华侨烈士有 31 人。从数量上看，占"七十二烈士"的 1/3 以上；从职业上看，有工人、商人、教员、记者、教徒等，而以工商业者居多；从年龄上看，最小的才 17 岁，最大的 52 岁，多为二三十岁的青年。

黄花岗起义华侨烈士名录

姓名	年龄	原籍	侨居国	职业	殉国情况
陈文褒	31 岁	广东大埔	马来亚	商人	战死
林修明	26 岁	广东蕉岭	马来亚	教员	战死
罗仲霍	30 岁	广东惠阳	马来亚/越南	教员	被俘就义
李雁南	31 岁	广东开平	缅甸	商人	被俘就义
李炳辉	约 19 岁	广东肇庆	马来亚	教徒	战死
郭继枚	18 岁	广东增城	马来亚	学生	战死
余东雄	17 岁	广东南海	马来亚	学生	战死

① 摘自《槟城阅书报社三十周年纪念特刊》。
② 《庇能会议策动黄花岗起义》，《南方日报》，2011 年 9 月 7 日。

（续上表）

姓名	年龄	原籍	侨居国	职业	殉国情况
李晚	37 岁	广东云浮	马来亚	工人	战死
黄鹤鸣	不详	广东南海	新加坡	工人	战死
杜玉兴	27 岁	广东南海	新加坡	工人	战死
劳培	25 岁	广东开平	新加坡	记者	战死
罗干	42 岁	广东南海	新加坡	工人	被俘就义
陈文友	29 岁	广东兴宁	新加坡	商人	被俘就义
李文楷	25 岁	广东清远	新加坡	工人	战死
罗坤	28 岁	广东南海	越南/马来亚	商人	被俘就义
罗联	52 岁	广东南海	越南	工人	被俘就义
罗进	27 岁	广东南海	越南	工人	被俘就义
罗遇坤	26 岁	广东南海	越南	工人	被俘就义
徐培添	39 岁	广东花县	越南	工人	被烧死
徐礼明	23 岁	广东花县	越南	工人	战死
徐康辉	31 岁	广东花县	越南	工人	被俘就义
徐松根	28 岁	广东花县	越南	工人	被俘就义
徐昭良	24 岁	广东花县	越南	工人	被俘就义
周华	29 岁	广东南海	越南/暹罗	商人	战死
陈春	34 岁	广东南海	越南	工人	被俘就义
陈才	30 岁	广东南海	越南	商人	战死
陈福	36 岁	广东南海	越南	工人	战死
马侣	不详	广东番禺	越南	商人	战死
游寿	18 岁	广东南海	越南	工人	战死
李德山	42 岁	广西罗城	越南	清军	被俘就义
韦云卿	38 岁	广西南宁	暹罗/越南	不详	被俘就义

资料来源：根据任贵祥《孙中山与华侨》第 153－154 页的内容整理。

劳培（1886—1911），新加坡爱国华侨，祖籍广东开平。少时加入天主教。传教期间，耳闻目睹的都是清廷的腐败、人民的贫困、国家的衰弱，一直寻求着救国救民、振兴中华的道路。后到达新加坡，并在新加坡加入同盟会。孙中山、黄兴等革命领导人于 1910 年 11 月13 日于槟城集会。会议决定在广州黄花岗起义，并在南洋各埠选拔同盟会会员中的最坚定分子八百人，组成"先锋队"。劳培在新加坡向统筹部积极要求回广州参加起义。统筹部审查认为合格后，便吸收他为先锋队队员。广州起义的战斗打响后，劳培臂缠白巾，手执枪

劳培

械，腰挂炸弹数枚，在黄兴的率领下由小东营疾出，冲向两广总督署，遭遇清军强力狙击。劳培在突围战斗中勇敢异常，屡次冒着敌人的枪弹跃起投掷炸弹，把敌人炸得血肉横飞，但为路口的清军所阻，一颗子弹击中了他的胸部，壮烈成仁。

劳培在参加该次起义前，已写下一封绝笔书给其父，内容如下：

父亲大人膝下：跪禀者，是次儿参加黄兴将军举义，乃势所必然也。儿是次乃参加敢死队之前锋，负责主攻两广总督府，儿料必死无疑，但所汇者双亲之苦，弟妹年幼，欠衣缺食耳。然儿此举是有益于全国同胞者也。大人今后自然明白，伏愿大人恕之谅之，刻以时机紧迫，刻不容缓矣！更不多写，伏祈珍重，就此绝笔。

儿劳培叩禀
辛亥年三月二十九日晨

罗仲霍（1881—1911），马来亚爱国华侨，原籍广东惠阳。幼年丧父，1901 年到南洋谋生，1906 年毕业后受聘于吉隆坡尊孔学堂、荷属火水山中华学堂，曾任该校校长，后来加入同盟会。1910 年 7 月，孙中山在马来亚与同盟会干部制定了辛亥年广州起义的计划，其时，罗仲霍在槟城任报刊主笔，参加会议时见到了孙中山。11 月 13 日，黄兴、赵声、胡汉民以及槟城、怡保、芙蓉和东南各省同盟会代表到槟城开秘密会议，拟订广州起义计划并安排各项准备工作。罗仲霍参加会议后，以

罗仲霍

纸笔当刀枪，在报刊上连续发表文章，指出列强侵欺、清廷腐败、民怨沸腾，中国非革命无以自救，号召海外赤子为国赴难。1911 年 1 月，黄兴、赵声、罗仲霍等人到香港，建立广州起义统筹部，统一筹划起义工作，罗仲霍被委任

为第十路指挥。在攻打总督署时，罗仲霍因左脚受伤被俘。被解至南海县署，清吏希图劝降，遭其厉声痛斥。在临刑前，他慷慨陈词，宣传革命大义，英勇就义。时年 30 岁。

李雁南

李雁南（1880—1911），缅甸爱国华侨，原籍广东开平。初居于马来亚的槟城，后移居缅甸。得同盟会会员薛南介绍认识孙中山，接受反清革命思想。1910 年广州黄花岗起义时，缅甸同盟会支部组织李雁南、曹伯忠、雷瑞庭等十六人回国参加"先锋队"。李雁南在黄花岗起义中中弹受伤被俘。被审讯时，他吞弹而死。其视死如归的革命精神使清兵骇然。时年 31 岁。

李炳辉

李炳辉（？—1911），马来亚爱国华侨，原籍广东肇庆。早年至霹雳，入教会所设学校学习英文，旋由该校送马六甲某校肄业，入耶稣会，分发新加坡英国长老会教堂从事传教。后加入同盟会，热心宣传革命。1911年 4 月 27 日广州黄花岗起义前夕，回国参加"先锋队"。其母得知儿子回国，想让他回家看看。他也很想念母亲，但认为革命事业更重要，乃挥泪给母亲写信，说明不能回家看望她的情由，并附诗云："回头二十年前事，此日呱呱坠地时，惭愧劬劳恩未报，只缘报国误乌私。"由此可见其爱国热忱。黄花岗起义时，李炳辉随黄兴进攻两广总督署，不幸战亡。

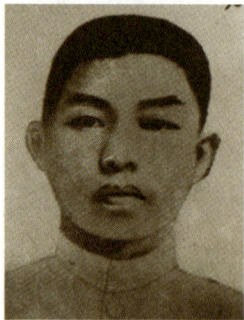

郭继枚

郭继枚（1893—1911），马来亚爱国华侨，原籍广东增城。早年入马来亚坝罗育才学堂。稍长时返回故里，倾心革命，立志反清。1910 年夏，复游南洋，并加入同盟会。1911 年 4 月，回国参加黄花岗起义，临行前对妻子说："我要到广州参加革命，这一去，成败不一定，假如不幸失败，切不可过于挂念我，还要请你替我孝养老父。"随即毅然回国。起义打响后，郭继枚跟随黄兴进攻总督署，奋勇争先，毫不畏惧。后因弹药尽绝，英勇牺牲。

余东雄（1894—1911），马来亚爱国华侨，原籍广东南海，生于马来亚霹雳务务边埠。加入同盟会后，屡谋暗杀活动，因不熟悉国内情形，未果。1911年初回国。4月27日广州黄花岗起义爆发后，与罗仲霍、何克夫同攻总督署，奋勇争先。至署内，搜寻两广总督张鸣岐不得，反身出署，遭遇清军，在激战中壮烈牺牲。在黄花岗七十二烈士中，年纪最轻的是余东雄，牺牲时年仅17岁。

余东雄

陈文褒（1880—1911），马来亚爱国华侨，原籍广东大埔。早年家贫，年岁稍长便学做生意，初往惠州，后到南洋经商。1906年，他在马来亚加入同盟会。1911年春，他回国参加孙中山策动的广州黄花岗起义，并负责攻城。但战斗打响后，子弹未及时运到。正好此时，用竹筐送子弹的人赶到城下，他即扛起竹筐放置在靖海门外一熟人家中，并吩咐那家人去通知他的战友前来取子弹，自己则装足子弹冲进城攻打总督署，最终在激战中壮烈牺牲。

陈文褒

林修明（1885—1911），马来亚爱国华侨，原籍广东蕉岭。1905年加入同盟会。次年，受同盟会指派，回国以教育为名，从事反清活动。1910年，25岁的林修明奉命去广州发动新军起义。1911年农历三月廿九日，黄兴指挥革命军向两广总督署进攻，林修明奉命带领三十名精干队员作"先锋队"，在仓边街与清兵相遇，他奋勇争先，力战清兵，苦战一昼夜。后因弹尽援绝，中弹壮烈牺牲。

林修明

陈文友（1882—1911），新加坡爱国华侨，原籍广东兴宁。早年在家乡加入洪门，欲推翻清政府，屡谋起事，未成。后随叔父去南洋经商，在新加坡加入同盟会，宣传革命。旋归香港，参加黄兴组织的革命统筹部，负责运输军火。1911年4月初，奉命运枪械至广州接应黄花岗起义，因事机不密，在惠州大亚湾澳头登岸时被清巡防营逮捕。被捕后，他向清军官兵宣传革命，

陈文友

使部分官兵深受感动，称他为"革命先生"。后被押至广州俘虏营，受尽酷刑，双足残废，仍不屈服。4月28日，在两广总督署门前被杀害。

李晚

李晚（1874—1911），马来亚爱国华侨，原籍广东云浮。早年辍学，从事耕作。至成年，赴香港，习成衣业。因结交志士，渐明民族革命之义。闻南洋多革命机关，遂辍业出洋，至吉隆坡，加入中国青年会。1899年，回云浮，租腰古墟汛地前民房，为党人活动之地，遭清吏缉捕，复出南洋。1911年初，随黄兴至香港，组织机关，谋入广州发动起义。4月27日，参加黄花岗起义，攻打总督署，力战而死。

杜玉兴

黄鹤鸣

陈才

游寿

徐松根

周华

陈春

罗坤

李文楷

马侣

在起义中阵亡的马来亚华侨余东雄（左）和郭继枚

黄花岗起义中的革命夫妻——潘达微和陈伟庄。他们不但于起义前参与弹药运输工作，而且于起义失败后冒险收殓七十二具烈士遗骸，安葬于黄花岗

起义前夕，余东雄、郭继妹（枚）写给马来亚怡保同志的绝命书，其英勇无畏的精神跃然纸上

广州黄花岗"七十二烈士之墓"

马来亚同盟会会员聚集于槟城华侨林如瑞的别墅，为黄花岗起义烈士举行追悼会

为起义筹运枪支弹药的华侨

黄花岗起义所用的枪支弹药多由华侨从国外购运。日本、越南、暹罗等地华侨参与购买武器及向香港运送的活动。越南海防华侨刘歧山、马祺、刘济川等，参与组织由香港向广州转运武器；马来亚、新加坡华侨周之贞、郭汉图、广妹（女）等，将武器藏入梳妆台及花盆等器皿中运至广州；华侨杜凤书还发明将弹药装饰成颜料、罐头等货物，以报关的合法方式将之运到广州。据不完全统计，从日本、越南等地共购运各种枪支七百八十多支，还有一批弹药。华侨不顾个人安危，秘密购运武器，为发动起义提供了保证。[①]

冒死私运武器回国的陈永惠

除了东南亚、日本等地华侨外，在秘密购运武器回国的华侨中，美国华侨陈永惠也作出了突出贡献。

陈永惠，1887年出生于广东新会。自幼丧父，家境贫困，只读了两年私塾，每天帮人放牛。十二岁那年，向亲戚借了点路费到美国做劳工。1909年9月，在同乡赵公璧的引荐下，他见到了在纽约宣传革命的孙中山。在同盟会，他被孙中山的革命理想、高尚情操深深打

陈永惠

① 任贵祥：《华侨与中国民族民主革命》，北京：中央编译出版社，2006年，第59页。

动，慷慨地将自己多年省吃俭用存下的三千美元全部献出，支援革命。他这种倾囊相助的革命情怀得到孙中山的称赞。1910年广州新军起义失败后，孙中山准备策划更大规模的起义。纽约同盟会会员陈永惠带资金到香港，开设"德日新"洋货店作为活动机关，后又在广州高第街开设"德日新"洋服店，作为孙中山筹备黄花岗起义的联络点之一。在陈永惠的革命生涯中，最惊心动魄的经历是1911年春广州黄花岗起义前夕，为解决起义军短枪缺弹的困难，他冒险从美国私运枪弹回来，一路上他凭自己的机智果敢，突破层层关卡，及时将枪支弹药送到起义军手上，为起义提供了有力的军事保障。

红花岗四烈士

华侨除了积极参加革命党人领导的多次反清起义外，还参与了革命党人组织的暗杀活动。红花岗四烈士是指在辛亥革命时期从事革命刺杀活动的革命义士。1918年，林森等发起募款增修黄花岗七十二烈士墓时，兼修了红花岗四烈士墓。该墓于1937年重修。

温生才

温生才（1870—1911），马来亚华侨义士。原籍广东梅州，1870年出生于贫苦家庭，幼失怙。十四岁时被骗到南洋荷属殖民地种植烟草，三年后又被转卖到马来亚霹雳埠锡矿做劳工。1911年春，黄兴、赵声等奉孙中山之命，谋大举于广州，生才闻之，乃自南洋返粤。旋致南洋同志绝笔书曰："弟别后返省城，在朋友处暂住，想欲先寻头路栖身，然后缓图心事。……自从徐（锡麟）、汪（兆铭）二君事失败后，继起无人，弟思欲步二君后尘。因手无寸铁，亦无鬼炮，莫奈何，暂忍。……弟心已决，死之日即生之年，从此永别矣。望君等尽力而行，达目的而后止，勿学我温某谋事有头无尾也。"1911年4月8日，自行到东门直街尾咨议局前麒麟阁门口刺杀孚琦。温生才手持五响快枪，向孚琦发射，计中太阳穴、脑门、颈项、身部各一枪，当场毙命。温生才离去途中被巡警逮捕。15日被押赴刑场，途中神色自若，毫无惧色，行至惠爱街一带时，对着人群大声喊道："今日我代同胞报仇，各同胞务须发奋做人方好！"继而又说："许多事归我一人担任，快死快生，再来击贼！"遇害后葬于广州红花岗。

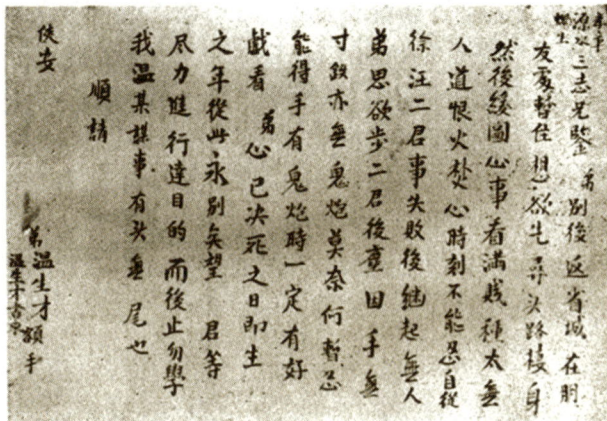

温生才手书之绝命书

温生才就义照

林冠慈（1883—1911），反清革命义士，广东惠阳人。少年时在家乡务农，目睹清吏残暴，恨之切齿，尝辍耕叹曰："嗟夫，官之虐吾民久矣，不取其尤暴者手刃一二，非丈夫也！"要手刃暴吏，林冠慈并非说说而已。年纪稍长后，他实行暗杀之心已决。1911 年 8 月 13 日上午，革命党人得知广东水师提督李准将于当天午后由城外回水师提督衙门的消息后，立即通知暗杀团成员林冠慈准备动手。午后，一大批清兵保护着李准的大轿，快速沿街返衙门，行到怡兴缝衣店门前，林冠慈拿出两枚炸弹抛向李准所乘大轿，李准被炸弹震得摔出轿外，胸部与双手俱受重伤，肋骨折断两根。林冠慈还未来得及将第二枚炸弹掷出就被清兵击中，壮烈牺牲。孙中山就任中华民国临时大总统后，每月由政府拨给林冠慈家属抚恤金一百元大洋。为弘扬林冠慈为国捐躯的革命精神，村中父老于 1946 年将林冠慈的母校——梅湖小学改名为"冠慈小学"。

林冠慈

陈敬岳（1870—1911），马来亚华侨义士，广东嘉应人。幼年求学，不事章句，尤鄙视科举。1903 年赴海外遍历南洋各岛，设帐授徒，向学生灌输"汉贼不除，满清不覆；满清不覆，中国不强"之思想。此后加入中和堂，继又参加同盟会，积极从事反清革命活动。1911 年参加广州黄花岗起义，起义失败后，回到香港，加入"支那暗杀团"，几次欲相机行事，未成。后返回广州，与林冠慈合力谋刺广东水师提督李准，以扫除革命障碍。8 月 13 日，林冠慈与陈敬岳两

陈敬岳

人于水师提督李准从广州南门外入城途中，投以炸弹，伤李准腰部，林冠慈当场中弹牺牲；陈敬岳行至育贤坊时，被巡警逮捕。被捕入狱后，在1911年11月7日广州光复前夕，被清吏李世贤杀害。

钟明光（1881—1915），马来亚华侨义士，广东兴宁人。20世纪初，钟明光离乡往东南亚谋生，痛感国家内忧外患交迫，遂投身革命，加入同盟会。辛亥革命后，南北议和告成，他痛惜革命不彻底，深恨袁世凯窃取革命胜利果实，于1913年回国，准备参加讨袁军。到达香港后，得知"二次革命"已失败，遂返回兴宁。因袁世凯下令大肆搜捕革命党人，被迫再赴南洋。1915年回国，在广州参加丘汉苗所领导的暗杀团。时闻广东军阀龙济光及其兄龙觐光支持袁世凯，与日本帝国主义签订卖国的"二十一条"，决定暗杀龙氏兄弟以示警诫。是年8月27日，化装成卖水果的小贩，在广州积厚坊用炸弹炸伤龙济光左脚，并炸死卫队17人。当场被捕，次日英勇就义。

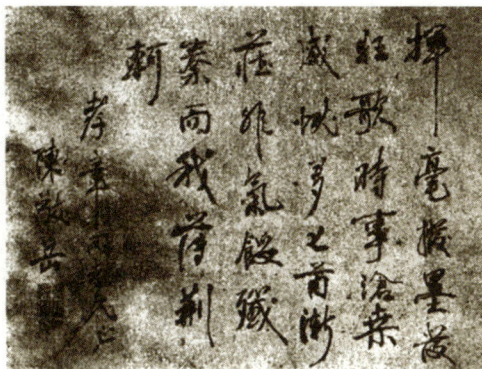

陈敬岳写给南洋同志的绝命书

钟明光

红花岗四烈士墓（1927年摄）

重修后的红花岗四烈士墓

武昌起义

1911 年 5 月，清政府以铁路国有之名，将已归民间所有的川汉铁路、粤汉铁路的筑路权收归国有后马上卖给英、法、德、美四国银行团，激起湘、鄂、粤、川等省人民的强烈反对，掀起保路运动，这成为武昌起义的先声。

清政府为扑灭四川人民的起义，派大臣端方率领部分湖北新军入川镇压，致使清军在湖北防御力量减弱，革命党人决定在武昌发动起义。10 月 10 日晚，新军工程第八营的革命党人打响了武昌起义的第一枪，夺取位于中和门附近的楚望台军械所，吴兆麟被推举为临时总指挥。缴获步枪数万支，炮数十门，子弹数十万发，为起义的胜利奠定了基础。此时，驻守武昌城外的辎重队、炮兵营、工程队的革命党人亦以举火为号发动起义，并向楚望台齐集。武昌城内的蔡济民和吴醒汉率领部分起义士兵冲出营门，赶往楚望台。而后，武昌城内外各标营的革命党人纷纷率众起义，并赶向楚望台。起义人数有三千多。不久，起义军发起进攻，突破敌人防线。经过反复的进攻，起义军终于在天亮前占领了总督署和镇司令部，整个武昌在起义军的掌控之中。

汉阳、汉口的革命党人闻风而动，分别于 10 月

武昌起义

11 日夜、10 月 12 日光复汉阳和汉口。起义军掌控武汉三镇后，湖北军政府成立，黎元洪被推举为都督，改国号为"中华民国"，并号召各省民众起义响应。武昌起义胜利后的短短两个月内，湖南、广东等十五个省纷纷宣布脱离清政府而独立。1912 年 1 月 1 日，中华民国临时政府在南京成立，孙中山被推举为临时大总统。1912 年 2 月 12 日，清帝溥仪退位，清朝灭亡。

武昌起义的先声——保路运动

川汉铁路是 1909 年兴建的一条重要铁路线路，东起今湖北武汉，西至今四川成都，是连接湖北、四川两省，贯通长江中上游地区的重要"动脉"。图为川汉铁路开工典礼前合影

川汉铁路宜昌至小溪塔段通车

揭露清政府出卖国家主权和外国列强掠夺中国铁路的漫画

川汉铁路开工两年后即1911年5月，保路运动爆发。该运动是四川、湖北、湖南、广东等省发动的反对清政府将地方准备兴建的川汉铁路、粤汉铁路国有化的爱国运动，其中四川省的最为激烈。1911年6月17日，中国商办川汉铁路股东大会在成都组织"保路同志会"。图为《四川保路同志会报告第一号》

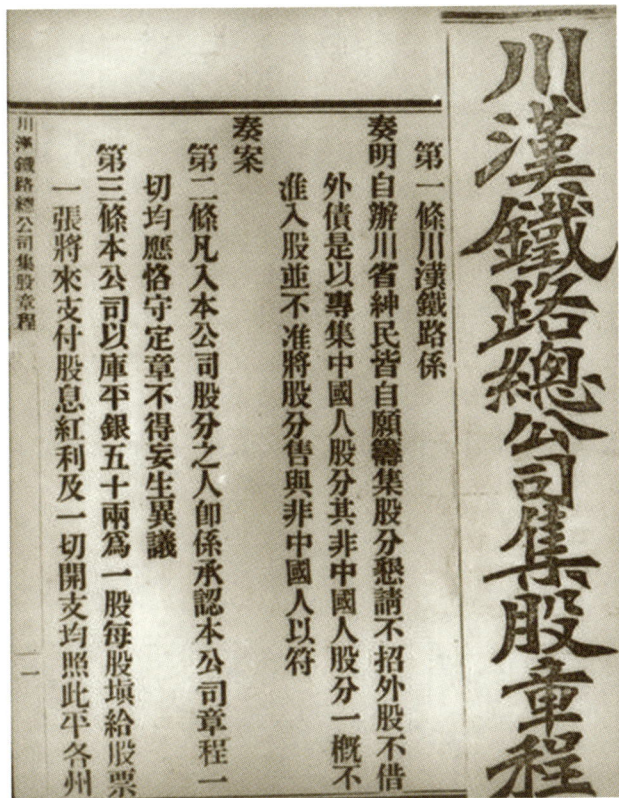

《川汉铁路总公司集股章程》（部分）

四川保路运动领袖蒲殿俊

蒲殿俊（1875—1934），四川保路运动领袖，四川广安人。1904年赴京应试，创办蜀学会，中光绪甲辰进士，授法部主事，后被官费选送留学日本东京法政大学。1906年在日本组织川汉铁路改进会，推行川路商办思想，任正干事（会长）。1908年回国，在京任清政府法部主事兼宪政编查馆行走，次年任四川咨议局议长。1910年创办《蜀报》，任社长。1911年蒲殿俊任宪友会四川支部的负责人。同年在保路运动中创办四川保路同志会，9月7日被四川总督赵尔丰诱捕，激起民变，成为武昌起义的导火索。1934年10月28日，蒲殿俊因伤寒在北平逝世。

蒲殿俊

武昌大捷

    广州黄花岗起义和川、粤、湘、鄂等省的保路运动，激起了资产阶级民主革命情绪。1911 年 10 月 10 日晚，湖北革命党人在武昌发动起义，血战一夜后，占领武昌。

    汉阳兵工厂是晚清时期洋务运动的代表人物张之洞到湖北后主持创办的军工制造企业，于 1892 年动工，1894 年建成。该工厂斥巨资从德国购买了当时最先进的制造连珠毛瑟枪和克虏伯山炮等成套设备，生产汉阳式 79 步枪（汉阳造）、陆路快炮、过山快炮等当时较先进的军事装备，成为晚清时规模最大、设备最先进的军工企业。汉阳兵工厂直接为武昌起义提供了武器装备。

湖北革命军攻克武昌后占领的汉阳兵工厂

武昌起义中在前线指挥的黄兴

革命军在汉口与清军激战

1911 年 10 月 11 日，第一个资产阶级革命政权——中华民国湖北军政府成立，图为革命党人在湖北军政府大楼（原为湖北咨议局）前合影

武昌起义革命军战时总司令黄兴

黄兴（1874—1916），著名近代革命家，思想受湖南的明末清初大儒王夫之的影响很深。1902 年于两湖书院毕业后，赴日本留学，很快就被留学生界蓬勃兴起的资产阶级民主革命思潮吸引。1905 年 8 月，同盟会成立，成为同盟会中仅次于孙中山的重要领袖。1907 年至河内，先后参与或指挥了防城起义、镇南关起义、钦州起义、河口起义等，都以失败告终。1909 年秋，受孙中山委派，到香港成立同盟会南方支部，策划广州新军起义。1910 年 11 月，黄兴赴槟城，出席孙中山召开的秘密会议，决定组织黄花岗起义。1911 年 4 月 27 日，黄花岗起义爆发，黄兴是这次起义的总指挥，他勇敢无畏、身先士卒，在国内和旅居国外的华侨中赢得了崇高的声望。10 月 10 日，武昌起义爆发，黄兴作为革命军战时总司令，亲赴前线指挥保卫汉阳、反攻汉口的战斗。在阳夏之役中，与清军激战相持一个月，战绩卓著，为各省光复赢得了宝贵时间。1912 年 1 月，南京临时政府成立，黄兴任陆军总长。"二次革命"爆发，黄兴被推为江苏讨袁军总司令。1914 年 7 月抵达美国，发起抵制袁世凯向美国政府借款的运动，同时在美国展开筹款工作。1916 年 10 月 10 日，黄兴因胃出血入院。10 月 31 日，黄兴因食道与胃静脉曲张破裂出血在上海去世，时年 42 岁。孙中山亲自主持治丧活动。次年 4 月 15 日，国葬黄兴于长沙岳麓山云麓峰下小月亮坪。

黄兴

广东华侨敢死队

武昌起义之所以取得胜利，是因为华侨同胞不仅慷慨捐输，在财力、物力上支持革命，而且"愿舍其性命以报祖国"，积极回国直接投入武装斗争。由泰国回来的三百多名华侨中，有八十余人组成了华侨炸弹敢死队。由印度回来的二十多名华侨均编入姚雨平部北伐军，参加了南京雨花台战役和争夺徐州的战斗。由越南回国的数十名华侨中，有二十余人组成了模范学生军。日本横滨华侨也组织了敢死队，参加上海、武汉等地的战斗。此外，在广州的香军、惠军、福军、四邑民军、明字顺军、新安民军、南路进行军等部队中均有归国华侨。其中，响应武昌起义奔赴武汉参战的广东华侨敢死队就是辛亥革命中一支著名的华侨劲旅。1911 年 10 月 10 日，武昌起义爆发，同盟会密令各地革命党人迅速响应。新成立的湖北军政府亦致电香港同盟会组织，发动海内外同胞前往参加作战。在香港的七十名海外归国侨工响应同盟会号召，立即组队，积极准备到武汉参战。这些侨工多是外商轮船上的现役海员，他们主动辞去现有职务，于 10 月 30 日搭乘海轮起程赴上海，后又在上海集合了二十多名曾在英国军舰服役、通晓战术的粤籍归侨入队。该队于是定名为"广东华侨敢死队"，马超俊被推举为总队长，马伯麟任副总队长，下设三个分队，推举凌定邦、严兆聪、刘元兴为分队长，队员都是二十多岁的年轻人，所需经费和枪弹都是由队员共同捐献。

马超俊

马超俊（1885—1977），美国爱国华侨。1902 年就读于旧金山庇利鲁机器专门学校，不久就加入了反清组织"致公堂"。1904 年经致公堂首领黄三德介绍，在旧金山加兰街大同报馆谒见孙中山，受命在美国学习机械工程，为发展中国航空事业效力。1905 年夏，赴日本横滨投奔孙中山，宣誓加入同盟会。1911 年 4 月，参加广州黄花岗起义，带领工人运送军火到广州，起义失败后撤退到香港。1911 年 10 月 10 日武昌起义爆发后，马超俊奉黄兴命令，组织广东华侨敢死队，并出任总队长。在汉阳兵工厂与清军冯国璋部激战五天五夜后，虽伤亡甚重，却打退了清军多次进攻，取得了以寡敌众的辉煌战果。临时政府成立后，马超俊任国会议员，并参加孙中山领导的"二次革命"，讨伐袁世凯。1922 年 6 月，陈炯明叛变革命，炮轰越秀山总统府，马超俊偕同妻子沈慧莲赶到高第街接应孙夫人安全撤退。1925 年 3 月 12 日，孙中山在北京逝世。马超俊南下，协办南京陵园勘址事宜。1977 年于台湾病逝。

《申报》1911 年 12 月 5 日刊登的《华侨炸弹队之血泪书》中有关于参加武昌起义的华侨炸弹队的介绍

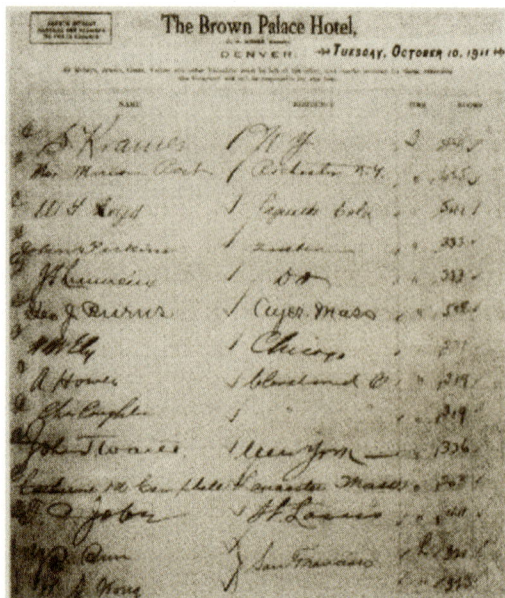

武昌起义时，孙中山正在美国丹佛为革命筹款，图为1911年10月10日孙中山住布朗宫的登记表。在印有酒店抬头并注明"1911年10月10日星期二"的登记表上，倒数第二行用英文清晰地写着孙逸仙的英文拼写"ys. sun"，入住房间号为"321"，而随行的黄云苏先生入住323房

武昌起义后，孙中山到欧洲为成立中华民国进行外交活动，11月10日抵达伦敦。在伦敦期间，孙中山接受《滨海》杂志记者访问，发表了《我的回忆》一文，图为有关报道

各省光复

1911年，武昌起义震动全国。各省革命党人纷纷发动新军、会党或商会起义。本来反对革命的各地立宪派绅商顺风使舵，转向共和，把他们控制的省咨议局变为鼓动独立的机关。清政府的封疆大吏有的弃职逃命，有的被迫表示拥护独立。武昌起义后一个多月，湖南、陕西、江西、山西、云南、上海、江苏、贵州、安徽、浙江、广西、广东、福建、四川等地先后宣布独立，清朝的统治呈现土崩瓦解之势。革命军攻占南京后，长江上下游革命势力连为一气，南方各省均告光复，革命在全国呈现燎原之势。

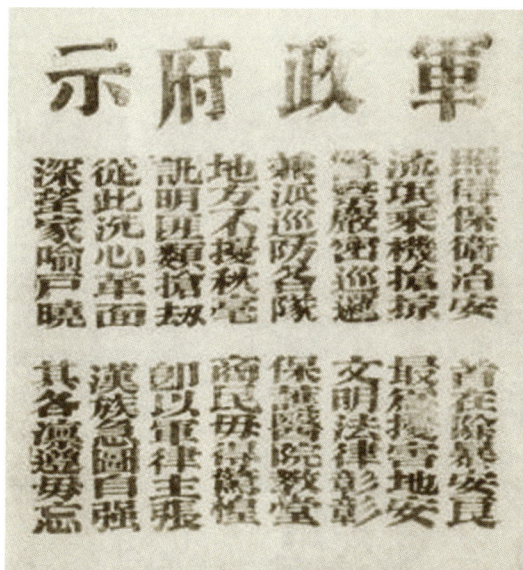

湖北军政府发布的维护治安的告示

革命军占领武昌后，清廷官吏见大势已去，仓皇逃离

1911 年 10 月 12 日湖北汉川起义军从汉川开赴前线

1911 年 10 月 22 日，湖南都督府成立，图为湖南革命军出发援助武昌

1911 年 11 月 12 日，广东军政府成立，图为位于越华路原清朝两广总督署的军政府旧址

1911 年 12 月 8 日，广东军政府响应孙中山北伐的号召，组织北伐军从广州出发，北上沪宁，围攻南京的清兵，图为广东北伐决死队全体队员合影

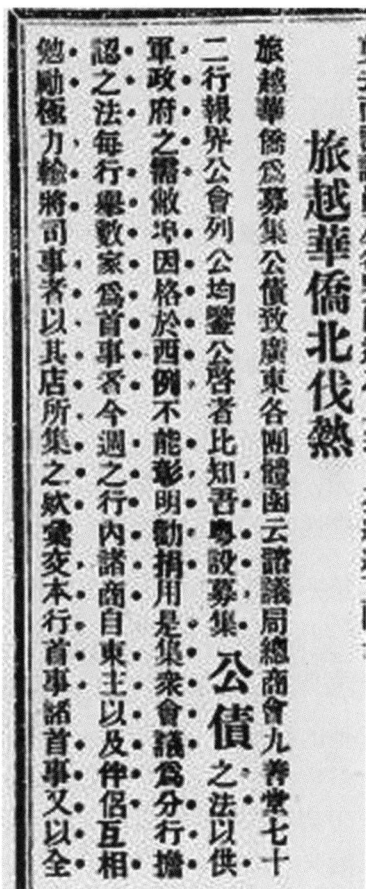

右图为《申报》1911 年 12 月 26 日刊登的《旅越华侨北伐热》一文，文中表达了旅越侨民立言"袁贼狡诘（黠）"，"北伐之师万不可缓"的强烈愿望

为反清起义捐款

从 1894 年兴中会建立到 1912 年中华民国临时政府成立，华侨持续不断、无偿地为革命提供了一批又一批大笔经费，成为孙中山及其革命党开展革命活动的主要经济来源。在捐款的华侨中，既有富商大贾，也有平头百姓。广大华侨工人、店员和小商贩等，尽管收入低微，但都尽自己的力量支持祖国的革命事业。例如，在武昌起义胜利的消息传到日里种植园和邦加、勿里洞矿场时，不少契约华工每人捐献 1 盾以示对孙中山领导的革命事业的支持。华侨工商业家也颇为热心，例如以"爪哇糖王"著称的黄仲涵，在武昌起义之际，曾以"轩辕后人"的名义捐款 5 万盾，后来在 1915 年的护法之役中，"立汇二万五千盾"，以响应"蔡松坡举义云南"。又如张振勋，由于他当时的身份和地位，

不宜公开赞助孙中山领导的革命事业，但其曾暗示自己在东南亚的分支公司对革命党人给予不公开的捐助，共计约 30 万两白银；武昌起义后，又捐助福建民军 7 万元。[①] 在广大华侨的支持下，孙中山领导的反清起义接连不断地给予清政府沉重的打击，最终敲响了清朝灭亡的丧钟。

檀香山华侨为第一次广州起义捐款

兴中会成立后不久，孙中山即准备回国发动起义，募集起义经费。孙中山的胞兄孙眉和邓荫南等人对捐款表现积极。邓荫南"变卖所经营之商店及农场"作为起义捐款。孙眉则以六七元的贱价卖掉自己经营的牧场中的部分牛畜，得款 2 000 美元，资助起义。1894 年 12 月上旬，孙中山共筹款 6 000 美元，随即起程回国发动广州起义。檀香山华侨及个别香港同胞的捐款，构成了这次起义的主要经费来源。

第一个资助孙中山革命的邓荫南

邓荫南（1846—1923），美国爱国华侨，广东开平人。早年到檀香山谋生，后经营农场和甘蔗园，成为当地的富商。为人慷慨，乐于助人，深得华侨和当地土人敬重，与孙眉交往甚密。1894 年与孙中山见面后加入兴中会。次年变卖家财充当革命经费，回国参与筹划广州起义，失败后避居澳门。1898 年与宫崎寅藏等在广州设东亚同文会，为继续开展革命活动作掩护。同年协助陈少白在香港创办《中国日报》。1900 年在广州策应惠州起义，被委任为民军总司令。后协助史坚如谋刺两广总

邓荫南

督德寿，失败后隐居香港新界。1902 年与洪全福谋广州起义，事败后隐居。同盟会成立后，按孙中山嘱咐，在香港发展组织，筹款支援西南边境起义和黄花岗起义。1911 年在新安组织民军响应武昌起义，任新安民军监督、开平民团总长。1912 年底任稽勋局名誉审议。后参加讨袁、护法、逐莫（莫荣新）诸军事活动。1917 年任陆海军大元帅府参议。1917 年 9 月任陆海军大元帅府军事委员会委员。1921 年任中华民国总统府参议。1922 年 6 月陈炯明叛变时，他举兵声援，筹款资助孙中山讨伐陈炯明。1923 年 2 月 5 日在澳门病逝。孙中山追授他为陆军上将，给银 1 000 元治丧，并为其遗像题词："爱国以命，爱党以诚。家不惶顾，老而弥贞。"

---

① 唐苏民：《黄仲涵》，祝秀侠主编：《华侨名人传》（一），台北：中华文化出版事业委员会，1955 年，第 91 页。

孙中山为表彰爱国华侨邓荫南资助革命而题写的条幅"博爱"

邓荫南墓园

新加坡、马来亚华侨为黄冈起义和七女湖起义捐款

黄冈起义和七女湖起义均由华侨策划指挥，经费也多来自新马华侨。黄冈起义的经费主要由新加坡华侨承担，其中捐款踊跃、数量较大者多为潮州籍华侨。七女湖起义中，新马华侨捐款的数目未见确切统计，但起义前夕革命军发行的债券获吉隆坡和霹雳等地华侨大量购买。1907 年经许雪秋之手在南洋发行 200 张面额为 100 元的债券，计 2 万元，其中新马华侨购券 5 700 美元。这批债券主要用于黄冈起义和七女湖起义。根据当时的债况可以断定，这批债券来自无偿捐款。①

毁家纾难匡助起义的林受之

林受之（1873—1925），新加坡爱国华侨，原籍广东潮州。1903 年，受黄乃裳"种族革命救国"宣传的影响，开始投身国民革命，捐资翻印邹容的《革命先锋》数千册，散发于闽粤两省。1906 年，与张永福、林义顺、沈联芳、陈楚楠等发起组织《中兴日报》，任董事。继而捐助币 1.4 万元支援华南的革命活动。在黄冈、钦州、镇南关、河口诸役中，皆踊跃捐输以充军费。特别是在黄冈起义中，林受之的表现尤为突出。其时，新加坡华侨得知国内要举行起义，每十天左右开一次会，研究和通报情况，并进行筹款，每次与会的同志不过三四

林受之

---

① 任贵祥：《华侨与中国民族民主革命》，北京：中央编译出版社，2006 年，第 64 页。

十人，捐资"竟有数千元的成绩"，到黄冈起义爆发时捐出 3 万多元。[1] 其中仅林受之一人捐款就在 2.3 万元以上。黄冈起义失败后，起义领导人之一的余既成在香港被捕，同盟会组织营救，遂诉诸法庭，林受之捐出数千元营救费或诉讼费，终使余获救释放。同时一些起义军逃到新加坡后，群集于林氏的中华公司，林受之尽量收容，供给一切费用。黄冈起义失败后，维持《中兴日报》，收留许雪秋、陈芸生、肖竹漪、刘任臣、陈涌波等及其亲属百余人。武汉光复后，林受之变卖新加坡所有产业回乡，又卖田典地筹款。林受之为起义无私捐献巨资和其他革命活动经费，甚至"连两位夫人的私蓄也都献出"，以致"儿女众多，无力使之一一完成教育，只得散分在南洋各地，自食其力佣工为生"。1925 年 3 月 12 日，因忧愤国事，与孙中山同日逝世。1929 年，中国政府决定以林受之"慷慨毁家，匡助国难"之功将其编入历史。

广东潮安庵埠官里乡迎祥里林受之故居，是最早策划潮汕一代革命运动的秘密机关之一

黄冈起义总指挥许雪秋给林受之的助饷收据，上面盖有孙中山颁授的用于黄冈起义的鹰球图章

从行医救人到革命救国的潘受之

潘受之（1873—1962），新加坡爱国华侨，原籍广东三水。17 岁赴新加坡，随父学医。因医术精湛、医德高尚，对贫苦者赠医、赠药，在星洲享有盛誉。后开设广生堂药房，创制"应急蝠油散""仁丹"等成药，畅销南洋各地。1907 年，受孙中山的民主革命思想熏陶，加入同盟会，倾资捐助以助国

---

① 冯自由：《华侨革命开国史》，上海：商务印书馆，1947 年，第 103 页。

民革命。他不但卖掉了多处物业，还亲手卖掉了经营多年的药厂、药店，将所得钱财全部捐给了同盟会。除此之外，潘受之还在坤甸副埠、新加坡、八打威等埠创办《华侨日报》《晨报》等报纸和图存学校、德育女子学校以及图存阅报书社、民峰社剧团等，以便于更好地宣传革命。孙中山对潘氏的革命行动大加赞赏，于1912年专门颁发旌义状，以表彰他对革命的贡献；又以私人名义赠潘精致坤甸拐杖，以示情如手足之意；还亲笔题写"节义留芳"四字，刻制坤甸横匾赠予潘母。1920年，潘受之在南洋参加抵制日货运动，被当局驱逐出境。回国后，1921年至1923年在国民党三水党部任职，后在广州南洋华侨兴业社和海外同志社工作。1962年病逝于广州。

1908年潘受之认购中华革命军债券的凭据①

潘受之

1906年初在南洋发行的中华革命军银票

---

① 孙中山及其领导的革命团体在开展反清斗争的各个历史时期曾先后发行过多种筹饷债券。如1904年在檀香山和旧金山以中华革命军名义发行军需债券；1905年末在越南发行中华民务兴利公司债券；1906年初在南洋发行中国革命政府债券；1911年在美洲发行中华民国金币票；1911年粤省军政府在美洲发行军债票等。不同时期所发债券的借还之比不一样，有的"借一还十"，有的"借一还四"，有的"借一还二"。根据本图中有"本利四倍偿还"的字样，可以判断这是一张"借一还四"的筹饷债券。有专家认为这张凭据是认购1906年初在南洋发行的中华革命军债券后所得。

越南华侨为中越边境各次起义捐款

越南华侨为革命党人在中越边境举行的防城、镇南关、钦州、河口四次起义的捐款，估计有 10 万多元。冯自由高度评价越南华侨的捐款："西贡堤岸两埠同志对于粤桂滇三省革命军事，均先后醵助巨款，为他处侨商所不及。"[①]除商界华侨踊跃捐款外，越南下层华侨也争先恐后地捐款，涌现出一些捐款典型。如关唐是堤岸的挑水工人，为人家挑一担水的所得很少，但他将一生挑水的积蓄 3 000 多元全部捐献给革命。西贡有一店员梁式斐为起义捐银 50 元，回家后告知其母，母亲嫌儿子捐得太少，带着儿子找到胡汉民，当场再捐 200元。在场的侨胞目睹母子爱国捐款的情景，皆受感动，亦纷纷捐献。

收入微薄的出资勇挚者黄景南

黄景南

黄景南（1860—1928），越南爱国华侨。原籍广东新会。成年时因生活所迫，漂洋过海来到越南堤岸谋生。刚开始时摆摊卖馄饨，后来稍有积蓄便在堤岸梅山街芽菜巷开设名为"黄祥记"的卖豆芽小店，人们称其为"芽菜祥"。1900 年孙中山等人来越南西贡发表演讲时，他对孙中山的演讲十分感兴趣，便让孙中山和胡汉民在自己的小店里食宿。1902 年 12 月，孙中山借参观河内博览会之机，在越南华侨中建立了第一个革命团体"兴中会"，而黄景南则成为堤岸第一个参加兴中会的华侨成员。堤岸兴中会成立后，为了宣传革命思想，黄景南与西贡华侨刘易初等人在堤岸成立宣传革命的书报社"萃武精庐"，黄景南捐出 1 000 元作为开办经费。其后，黄景南更是将每日卖豆芽所得投入革命运动中。1907 年 10 月，孙中山为发动镇南关起义，在堤岸同盟分会召开会议，

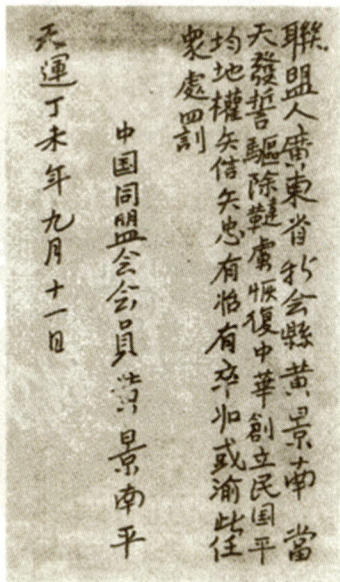

1907 年黄景南参加同盟会时的入会盟书

① 冯自由：《华侨革命开国史》，上海：商务印书馆，1947 年，第 50 页。

以筹集革命经费。在这次会议上，参会华侨当场认捐资助革命，结果当晚就认购了 1.2 万元，其中黄景南一人即认捐 3 000 元。有人问他："你平日不肯多花一文钱，为什么今天这样慷慨？"他回答说："没有祖国，我们华侨就永远受人欺负！"质朴的语言反映出其高尚的爱国情操。对此，孙中山称赞道："其出资勇而挚者，安南堤岸之黄景南也，倾其一生之积蓄数千元，尽款之军用，诚难能可贵也。"

海外华侨为黄花岗起义捐款

为广州黄花岗起义筹款的革命党人和华侨的合影（前排左起邓泽如、谭扬、郑螺生、黄兴、黄怡益、陆秋露；后排左起陈增坡、朱赤霓、李源水、李孝章、郭应章）

怡保埠华侨支援广州黄花岗起义的捐款收据

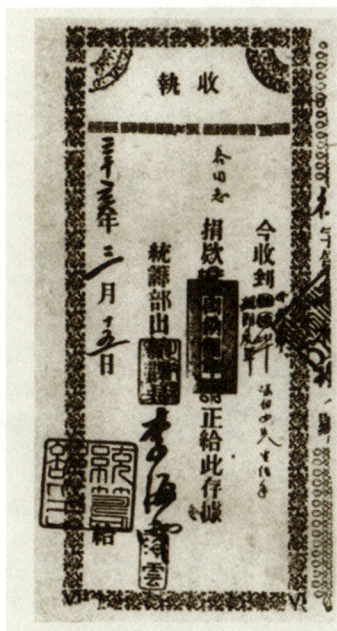

杜朗度致公堂支援广州黄花岗起义的捐款收据

　　华侨对历次武装起义的捐助，以 1911 年广州黄花岗起义为最。鉴于以往的教训，1910 年 11 月，在酝酿黄花岗起义的庇能会议上，与会者一致主张先筹足起义经费再行举事，认为"充分款项之筹集。事济与否，实全系之"①，并预定筹款 10 万元以上。会后安排专人分头筹款，同时分别致函各地同盟会组织要求其努力捐款，各地华侨踊跃响应。华侨为黄花岗起义捐款，从规模、范围及数量上均掀起了高潮。当得知募集款项与预定计划还差许多时，南洋革命党人郑螺生、李源水、李贵子、黄怡益各认捐千元。侨商郑螺生还变卖自己的福建、江苏铁路股票再捐。李源水则将"打满矿"股票变卖捐出。萧竹漪将自己的全部田产出售作为捐款。槟城华侨谢逸桥"移其伯父财产"，"以济革命"，并利用自己的特殊关系动员侨胞捐款。在孙中山的高度关注下，黄花岗起义前后，南洋、美洲各地华侨募集的数额高达 209 136 元（包括善后）。②

散尽钱财却义无反顾的吴世荣

吴世荣

　　吴世荣（1875—1945），马来亚爱国华侨，祖籍福建海澄。祖父吴源信、父亲吴有才是当地的富商。21 岁那年，吴世荣从父亲吴有才手中继承了大笔遗产。1906 年，孙中山第一次到槟城。当时革命正值低潮，孙中山吃了很多"闭门羹"。有侠义心肠的吴世荣不顾个人安危，主动出面接待孙中山，并介绍当地侨领黄金庆与孙中山认识，使得孙中山能在槟城立足并开展革命工作。同年，孙中山委派新加坡同盟会陈楚楠、林义顺到槟城筹组同盟会槟城分会，吴世荣、黄金庆分别为正、副会长。在吴世荣等人的积极推动下，槟城成为当时革命党

人在南洋的活动中心。1910 年，吴世荣参加了庇能会议，会后积极为起义斗争筹募款项，更为支持革命活动而卖掉了自己的五层洋楼。吴世荣的洋楼是当时槟城的建筑地标，是槟城第一栋五层楼的大洋楼，俗称"五层楼"。

被吴世荣变卖的家产——"五层楼"

辛亥革命成功后，吴世荣

---

　　① 杜元载主编：《中国同盟会革命史料》（一），1974 年，第 379 页。
　　② 蒋永敬：《辛亥革命前十次起义经费之研究》，《革命开国文献》（第二辑），台北"国史馆"，1997 年，第 863 页。

被公举为南洋各埠同盟会总代表。1912 年，吴世荣在南京发起成立第一个群众团体"华侨联合会"。1913 年 5 月，吴世荣返回侨居地，1945 年病故，葬于槟城。

加拿大致公堂抵押楼业募集军饷

1911 年 1 月底至 2 月初，孙中山来到加拿大大力宣传革命，发动华侨捐款。经过对致公堂首领的争取及对一般会员的劝说，维多利亚致公堂召开全体会员大会，一致通过将会所楼房向银行抵押 3 万港币充作革命军饷。温哥华、多伦多、蒙特利尔等地致公堂纷纷效仿。加拿大各处致公堂共捐款 6.4 万元，占各地华侨为黄花岗起义捐款之首。

当年被抵押的维多利亚致公堂大楼

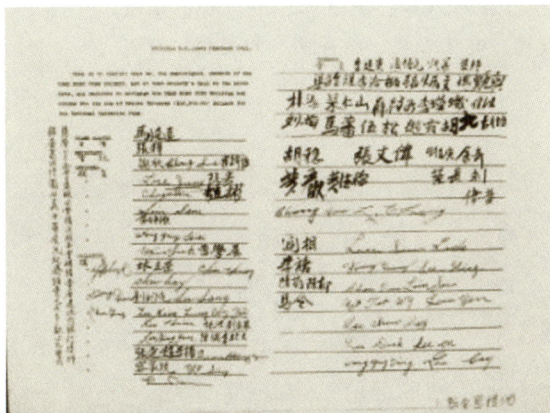

加拿大维多利亚致公堂将致公堂会所抵押时的会员签名文件

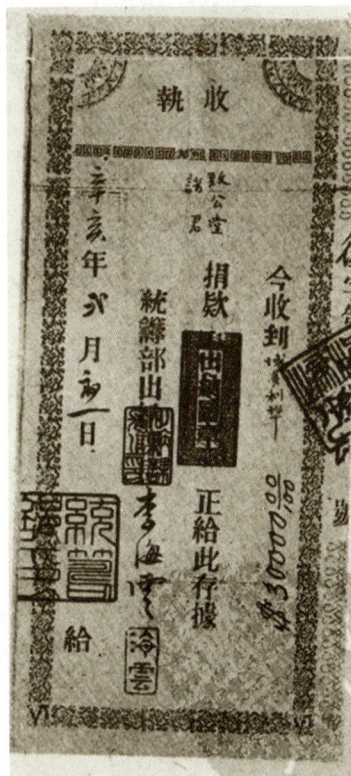

香港同盟会统筹部发给维多利亚致公堂的捐款收据

得悉广州黄花岗起义失败的消息后，孙中山在美洲积极为黄花岗起义死难烈士筹集善后费用，并决心筹巨款以图再举。经过不懈努力，孙中山在美国筹得1.4万港币，其中旧金山募得1万港币，檀香山和纽约各募得2 000港币。

美洲洪门筹饷局再奏筹饷新章

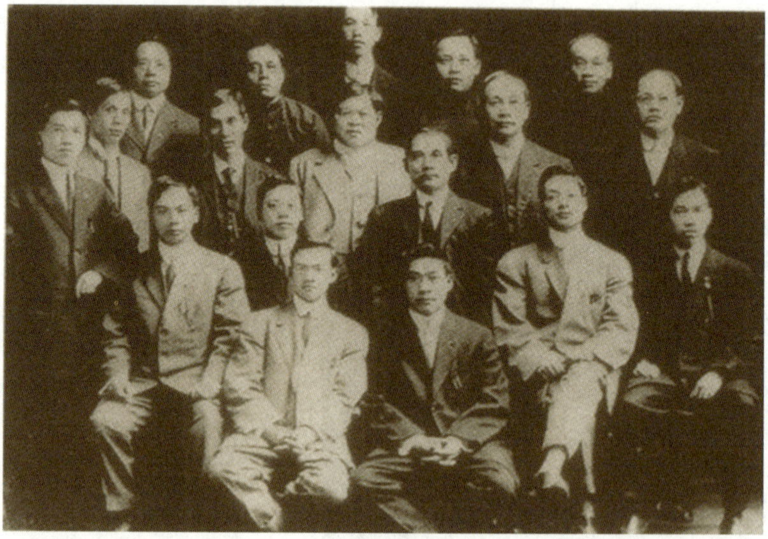

1911年7月，洪门筹饷局在旧金山成立，图为孙中山与该局职员合影（右起前排：黄芸苏、李是男、赵昱、伍平一、张蔼蕴。右起二排：孙中山、黄伯耀、刘鞠可。右起三排：罗敦怡、黄三德、朱进三、黄卫庭、唐琼昌。右起四排：司徒文焜、李务明、郑超群、黄任贤、黄杰亭）

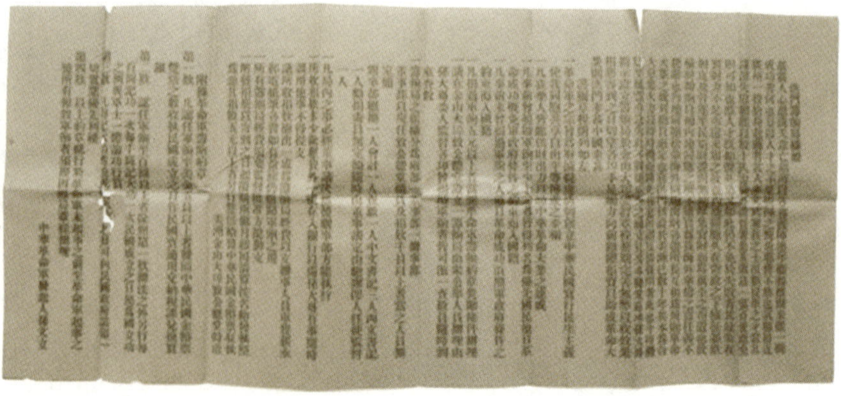

由孙中山起草的《洪门筹饷局缘起》

　　黄花岗起义失败后,孙中山决定继续筹款,准备再举。1911 年 1 月下旬,孙中山来到旧金山,建议美洲同盟会和致公堂联合,共同为革命筹款。美洲同盟总会会长李是男和美洲致公堂头目黄三德多次协商,议定两大组织联合,全体同盟会会员加入致公堂。1911 年 6 月 18 日,双方发表联合布告,宣布美洲各国、各城市致公堂与同盟会实现联合,"以成大群,合大力,而图光复之大业"。1911 年 7 月,美洲洪门筹饷局(又称中华革命军筹饷局,对外称国民救济局)在旧金山成立,负责为国内武装起义筹集经费。经过五个月的努力,在美国筹得 144 130.41 美元,一年后筹得 40 多万美元,成为辛亥革命的主要经费来源之一。在孙中山代为起草的《洪门筹饷局缘起》中,规定"革命军之宗旨,为废灭鞑虏清朝,创立中华民国,实行民生主义,使我同胞共享自由、平等、博爱之幸福";强调"今时机已至,风云亦急,失此不图,则瓜分之祸立见";号召华侨"踊跃捐资,以助成革命大业"。①

1911 年 6 月 9 日,孙中山致函美洲致公堂,对其"有意实行赞助中华革命事业"表示"欣慰"

1911 年纽约中华公所筹饷局代广东军政府筹饷的收据

---

① 参见《孙中山全集》(第 1 卷)第 527 页上的相关内容。

为了筹得更多的革命活动款项，孙中山和洪门筹饷局在一无政权、二无银行、三无实业的情况下，及时赶印一批具有"震撼力""号召力"的募捐凭证——中华民国金币，面向海外发行

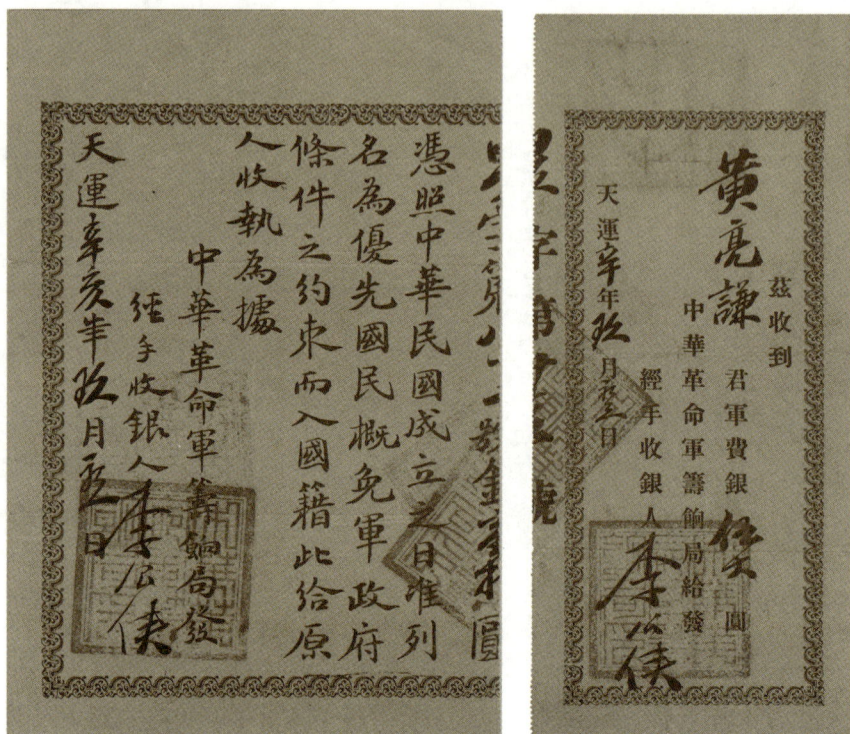

1911年中华革命军筹饷局签发的中华革命军捐款收据及存根

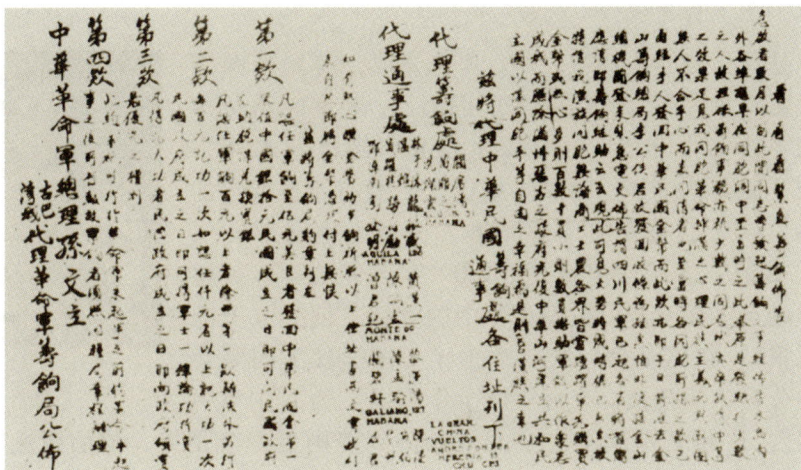

1911年8月，古巴同盟会以革命筹饷局名义对华侨发出的筹款紧急通知

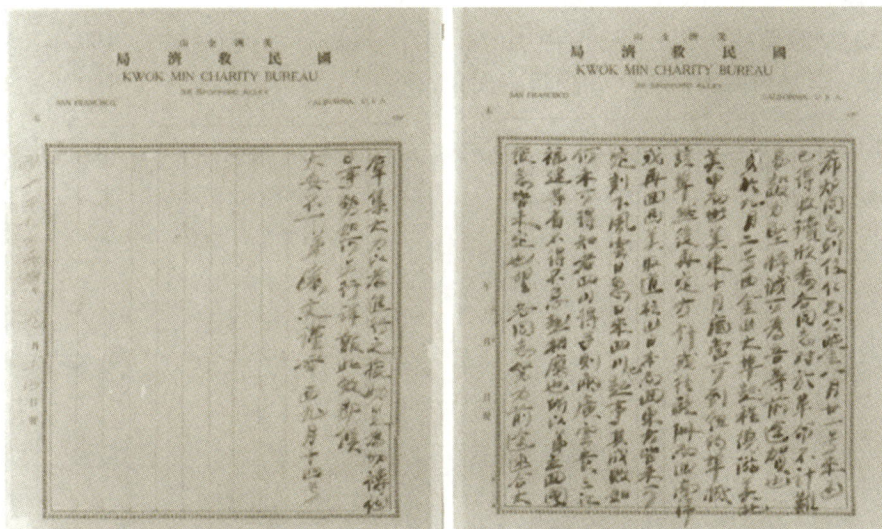

为了推行中华民国金币票的认购，孙中山和筹饷局人员于1911年9月初从旧金山出发，辗转美国南北各埠劝募捐款。图为9月14日孙中山写给希炉同志的信，其中提到这段行程："弟于九月二日由金山大埠起程绕游美北、美中而出美东，十月底当可到……"他们在沿途发表演说，受到热烈欢迎，华侨认购踊跃

洪门筹饷局局长李是男

李是男（1884—1937），又名李公侠，美国爱国华侨，原籍广东台山。出生于美国旧金山，8 岁时由父亲带回家乡读书。1905 年，在家乡发起组织"励志社"，以反清及反美虐待华侨为志。第二年，他前往香港参加同盟会，后又返美参加华侨团体"美洲土生同源会"，任中文书记，进行反清宣传。1909 年与黄伯耀、黄超伍、温雄飞等在旧金山组织少年中国学社，创办《美洲少年周报》，宣传革命。次年改少年中国学社为同盟会旧金山分会，任会长；改《美洲少年周报》为《少年中国晨报》。广州新军起义失败的消息传到美国后，李是男、黄伯耀速筹数千元，接济逃难的革命党人。后来，通过发行"中华民国金币"筹得 40 万美元支持广州黄花岗起义。1911 年 7 月，李是男遵照孙中山的直接指示，动员全体同盟会会员加入致公堂，组成统一的筹饷局——洪门筹饷局，并任局长。民国初期，华侨中的革命党人纷纷回国，而为革命作出卓越贡献的李是男却迟迟不归，继续留在美国，后被孙中山委任为广州临时总统府秘书。1937 年 5 月 28 日，李是男因肺病在广州逝世，时年 53 岁。

李是男

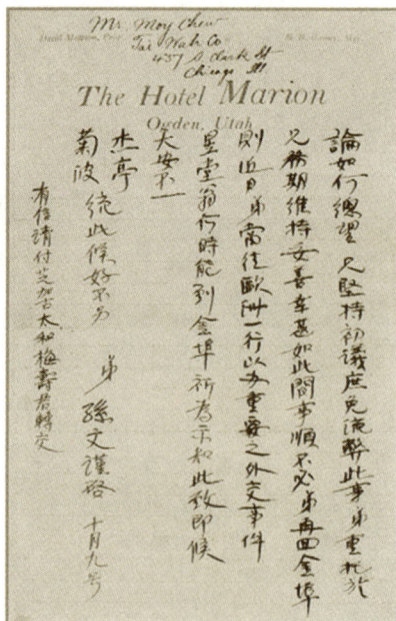

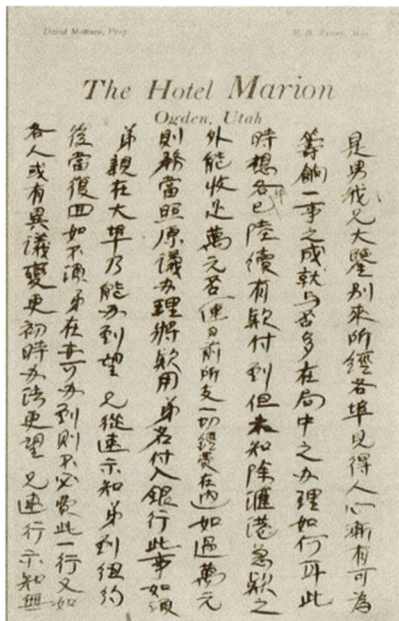

1911 年孙中山给李是男的亲笔信，内容主要是协商筹款使用及存储方法

洪门筹饷局美洲支部部长黄芸苏

黄芸苏（1882—1974），美国爱国华侨。我国第一批公费美国留学生。原籍广东台山。广州起义失败后，在旧金山组织少年中国学社，任社长，创办《美洲少年周报》。1910年2月，旧金山中国同盟会成立，少年中国学社成员全部加盟；同年7月，创办《少年中国晨报》，任主笔。1911年洪门筹饷局成立后，黄芸苏任美洲支部部长。在任期间，积极为革命筹款并陪同孙中山进行革命的宣传活动。中华民国临时政府成立后，任临时大总统特派广东宣慰委员。1912年，返美入华盛顿大学。1918年毕业，获哥伦比亚大学硕士学位。其间，曾协助孙中山在日本重组中华革命党。在纽约创办《民气日报》，后又奉命整理檀香山、墨西哥各地党务以及檀

1911年7月，孙中山与黄芸苏（右）在美国合影

香山《中华公报》。1921年返国，历任广东省教育委员会政务委员，兼非常大总统府秘书、大元帅府秘书、广州市财政局局长、中国驻檀香山领事、中国驻旧金山领事、中国驻多米尼加特命全权公使、中国驻墨西哥特命全权公使、美国罗省中华学校校长等职。

为起义雪中送炭的梁密庵

梁密庵（1880—1940），印度尼西亚爱国华侨，祖籍广东梅县。1905年前后，孙中山到南洋各地宣传革命，号召国人以推翻清朝封建专制、建设共和为使命。梁密庵积极响应，1907年在吧城与同仁创设寄南社，出任社长。后经侨贤谢良牧、梁鸣发介绍，梁密庵加入同盟会。不久，寄南社改为华侨书报社，社员扩大为100多人，成为同盟会在吧城的联络处。梁密庵在印度尼西亚各地积极发展华侨书报社52处，并发动华侨捐款，资助祖国革命。1910年，同盟会香港分会策划广州新军起义急需经费，他领导的华侨书报社筹集5万港元支持举

梁密庵

事。1911年广州黄花岗起义前夕，起义指挥部需巨款急用，吧城华侨书报社全体同仁虽四处募捐，但已来不及，梁密庵毅然将父亲梁映堂在银行所存10万银圆之巨款提取出来。事后，他担心父亲责怪便出走星洲。其父知悉儿子出

走原因后，对儿子为国为民的义举深表赞同，当即让友人到星洲携带梁密庵返回吧城。辛亥革命成功后，孙中山就任中华民国临时大总统，为嘉奖梁密庵踊跃输将、鼎力支持辛亥革命的卓越功勋，于1912年三月初一颁发旌义状给他。

为起义解燃眉之急的李海云

李海云

李海云，美国爱国华侨，原籍广东台山。1909年，李海云被引荐给同盟会机关报《中国日报》社长冯自由，多次解决了《中国日报》的经济危机，解了新军起义燃眉之急。1909年冬，广州新军起义日渐成熟，义军请香港机关部速筹2万港元，黄兴、胡汉民向在美国的孙中山求助，孙中山自信在两个月之内可筹足，但实际上从纽约、波士顿、旧金山等地总共汇来8 000元（旧金山的钱寄达香港时，起事已失败），而新军已大致就绪，战争一触即发。紧急情况下，李海云破釜沉舟，将远同源商号的现款2万多元全数取出，献诸革命党机关部，使起事得以进行。事后，李海云对外谎称因投资金银业失败而亏空公款，请父亲向股东说情，股东获悉李海云毁家赴义的真相后，给予谅解，答应不向法院追究。

为起义仗义输捐的高绳芝

高绳芝

高绳芝（1878—1913），泰国爱国华侨，原籍广东潮州，泰国富侨高楚香之孙。年轻时在曼谷秘密参加同盟会，坚决站在以孙中山为首的革命党人一边，推翻清朝。在惠州起义中，高绳芝秘密捐款2万银圆作为军费。黄冈起义时，他又负责后勤工作。辛亥革命前夕，他出任汕头商会会长。辛亥革命时，他个人出资10多万元，帮助革命党人先后光复潮梅各县，其后"输财不下40万"。中华民国的成立，让高绳芝看到了能够专心办实业回报强大祖国的希望。但由于不同革命军队互相争夺地盘，光复后的汕头陷入一片混乱，他不得不临危受命，出任"全潮民政财政长"，终日周旋在各军之间。他的不懈努力，避免了各军火拼局面的出现。但是，动乱不断出现使得高绳芝在与军阀的周旋和自身事业的维系中耗去了大量资金和精力，再加上昔日革命战友许雪秋等惨遭杀害，在多方打击之下，高绳芝终因操劳过度，1913年末病逝于澄城。1930年，汕头市政府通过决议，在汕头中山公园建造了由胡汉民手书亭名的"绳芝亭"，以纪念这位为潮汕地区的民族工业和社会安定奉献一生的民族资本家。

海外华侨捐款支持各省光复

海外华侨庆祝辛亥革命胜利

《民国日报》1911 年 11 月 21
日刊载的《华侨捐助军饷之踊跃》

武昌起义胜利的消息传到海外，广大华侨欢欣鼓舞，拍手称赞，再次掀起捐款热潮。以下是对《申报》当时的相关报道选摘，海外华侨支持辛亥革命的热情和贡献从中可见一斑。

传闻孙汶（文）已挟巨资内渡接济革命，华侨集美金洋二十万元助之。

1911 年 10 月 17 日，第 3 版

旅美中华会馆又集美金洋三十万元接济革党用款。

中国革命党领袖孙逸仙抱共和总统之希望已于今日由丹佛启程赴太平洋滨筹捐以助革命军。旧金山中国会馆已捐集美金洋三十万元，孙逸仙谓大约彼将赴离中国最近之处，以候机会而入革命军。

1911 年 10 月 18 日，第 3 版

旧金山华侨开欢贺会并在唐人街列队游行，刻已募集美金洋二百万元，分起汇至中国济用。

1911 年 10 月 20 日，第 4 版

此间华人闻革军胜耗大为欢欣，即捐集革命经费美金洋三百万元。

1911 年 10 月 20 日，第 4 版

华侨募集革命经费美金洋三百万元，准初十日可运送至汉。

1911 年 10 月 28 日，第 3 版

东京朝日新闻谓神户为中国革军财政总机关处，美国捐集之欵已用日人之名汇至神户，再由该处汇至中国，日本华侨亦捐集日洋十二万元。

1911 年 10 月 30 日，第 5 版

闻孙汶（文）已先派一兵舰载运炸弹军火及华侨助战员、留学生等驶来汉口，并有军饷二百万。

1911 年 11 月 4 日，第 4 版

香港华侨集洋二十万元捐助广东军政府，香港定于星期日庆贺广东独立，香港政府已允其燃放烟火。

1911 年 11 月 12 日，第 3 版

广东军政府近得美国华侨寄洋二百万元，专供新政府一切用度。

1911 年 12 月 14 日，第 4 版

创建民国

辛亥革命的胜利推翻了统治中国两千多年的封建帝制，成立中华民国临时政府，成为中国社会近代化进程中的里程碑。1911 年 12 月 29 日，各省代表齐聚南京举行正式选举临时大总统会议。全国 17 省代表 45 人出席会议。南洋各埠同盟会公举吴世荣为总代表；美洲致公堂、同盟会及洪门筹饷局三团体推举冯自由为总代表，归国列席参会。会议采用不记名的投票方法进行选举。候选人为孙中山、黄兴、黎元洪。投票结果，孙中山以 16 票的绝对优势被选举为中华民国临时大总统。结果公布后，音乐大作，在场代表和列席的军界、学界人士起立欢呼。随即推正、副议长汤尔和、王宠惠赴上海欢迎孙中山。这次选举在"群雄并起"的革命时局中，史无前例地采用民主选举的方法和程序确立了国家元首，开创了中国民主政治的崭新历史。1912 年元旦举行大总统受任典礼。孙中山庄严地宣誓："……巩固中华民国，图谋民生幸福，此国民之公意，文实遵之，以忠于国，为众服务。至专制政府既倒，国内无变乱，民国卓立于世界，为列邦公认，斯时，文当解临时大总统之职。谨以此誓于国民。"① 在推翻清政府的统治、建立革命政权的革命运动中，华侨革命党人在前方冲锋陷阵，救亡图存；而广大的海外华侨则在人力、物力、财力以及舆论宣传等方面给予慷慨无私的支援，始终如一地与孙中山的革命事业同荣辱、共患难。

创建民国

---

① 中国史学会主编：《辛亥革命》（八），上海：上海人民出版社，1957 年，第 14－15 页。

孙中山就任临时大总统

1911年11月下旬，孙中山从美国经欧洲起程回国，决心组建一个"强有力的革命政府"。

1912年1月1日，孙中山宣誓就职，中华民国正式成立。定国号为中华民国，以五色旗为国旗。改用阳历，以1912年为民国元年。夜10时，临时大总统府大堂内张灯结彩，军乐悠扬。在数百位嘉宾的欢呼声中，孙中山就任中华民国临时大总统，并庄严宣誓。

大总统是中华民国成立初期对国家元首的称谓。因为当时清帝尚未退位，全国还没有统一，所以政府是过渡型的，名称是中华民国临时政府（也称"南京临时政府"），孙中山也就叫临时大总统。1913年10月10日后，袁世凯出任中华民国第一任正式大总统。袁世凯倒台后，大总统一职被北洋军阀把持。1921年4月10日，非常国会在广州选举孙中山为非常大总统，与北洋军阀抗衡。国民政府北伐后，中华民国大总统一职由国民政府主席一职取代。1948年，蒋介石召开第一届国民大会，当选总统。1949年1月21日，被迫发表《引退谋和文告》，由副总统李宗仁代行总统职权。从1912年到1948年，中华民国历史上共有八位总统：孙中山（临时）、袁世凯、黎元洪、冯国璋、徐世昌、曹锟、蒋介石、李宗仁（代）。

1911年12月29日，各省代表齐聚南京参加选举临时大总统会议，会上选举孙中山为临时大总统；华侨代表吴世荣、冯自由归国列席参会。图为代表合影

孙中山就任中华民国临时大总统时和会议代表合影

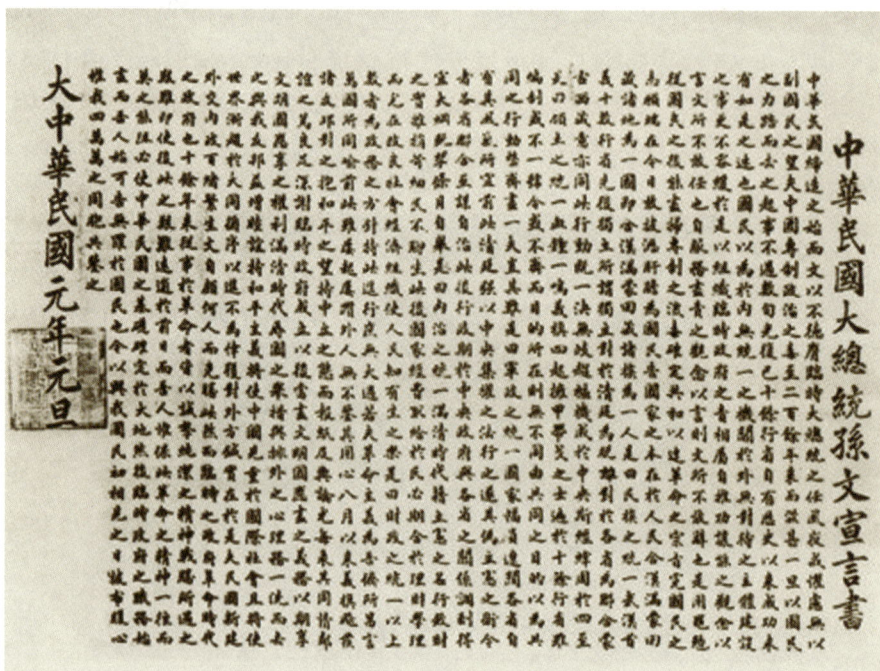

《中华民国大总统孙文宣言书》

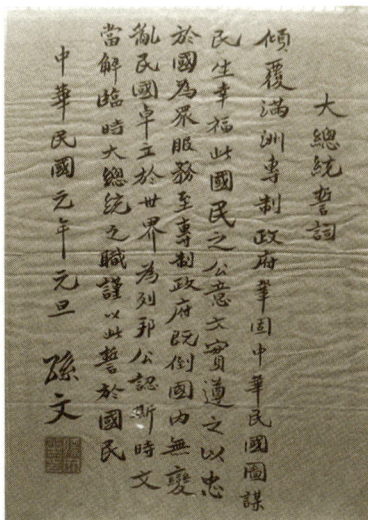

孙中山就任中华民国临时大总统时的誓词

中华民国国旗——五色旗

中华民国临时大总统印

1912年1月28日，中华民国临时参议院（也称"南京临时参议院"）成立，它象征着中国资产阶级代议制度的开端。图为南京临时参议院成立时与会代表合影（前排右起第三人起：胡汉民、魏宸组、赵士北、孙中山、黄兴、蔡元培）

中华民国临时参议院外景

海外华侨庆祝中华民国成立

　　中华民国成立、孙中山就任临时大总统的消息传到美国后，各埠张灯结彩，热烈庆贺。中华民国宣布成立这天，由旧金山美洲同盟会发起组织、中华会馆出面主持，举行了规模盛大的游行活动。据一位当时参加游行的人回忆说，参加游行的同盟会会员和华侨有数万人之多，许多住在偏远地区的侨胞闻讯后，也赶来参加游行。仅游行的彩车就有二十多辆，其中有马拉的、有汽车改装的。彩车上还写着"君主专制政体灭亡""共和国万岁""少年中国的胜利"等英文标语。游行队伍中有传统的舞龙舞狮和其他富有民族色彩的活动，洋鼓、洋号齐鸣，锣鼓震天动地，唢呐丝竹悠扬悦耳，爆竹烟花响亮绚烂，男女老少欢歌笑语，热闹非凡。游行队伍环绕整个市区的四分之一。

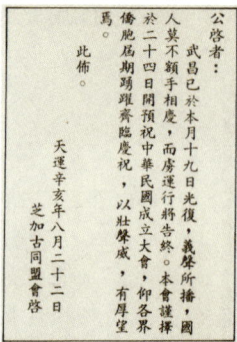

1911 年 10 月 12 日，孙中山在美国获悉武昌起义胜利的消息，特地为芝加古（哥）同盟会代拟的召开预祝中华民国成立大会的通告

1912 年纽约的少年中国学社庆祝中华民国成立

旧金山华侨游行庆祝孙中山就任
中华民国临时大总统

海外华侨赠给孙中山的汉白玉鱼缸

武昌起义迅速取得胜利的消息传到马来亚后，华侨也兴奋异常，当即开展了各种声援活动。在槟城的同盟会南洋总支部的主要负责人都放弃自己原来的工作，不分昼夜、全身心地为国内革命服务。其他一般工作人员都各尽其能，努力工作，及时向所属南洋各分会通告国内各地的革命动态，以发通告、传单和宣传报道等方式，向华侨大众传播革命消息。同时，各地同盟会分会也积极行动起来，为响应国内起义做些工作。11 月 2 日，同盟会怡保分会在会长郑螺生的主持下召开庆祝会议，有 400 多名华侨与会。郑螺生等发表了振奋人心的演说，原来不支持革命、思想保守的华侨巨商胡子春率先剪掉自己头上的辫子，

《申报》1911 年 12 月 9 日刊登的《华侨之革命热》一文

表示支持革命，其他 50 多人纷纷仿效，以示同清政府断绝关系。一些原来的守旧派、保皇派以及同孙中山有矛盾者也都转为拥护革命。11 月 10 日，同盟会新加坡分会主持召开了千余名华侨参加的大会。11 日，槟城平章会馆也主持召开了千余名华侨参加的大会，会议气氛热烈，开展了演说宣传和募捐等活动。吉隆坡、关丹、金宝等地都开展了类似的活动。一时间，新马各地成千上万的华侨都剪去辫子，焚烧代表清政府的黄龙旗。同盟会新加坡分会成员还组织了宣传革命的演说团，到各地巡回宣讲；创办《南侨日报》。槟城、吉隆坡

等地则组织了歌颂革命的戏剧团，到各地巡回演出。与此同时，新马华侨还开展了踊跃的捐款活动，各界华侨纷纷主动捐款，并成立了各种捐款组织，在短期内捐献了巨额款项。

郑螺生

郑螺生（1870—1939），马来亚爱国华侨，原籍福建同安。幼年时曾受过私塾教育，后随父到马来亚怡保谋生。1900 年，康有为到怡保，郑螺生出于对康有为的钦佩而给予热情接待。郑螺生阅读《民报》上有关文章后倾向资产阶级民主革命，与李源水等倡办道南俱乐部，并订阅《民报》《新福建》等，在华侨中积极宣传民主革命。1907 年，孙中山由陈楚楠、林义顺等陪同，抵达马来半岛，组织同盟会霹雳分会。郑螺生与李源水分别被推举为该分会正、副会长。辛亥革命后，同盟会霹雳分会改组为中国国民党霹雳直属支部，郑螺生当选为常务委员。其曾因筹款支持声讨袁世凯而被英国殖民政府驱逐回中国。后历任孙中山大元帅府庶务委员会委员、侨务委员会委员。1917 年被孙中山委任为大元帅府庶务司司长。1932 年起任国民政府监察委员和侨务委员。"九一八"事变后，面对国土沦丧、民族危急的时局，他十分焦急和愤慨，驰书嘱其在南洋的儿子："日寇内侵，国难日亟。侨胞爱国，正在斯时，航空建设，尤为需要，快劝亲友，节衣缩食，集资后援。"1939 年，郑螺生病逝于怡保，终年 69 岁。家属遵其遗嘱，登报声明"不接受任何挽轴、祭幛等物"，治丧一切从简。

胡子春

胡子春（1860—1921），马来亚爱国华侨，原籍福建永定。父母早丧，与祖母相依为命。13 岁时，随乡人远渡马来亚谋生。先在吡叻当商店学徒近十年，稍有积蓄后，便在督亚冷买了一片矿山经营锡业。由于引进欧洲新技术，获利甚丰，业务日益兴旺，最后拥有矿业机构 30 余处，成为东南亚首屈一指的锡矿企业家，人称"锡矿大王"。鉴于其对开发马来亚贡献巨大、影响深远，当时英国驻南洋参政大臣特封他为"太平局绅"，英王也封他为矿务大臣。后又开办粤汉、沪杭、漳厦三铁路，投资 20 多万两。清廷为此先后封他为邮传尚书、荣禄大夫。但 1907 年以后，他对清廷越来越失望，加上受到孙中山在南洋所进行的革命活动的影响，与清廷日益疏远，转而积极支持革命，屡次以巨款资助孙中山。武昌起义前，还捐资托知友王绍经买武器运回国内以响应起义需要。武昌起义后，他立即剪掉辫子，继续捐款支持革命政府，在当地华侨社会中扩大了革命的影响。1921 年病故于槟城。

⊙温哥華埠电 孫大總統鑒 聞公被選爲中華大總統 闔埠華僑歡極 慶國得人 齊祝萬歲欸 繼發致公堂慈善團文

按雲南西南都督兼土司代表 旅港香山同鄉 又中國同盟會 温哥華埠籌軍債局 又致公堂大漢報 小呂宋同盟會 加利福尼亞致公堂 又中國同盟會 舊金山陽和會館 又全體華僑 智利國華僑 檀香山西遷埠華僑 新加坡同盟會等亦均有電到滬祝賀孫大總統 因電稿過多不及備載

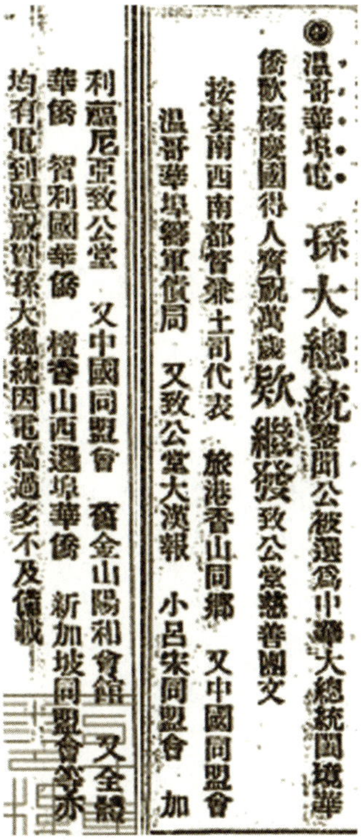

右图为《申报》上关于海外华侨致孙中山就任大总统的贺电：

“孙大总统鉴，闻公被选为中华大总统，阖境华侨欢极，庆国得人，齐祝万岁欸。继发致公堂慈善团文：

按云南西南都督兼土司代表、旅港香山同乡，又中国同盟会、温哥华埠筹军债局，又致公堂大汉报、小吕宋同盟会、加利福尼亚致公堂，又中国同盟会、旧金山阳和会馆，又全体华侨、智利国华侨、檀香山西迁埠华侨、新加坡同盟会等亦均有电到沪祝贺孙大总统，因电稿过多不及备载。”

大總統籌辦軍政

孫大總統曾向美國訂購新式快槍三萬桿 業於前日運至漢口 昨由製造局李總理選派槍匠五十名乘坐小輪前往點收運滬存儲 如有損壞之件 飭令剔出以便須

回

孫大總統前日在滬時曾經面諭製造局李總理 以炸彈一項用數極繁 飭再添造三千個 因此機器廠日來又開夜工趕緊製造 甚爲忙碌

孫大總統前日電諭海軍司令部黃君鍾瑛 飭將海軍事務竭力整頓 並謂曾向美國定造軍艦七艘 業已工竣 下水將次駛滬 一俟抵埠 着即報告以便調用

浦江所泊各軍艦 業經海軍司令部黃君將應給辛餉 於前日一併發給 均以孫大總統攜來新舊金山華僑新發行之紙幣核給 本埠各商家咸樂行用 並無阻滞

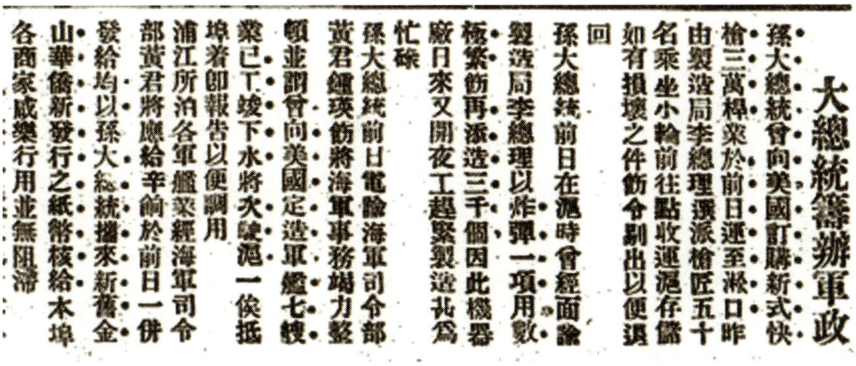

1912年1月5日《申报》关于孙中山筹办军政的报道，其中有将澳大利亚、美国华侨（新旧金山）捐募款项发放海军辛银的报道

“剪辫”最早开始于在海外定居的华侨及暂居海外的华人（主要是流亡的革命派、维新派及留学生），前者与当地社会同风同俗，后者有明显的反清色彩。时间始于1895年，至1905年左右蔚然成风。早在1895年10月，广州起义失败后，孙中山与陈少白、郑士良逃亡日本，一抵横滨后即断发改装，以示

与清廷决绝和革命到底的决心。1911 年 10 月，辛亥革命武昌起义成功，清政府被推翻，剪辫运动蔚然成风。新成立的江西军政府贴出剪辫告示："自武昌起义推翻清帝，重振汉室，凡我同胞，一律剪去胡辫。"当时南昌城内七处城门口，以及督军衙门、府学前、百花洲等十处，皆设有"义务剪辫处"，凡来剪"文明"发式或剃光头者，一律免费。

在大总统府任职的华侨

中华民国临时政府成立后，临时政府组织大纲中并无海外华侨代表参加选举和被选举的规定，所以临时政府中枢较少有华侨任职，但在孙中山的大总统府里及广东、福建各级革命政府中有不少华侨任职。据不完全统计，由孙中山直接委任或由其批准在大总统府任职的华侨有：

司法总长：伍廷芳（新加坡）；
总统府秘书：冯自由（日本）、余森即、梅乔林、刘鞠可、张蔼蕴、温雄飞；
总统府庶务处处长：朱卓文；
一科主任：黄俊三；
三科主任：林朝汉；
庶务员：王棠；
大总统卫队队长：夏百子；
总统府副官：雷祝三、李达贤、伍横贯、朱本夫、邝灼、邝桓；
全国铁路督办公署顾问：黄三德；
内务部卫生司司长：林文庆（新加坡）；
外交部商务司司长：冯自由（日本）；
国民政府临时稽勋局局长：冯自由（日本）；
中华民国陆军部飞机队队长：李绮庵。
（以上未专门注明者均为美国华侨）

司法总长伍廷芳

伍廷芳（1842—1922），新加坡爱国归侨，祖籍广东新会。早年入香港圣保罗书院，毕业后任香港高等审判庭、地方法院翻译。1874 年自费留学英国，获博士学位及大律师资格，成为中国近代第一个法学博士；后回香港任律师，成为香港立法局第一位华人议员。洋务运动开始后，于 1882 年起在清政府任职，处理外交（事务），修订法律，曾任驻美国、墨西哥、秘鲁等国公使，参与中法谈判、马关谈判等，签订了近代中国第一个平等条约《中墨通商条约》。曾先后任清政府商部、外务部、刑部侍郎。辛亥革命爆发后，曾为清廷大员的伍廷芳毅然投身革命阵营，先后任沪军都督府交涉总长、中华民国外交总长、辛亥南北议和南方全权代表、南京临时政府司法总长等职，主持辛亥革命初期的对外交涉，参与南北议和，为辛亥革命的胜利作出了积极的贡献，并为维护资产阶级的政治、法律原则进行了努力。[①] 伍廷芳这位仕清近30年的封建高官之所以在辛亥革命期间加入资产阶级革命的行列，是偶然性与必然性的统一。就其自身原因而言，建立资产阶级共和国的政治信念和清政府的愚顽不化，导致他投向革命，这也是伍廷芳与孙中山革命党人合作的大前提。而革命党人主动邀请伍廷芳入盟，既是资产阶级革命派片面政治主张的产物，也是基于伍廷芳广泛的海内外影响，更是当时沪鄂相争的需要。双方的合作，加速了中华民国临时政府的建立。[②] 1922年，陈炯明叛变时，伍廷芳因惊愤成疾，于广州逝世。著有《伍廷芳集》《中华民国图治刍议》等。

伍廷芳

1908年，时任驻美公使的伍廷芳在中国戏院向华侨发表演说

---

① 李学智：《辛亥革命中的伍廷芳》，《天津师范大学学报》1998年第3期。
② 张礼恒：《论辛亥革命期间伍廷芳与革命党人的关系》，《近代史研究》2002年第1期。

1911 年南北议和中的伍廷芳（右）和唐绍仪（左）。当时伍廷芳是孙中山委任的南方全权代表，唐绍仪是袁世凯委任的北方全权代表。历经 45 天的艰难谈判，南北双方最终达成协议：清帝退位，孙中山让位于袁世凯

外交部商务司司长冯自由

冯自由

冯自由所著《革命逸史》

冯自由（1882—1958），原名冯懋龙，日本爱国华侨，1882 年出生于日本横滨，祖籍广东南海。1895 年，在日本横滨跟随父亲及叔父加入兴中会，年仅 13 岁，是年龄最小的会员。1900 年，入东京早稻田大学学习，与郑贯一等人创办《开智录》半月刊，鼓吹革命，与《清议报》对垒。1903 年，入横滨洪门三合会，被封为"草鞋"（即将军），并奉孙中山之命联络在日本的革命志士。1905 年，在日本首批加入中国同盟会，不久和李自重、陈少白等人共同组织中国同盟会香港分会。1906 年，升任中国同盟会香港分会会长、中国日报社社长兼总编辑，组织中国南方的革命活动，直接参与筹划指挥中国西南各省历次起义。1910 年夏，赴加拿大，任温哥华《大汉日报》总撰述，兼美国旧金山《大同日报》笔政，鼓吹反清，扩充队伍，和保皇派报纸论战。1911 年初，孙中山来到加拿大，冯自由奉命组建中国同盟会加拿大支部，任支部部长，在加拿大为黄花岗起义筹到巨额经费。1911 年武昌起义后，冯自由被推举为旅美华人革命党总代表后，回到中国，协助组建南京临时政府。1912 年，南京临时政府成立，冯自由出任孙中山临时大总统的机要秘书。1913 年"二次革命"爆发后，冯自由在北京一度被袁世凯的军警逮捕。"二次革命"后，冯自由逃离北京，来到日本，任华人联合会会长，支持孙中山建立中华革命党，并任中华革命党党务部副部长。1923 年，孙中山改组中国国民党，指

派冯自由为中国国民党临时中央候补执行委员兼常务委员。1924 年 1 月，中国国民党第一次全国代表大会在广州召开，冯自由被指定为大会宣言审查委员会委员。1928 年，冯自由开始"发愤搜集三十年来所珍藏的各种书札、笔记、表册、报章等，并广征故旧同志所经过之事迹"，撰写了《中华民国开国前革命史》三卷。1936 年，开始撰写《革命逸史》，直到 1948 年才全部完成。1948 年 12 月移居香港。1958 年 4 月 6 日，冯自由在台北病逝，享年 76 岁。

1905 年 9 月，孙中山命冯自由、李自重为"香港、粤城、澳门"等地同盟会主盟人的委托书

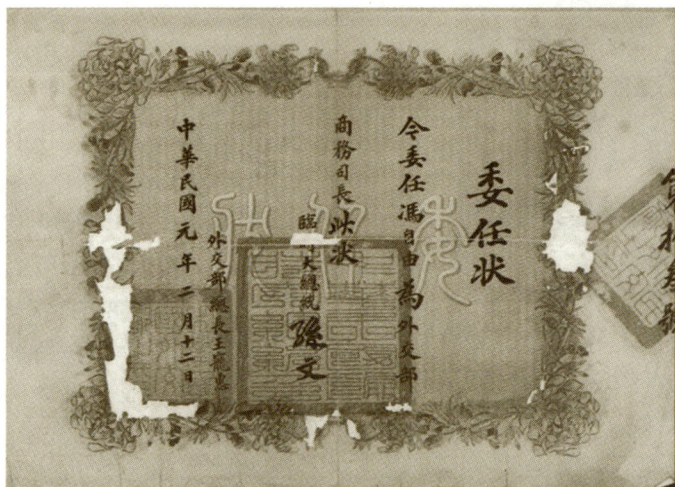

冯自由在临时政府里身兼总统府秘书、外交部商务司司长、国民政府临时稽勋局局长等职，图为 1912 年孙中山委任冯自由为外交部商务司（司）长的委任状

内务部卫生司司长林文庆

林文庆

1903 年，新加坡《海峡华人》杂志三位创办人林文庆、伍连德、宋旺相（从右至左），时称"海峡华人三杰"

林文庆（1869—1957），新加坡爱国华侨，祖籍福建海澄。童年曾在新加坡福建会馆开设的书院读"四书五经"，后升入新加坡莱士学院学习。1887 年因学习成绩优异荣获英女皇奖学金，留学于英国爱丁堡大学医学院。1892 年获得医学内科学士与外科硕士学位。1893 年创办新加坡第一所女子学校。1904 年创办英皇爱德华医学院，被授予"名誉院士"。1897 年，创办新加坡重要知识杂志《海峡华人》。1906 年 2 月，林文庆加入了孙中山在新加坡组织的同盟会。曾任新加坡立法院华人议员、市政府委员、内务部顾问、新加坡中华总商会副会长。1912 年应孙中山电召回国，任其秘书和医生，旋任临时政府内务部卫生司司长。1916 年出任外交部顾问。1920 年与黄奕住等合资创建和丰银行及华人保险公司，成为新马华人金融业的先驱。他还成功引种巴西橡胶到南洋种植，橡胶园获得巨大收益，陈嘉庚就是在他影响下经营橡胶园的，林文庆被陈尊为"南洋橡胶之父"。林文庆受陈嘉庚之邀，曾任厦门大学校长 17 年，在厦大辛勤筹划，呕心沥血。经多年努力，开创厦大辉煌历史，使厦大成为东南最高学府之一。1937 年厦大改为"国立"，林文庆返回新加坡。1941 年，在日寇的刺刀下，林文庆违心接受华侨协会会长的职务。"二战"后，他对此深感内疚，闭门谢客。1957 年元月，林文庆在新加坡逝世，终年 88 岁。临终遗嘱中，他将 3/5 的遗产和位于鼓浪屿的别墅故居捐献给厦门大学。

1906 年孙中山在新加坡进行革命活动期间经林文庆的介绍与陈嘉庚相识。图为《孙中山接见陈嘉庚》油画，画中人物右一陈嘉庚、右二林文庆、右三林义顺、右四陈粹芬、右五孙中山

位于鼓浪屿笔山路 5 号的林文庆故居

总统府秘书温雄飞

温雄飞（1885—1974），美国爱国归侨，祖籍广东台山。童年在旧金山远东学校及侨商公立大清书院念中、英文。1905 年与黄伯辉等组织旧金山新宁华侨同源会，任中文秘书。1909 年与李是男等成立中国同盟会旧金山支部，兼任《自由新报》编辑。辛亥革命前后与民国初年，追随孙中山从事革命运动，并负责向美国华侨筹集款项以支持革命事业。辛亥革命成功后，随孙中山到南京出任第一任总统府秘书。后返回广州出任临时议会代议士兼同盟会机关报——《中国日报》总编辑。1913 年任国会参议员及副议长、国会参议院议员、全国煤矿处职员等职。1926 年至 1928 年在新加坡居住，其间于柔佛图书馆埋头钻研，搜集有关南洋华侨资料。1928 年至 1932 年任暨南大学教授，主讲"南洋史""中南交通史"和"明清史"等课程。1932 年至 1933 年任中国辅仁大学史学系教授。1942 年起任"立法委员"。1943 年在复旦大学任教。中华人民共和国成立后，出任广西壮族自治区文史馆馆员。1974 年逝世，享年 89 岁。

温雄飞

总统府秘书梅乔林

梅乔林

梅乔林（1872—1970），美国爱国华侨，原籍广东台山。1897 年赴美国芝加哥父兄处谋生。1910 年以后立志随孙中山进行民主革命，同梅光培等组织同盟会芝加哥分会，被推为会长；后兼任《少年中国晨报》驻芝加哥通讯员。梅乔林积极向侨胞宣传孙中山的革命主张，发动侨胞筹饷，支持孙中山的革命活动和策划的武装起义。1912 年 1 月中华民国成立后，梅乔林应孙中山邀请回国，出任总统府秘书，兼任陆军部委及华侨飞机队助理。1913 年到香港，与李天德、陈耀平、陆国生等人组织"铁血团"，发动民众反对袁世凯窃国；1914 年，亲赴东京向孙中山报告"铁血团"的组织及活动情况，在孙中山主持下，宣誓加入刚组建的中华革命党，为"扫除专制政治、建设完全民国"的目标而奋斗。当时，袁世凯的爪牙龙济光盘踞广州，梅乔林与朱执信等在澳门进行护国革命运动。1917 年，梅乔林随孙中山回广州，协助中华民国军政府进行反对段祺瑞卖国独裁统治的护法运动。1921 年，梅乔林随孙中山出师桂林，参加北伐。翌年，奉命留守桂林，代理桂林军路局局长，直至 1925 年孙中山逝世。孙中山逝世后，梅乔林退出政坛，潜心研究辛亥革命史，著有《开国前美洲华侨革命史略》（与美国华侨李绮庵合著）和《广州三·二九举义前后》《黄花岗之役国父行踪》等，为辛亥革命留下重要的历史记忆。

各省光复后担任要职的华侨

武昌起义后，各省纷纷光复或宣布独立，脱离清政府，革命形势日新月异，不少华侨参加了光复广东、广西、福建、云南、上海、南京等地的斗争，并在宣布独立后的各省政府担任要职。如广东军政府自都督胡汉民以下的主要官员，多有在国外从事革命工作或留学的经历，而李煜堂（前任财政司司长）、廖仲恺（继任财政司司长）、周之贞（继任广肇罗绥靖处督办）、李海云（官银钱局局长）、黄世仲等原来就是华侨。

广东军政府财政司司长廖仲恺

　　廖仲恺（1877—1925），美国爱国归侨，原籍广东惠州，1877 年 4 月 23 日出生于美国旧金山。1893 年，父亲廖竹宾在旧金山病故后，廖仲恺随母亲回到广州，投奔时任清政府招商局总办的叔父廖志岗。1896 年就读于香港皇仁书院。1904 年 3 月，廖仲恺考入早稻田大学经济预科学习，既而入中央大学政治经济科学习，并与有志青年相互激励，萌发了反清革命思想。1905 年廖仲恺、何香凝夫妇协助孙中山建立了中国同盟会，并先后入会。廖仲恺担任同盟会总部的副会计长和外务部干

廖仲恺

事、外务部副部长。1911 年辛亥革命后，先后任广东都督总参议、总统府财政部部长兼广东省财政厅厅长。1912 年 5 月任广东军政府财政司司长，实行地税换契法、整理财政和税收等措施。宋教仁案发生后赴北京运动国会议员反袁。1913 年 8 月"二次革命"失败后与孙中山等前往日本。1914 年协助孙中山组织中华革命党，1915 年任中华革命党财政部副部长，继续为讨袁筹措军费，参加护法运动，致力于反袁斗争。1921 年 4 月，驱逐桂系军阀的战争结束后，孙中山组建广东革命政府，廖仲恺被任命为财政部次长，随后，又兼任广东省财政厅厅长。他努力协助孙中山，力图在广东开创一个新的革命局面。1921 年 5 月任中华民国政府财政部代理总长，支持孙中山出兵讨桂和北伐。1924 年 1 月 20 日，中国国民党第一次全国代表大会在广州召开，会上被孙中山指派为主席团成员。在开会过程中，坚持国共合作和反帝反封建的原则，促成了大会的成功，并当选为陆海军大元帅大本营秘书长、国民党一大中央执行委员、常务委员、工人部部长。同年 6 月任广东省省长。7 月任国民党中央政治委员会委员，支持沙面工人罢工，命令各县县长协助组织农会。9 月任大本营财政部部长。坚持主张镇压广州商团叛乱。孙中山北上前夕任所有党军、各军官学校和讲武堂的党代表兼农民部部长。11 月任大本营参议，所有党军、各军官学校和讲武堂的党代表，兼任中央农民部部长。1925 年 1 月 25 日，黄埔军校成立"青年军人社"，廖仲恺任社长，该社刊物《青年军人》第 1 期同年出版。1925 年 3 月 12 日孙中山逝世后，廖仲恺仍坚定不移地贯彻执行三大政策，在平定商团叛乱、杨刘叛乱、北伐、东征等战役中起了重要作用，为巩固广东革命政权作出了巨大贡献。1925 年 7 月国民政府成立，任财政部部长、军事委员会常务委员、广东省政府财政厅厅长。廖仲恺不屈不挠地奉行三大政策，密切地同中国共产党人合作，支持工农革命运动，推动了中国国民革命发展。但他所做的这一切无疑被国民党右派、封建军阀和帝国主义视为眼中钉。

1925 年 8 月 20 日上午，廖仲恺偕夫人何香凝乘车前往国民党党部开会时，在国民党中央党部门前惨遭杀害。

廖仲恺（左二）陪同孙中山在广州北校场检阅广东警卫军、广州武装警察、商团军

廖仲恺（右）与孙中山

广东省民政部部长兼广东省会警察厅厅长陈景华

陈景华

陈景华（1863—1913），泰国爱国归侨，原籍广东珠海。1903 年作为清朝"贰臣"逃亡至暹罗（泰国），积极宣传孙中山的革命思想，组织革命活动。1908 年，在曼谷创办了第一份宣传革命的《美南日报》，后又与萧佛成合力，再创办新的《华暹日报》（后改为《华暹新报》），与保皇派及其思想进行激烈的斗争，迫使保皇派的机关报停刊倒闭；与萧佛成等人在曼谷建立了中华会馆，争取华侨加入。1908 年 11 月，孙中山亲临暹罗，在华暹新报社楼上创立同盟会曼谷分会，《华暹新报》被定为同盟会的机关报，陈景华任分会书记，受到孙中山的器重和信任。1910 年，陈景华取道新加坡，准备回国参加反清斗争，由于遭通缉，便在香港以洋行买办身份从事地下活动，为同盟会南方支部建立了一个安全可靠的通信联络处，同时还参与营救革命党人的活动。次年武昌起义爆发后，陈景华返穗，与广东省咨议局议员和各社团领袖会晤，促成了广东军政府的成立，推举胡汉民任都督。且在胡汉民未回省前，和蒋尊簋、邓幕韩三人共同署名发布广东省军政府第一号通告。胡汉民就任广东省都督后，陈景华被委以重任，任广东省民政部部长兼广东省会警察厅厅长。1913 年"二次革命"失败后，陈景华被袁世凯密令广东都督龙济光杀害。

福建军政府交通司司长黄乃裳

黄乃裳

黄乃裳（1849—1924），马来亚爱国华侨，原籍福建闽清。1900 年率领 1 000 多位农民漂洋过海开发马来亚沙捞越诗巫地区，开创了境外神奇的、令人震撼的诗巫"新福州"。东南亚一带华人至今仍尊称黄乃裳为"港主"，诗巫建有黄乃裳公园、乃裳学校、乃裳路等以作纪念。1906 年 6 月于新加坡在孙中山的亲自主盟下加入同盟会，在国内外各地宣传革命，抨击康梁的"保皇说"。1907 年参与策划了潮州黄冈起义。1909 年，清政府开始推行立宪，福建成立了福建省咨议局，黄乃裳被推举为常驻议员，他也是当时咨议局议员中唯一一位同盟会会员。武昌起义时，黄乃裳正任福建英华、福音、培元三书院教务长，闻讯后他将三院的部分学生编组为爆弹队，为光复福州做准备。1911 年 11 月 9 日，福州光复。当天清晨，黄乃裳亲举国旗，率领学生军进城，将国旗升在武备大学堂旗杆上。事后，他兴奋地写信告诉南洋的同志说："裳生平最得意之事，实此十九日以后迄今，为最踌躇满志之时，虽死无憾矣。"① 福建光复后，黄乃裳出任福建军政府交通司司长兼筹调局总办等职，当时革命政府财政极其困难，他便以个人名义，通电南洋各埠请求援助，得到华侨汇款 70 多万元。1911 年 12 月孙中山当选为临时大总统，黄乃裳以"老友"的名义致电祝贺，孙中山仍以"老友"的名义回复，多次的往来电文印证

孙中山与黄乃裳往来电文

---

① 陈民：《民国华侨名人传略》，北京：中国华侨出版公司，1991 年，第 32 页。

了他们之间的友情。1914 年，袁世凯迫害同盟会会员，诬陷黄乃裳阻挠烟禁，并判其无期徒刑。在海内外多方营救下，政府数月后释放黄乃裳。出狱后，黄乃裳致力于在闽清开凿福斗圳用作农业灌溉，工程于 1919 年 2 月完工。1916 年，他在福州创办《申报》。1920 年 12 月 1 日，孙中山在广州重组军政府，黄乃裳应邀出任元帅府高等顾问。1921 年 6 月，因身体不适返闽休假。在福建期间，先后被林森和萨镇冰聘为福建省长公署高等顾问。1924 年 7 月，黄乃裳因肝病回闽清休养。同年 9 月 22 日病逝于闽清城关梅城镇。

1922 年，黄乃裳与原福建军务部部长林之夏（右一）、原学生炸弹队队长李藩（左二）、同盟会会员黄镜人（左一）在杭州西湖合影

1911 年 11 月 11 日，中华民国军政府都督府（福建军政府）成立，黄乃裳任交通部部长。图为福建军政府全体成员，第三排左起第二人为黄乃裳

1912 年 4 月 20 日，黄乃裳与孙中山等人于福州合影

浙江军政府财政水利顾问吴锦堂

　　吴锦堂（1855—1926），日本爱国华侨，原籍浙江宁波。少时随父耕作，及壮东渡日本，经商致富，名重中外。吴锦堂既是一位深谙经营之道的企业家，也继承和发扬了宁波帮商人相互提携、协作共荣的传统，在创建和发展华商组织、资助华侨公益事业、维护华侨权益方面作出了突出贡献。如万国医院、孤儿养育院、盲哑院、红十字会、同仁会、掖济会等，都曾得到过他的巨额捐赠。不仅如此，他在国内的投资范围涉及采矿、冶炼、纺织、铁路建设、金融、农田水利和教育事业等方面，多与国计民生密切相关。他在积极创业的同时，也热心支持革命活动。辛亥革命前孙中山曾 11 次到神户，成为中华革命党神户支部领导骨干的王敬祥、吴锦堂和杨寿彭等与孙中山关系密切。辛亥革命爆发后，吴锦堂等阪神华侨成立了中华民国华侨统一联合会，在之后的四个月中，开展了大规模的声援辛亥革命的活动。中华民国临时政府成立，孙中山就任临时大总统后，吴锦堂更以鲜明的态度支持新生的共和政府，曾分别捐献上海、宁波军政府银 2.65 万元和 1.64 万元，并出任浙江军政府财政水利顾问。1926 年 1 月 14 日，吴锦堂患急性肺炎，在日本神户养和山庄逝世，享年 71 岁。弥留之际，他一再嘱咐家人把他的遗体运归祖国，葬在家乡，还嘱咐后代不要忘记自己是中华儿女，任何时候都不能做有损于祖国的事情。1929 年，他的灵柩由吴家自备海船经上海运抵慈北。

吴锦堂

　　1909 年 4 月，吴锦堂投资 20 余万银圆，在其故乡东山头建成一所规模宏大、设备齐全的锦堂学校，图为锦堂学校外观

1909 年 5 月，慈溪连日暴雨造成山洪暴发，这对正在施工建筑的杜湖减水坝造成很大威胁。吴锦堂撑着伞，赤着脚，涉水督工，经过大家连续三个昼夜惊心动魄的抢险，终于保全大坝。那时，吴锦堂已经年过半百。在场一位日本测绘工程师看到后，肃然起敬，摄下了左侧《吴锦堂赤足冒雨监工照》这一照片

民国议会中的华侨参议员

首先提出讨论"华侨代议权"事宜的印度尼西亚亚齐华侨谢碧田

自 1911 年辛亥革命推翻清政府，中华民族走向共和，各省代表聚集于江苏省谘议局共商国是，华侨也公推了代表——美洲代表冯自由、槟城代表吴世荣、亚齐代表谢碧田等参与其中。然而当时的唯一一部宪法性文件《中华民国临时政府组织大纲》中，并无华侨代表之规定，所以华侨并无选举权。谢碧田认为这种对华侨代表的限制"殊失侨民公举代表之意"，1912 年 1 月 13 日，谢碧田正式向代表团提出讨论"华侨代议权"的事宜，发出华侨要求通过选举与代议参与国家政治的呼声。

1912 年 8 月 11 日公布的《中华民国国会组织法》规定，中华民国议会由参议院、众议院组成。参议院议员由各省议会，蒙古、西藏、青海选举会，中央学会及华侨选举会选出，并规定华侨须选参议员 6 名。这样便从法律上正式确定华侨有参政权，并须选出参议员参与国务之讨论。这是中华民国史上的一个创举，也是中国历史上具有开创性的事件。1913 年 2 月 10 日在北京由工商总长为选举监督，华侨选举会选出参议院议员当选人与候补当选人各 6 名。[①] 当选的 6 名华侨参议员是：唐琼昌（美国大同日报社社长）、吴湘（南洋英属侨商）、朱兆莘（留美学生）、蒋报和（印度尼西亚泗水侨商）、谢良牧（槟城同盟会

---

① 杜裕根、蒋顺兴：《论华侨参议员的设立及其历史地位》，《民国档案》1992 年第 3 期。

负责人）、卢信（檀香山自由新报社主笔）。国家最高立法机关的国会参议院设有华侨参议员是中国历史的"破天荒"，是孙中山创立资产阶级共和国侨务政策的一个特色，也是辛亥革命的积极成果，更是华侨努力争取参政议政和孙中山侨务政策思想的产物。

华侨参议员朱兆莘

朱兆莘（1879—1932），留美归国学生，广东花县（今花都）人。早年肄业于广州广雅书院，后被选送至北京京师大学堂优级师范馆学习。毕业后钦赐为举人。1907 年被选派到美国学习。先入纽约大学，毕业获得商务财政学士学位，继入哥伦比亚大学，获法政硕士学位，后攻读博士。1912 年冬，朱兆莘膺选为国会美洲华侨代表回国。1913 年加入中国国民党，被选为参议院议员，旋又被推为参议院外交委员会主席，宪法起草委员会委员。是年 1 月至 7 月，兼任北京大学商科

朱兆莘

主任、总统府秘书、咨议等。1914 年 1 月，袁世凯宣布解散国会，朱兆莘被革除各种职务。1916 年国会恢复，仍任国会议员。1917 年 2 月，任江苏特派交涉员。同年夏，任大总统府秘书。1918 年 3 月，任驻美国旧金山总领事。1920 年 9 月，调任中国驻英公使馆一等秘书。1921 年 2 月，任驻英使馆代办使事。迭次担任国际联盟理事会和万国禁烟会议的中国代表。1925 年 3 月，任驻意大利全权公使。1927 年 8 月任国民政府外交部政务次长，同年 6 月任广东省政府委员。1929 年 4 月，任粤海关监督兼外交部特派广东交涉员。"九一八"事变后，任特种外交委员会委员。1932 年 1 月，复被聘为国难会议议员。1932 年 12 月 11 日误食蛇羹中毒逝世，终年 53 岁。

《申报》1913 年 2 月 19 日刊文《华侨选举参议员纪事》，对华侨参议员的选举过程进行了报道

华侨参议员谢良牧

谢良牧（1884—1931），马来亚爱国华侨，原籍广东梅州，出生于马来亚富商家庭。1904 年加入同盟会，尔后，跟随孙中山赴南洋宣传革命，筹建同盟会南洋支部，为起义筹集经费。谢良牧充分利用担任槟城领事的伯父谢梦池在华侨中享有崇高威望的有利条件，广泛联络各埠华侨，发展同盟会会员，并募集钦州、河口、镇南关、黄冈等多次起义的经费。在筹议 1911 年广州黄花岗起义的高层干部秘密会议上，大家认为筹备 10 万元的经费的期限太短，一度冷场。谢良牧与其兄谢逸桥见状，自告奋勇，承担募集的重任，仅用了 10 天时间就筹得了 5 万元。随后，又到南洋各地筹集了一些，仍不够，谢氏兄弟慷慨解囊，如期筹足了这笔巨额起义经费。武昌起义后，谢良牧力排众议，充分利用自己的社会关系，在广州策动清广东水师提督李准反正，使广东得以兵不血刃，和平光复，为广东的共和进程立下了大功。谢氏一门 5 个兄弟，先后参加了同盟会。谢家在槟城的寓所，是南洋支部所在地，很多重要的会议都在谢家召开。1911 年后，谢良牧曾任第一届中华民国议会参议员、拱卫军司令；后任广东省政务厅厅长、国民党临时中央执行委员会候补委员，参与筹备国民党的改组工作。1925 年孙中山逝世后，谢良牧退出政界。1931 年 6 月 22 日在广州中大医院病逝。

谢良牧策动清广东水师提督李准反正的函

谢良牧

谢逸桥（1874—1926），马来亚爱国华侨，谢良牧之兄。1895 年中日甲午战争以后，谢逸桥对康有为的维新政见极表赞同。但随着孙中山在海外频繁进行革命活动，谢逸桥才知道孙中山及其一些著名追随者。1904 年谢氏兄弟在日本由孙中山亲自监督主持下加入同盟会，成为首批会员。1906 年春，谢逸桥奉孙中山之命回国负责联络何子渊、余既成、陈涌波等梅潮会党头人，扩展同盟会势力，并组织这些会员配合潮汕会党策划黄冈起义等。起义失败，他们便在梅州松口创办师范讲习所和体育传习所，以培训新学师资

谢逸桥

为名，暗中集中闽、粤、赣边区骨干进行革命思想与军事知识的教育，培养军事指挥人才。这使当地官绅大为惊恐，清政府当局即下令停办。谢逸桥晚年因长期咯血而居家，以诗、书、画自娱，主持家乡公益事业。1926 年 5 月，谢逸桥病逝于汕头寓所。

谢氏兄弟的故居——爱春楼

中国最早的全国性华侨组织

1912 年初，归国的华侨代表云集沪上（上海），相聚而谋。他们商议决定创建华侨联合会，以此沟通华侨与南京临时政府之间的关系：对政府，欲补助其建设；对华侨，谋未来之幸福。决议之后，他们立即进行了紧张的筹备工作。首先，他们租借了上海奥华楼作为暂时机关，处理日常事务。然后各代表分头工作：吴世荣、徐瑞霖被派赴南京，面谒临时大总统孙中山，直接汇报筹组

华侨联合会的意图，得到积极支持；王少文等人在上海草拟简章十八条；随后，庄啸国、白蘋洲携带简章奔赴南京，向内务部呈请立案注册，得到各总、次长及参议员的赞成。1月26日，内务部下达谕文，认为华侨代表"组织华侨联合会，以谋各方面公益，爱国热诚，殊堪嘉尚"。2月8日下午4点，华侨代表在奥华楼召开会议，通过选举，初步建成了华侨联合会，其组织机构如下：

评议长：林文庆；

评议员：陈载之、张永福、冯自由、王少文、吴金发、蒋玉田、李锦堂、方道山、缪安光、何剑飞；

庶务科：马聘三、吴应培；

会议科：庄啸国、徐瑞霖；

书记科：谢碧田、白蘋洲；

调查科：蒋逸波、卢治三、周育文、李竹舫。

华侨联合会的组织机构初步建立以后，乃在四川路租赁房屋作为临时事务所。1912年2月初，华侨联合会在张园召开成立大会，公举吴世荣为副会长，负责具体会务。至此，华侨联合会的各项组织工作基本完成并正式宣告成立。

华侨联合会是民国初年成立的中国最早的全国性华侨组织。在成立初期，因为在海内外华侨团体中的领袖地位，它在团结海外华侨，引导华侨积极参与新生的中华民国的政治、经济、外交活动等方面都发挥了积极的作用，体现了华侨热爱祖国、向往民主的崇高精神，在中华民国历史上产生了一定影响。①

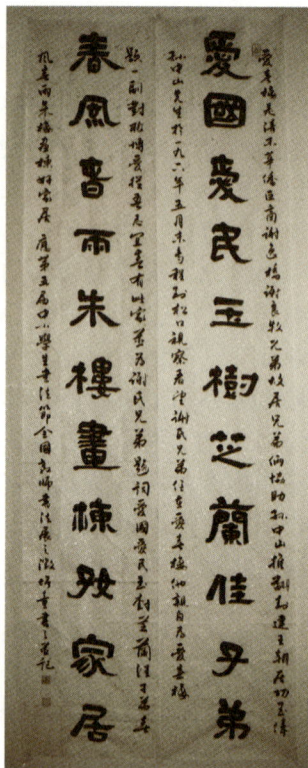

1918年5月，护法失败，孙中山由广州经汕头去上海，途中到松口探望在家养病的谢逸桥，在爱春楼住了三天。左图为孙中山的爱春楼题联："爱国爱民，玉树芝兰佳子弟；春风春雨，朱楼画栋好家居。"两联嵌入"爱春"两字，可见孙中山对谢氏兄弟感情之深挚

---

① 夏斯云：《民初华侨联合会述论》，《华侨华人历史研究》2009年第2期。

华侨联合会欢迎代表团摄影

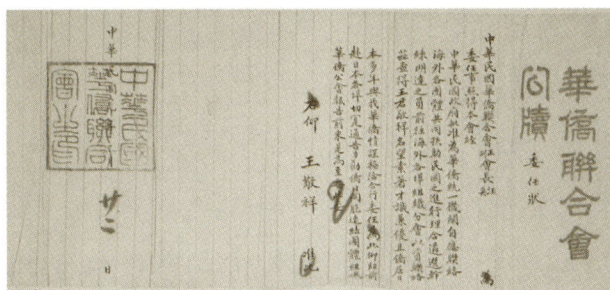

1912 年 3 月 22 日，中华民国华侨联合会给日本华侨王敬祥的委任状，"兹查得王君敬祥名望素著，才识兼优，且侨居日本多年，与我华侨情谊极洽，合行委任"，"力劝侨日同胞速结团体"

《申报》1912 年 2 月 9 日刊载的
关于《华侨联合会开职员会》的消息

《申报》1912 年 10 月 25 日
刊文《华侨联合会要电汇录》

为新生的革命政权募集经费

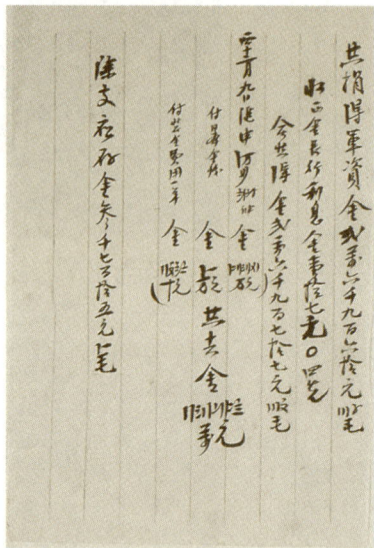

1911 年 12 月 7 日，沪军都督陈其美致中华民国侨商统一联合会会长、日本华侨王敬祥公函，内陈清廷上海库存钱银数目，请求援助资金

  1912 年 1 月 1 日，南京临时政府宣告成立，但新生的资产阶级革命政权从一开始就陷入了严重的财政危机之中。作为临时政府首都的南京"库藏如洗"，各省也无"分文报解"。就连湖北这样的首义省份，在财政上也要求中央极力维持。新的税收无从建立，原有的海关税收又被外国公使团以防止内乱无法偿还债务为名，全部置于总税务司的控制之下。各关所收税款，每星期汇交上海，分存汇丰、清华、道胜三行，为归还洋债赔款之用，临时政府不能支取分文。财源虽无，但用项却巨。军队饷需就较革命前增加几十倍，每日到陆军部取饷者数十起，前敌之军，就时有哗溃之势。除军费浩繁外，政府的行政费用、难民的救济金、烈士子女的抚恤金等，亦属刻不容缓，但都无从支付。临时政府面临的财政困难的确达到了无以复加的程度，中央财政匮乏已极。①

  面对如此困难的财政状况，南京临时政府采取了许多措施，如向国民募捐、缩减行政经费、发行军用钞票等。其中，举借内外债是临时政府作为救急的最主要手段。而所有这些举措的实施，都离不开海外华侨的鼎力相助。各地

---

① 刘晓泉：《民国元年军需公债初探》，《西南大学学报（社会科学版）》2008 年第 5 期。

执掌政权的革命党人，面对财政的困难，也首先想到向华侨求助。上海都督陈其美向海外华侨商会发文称，"想我海外同胞侨居异地，思念祖国，素抱热诚"，特向华侨召集中华银行股份及募集公债。广东军政府成立时财政异常困难，美国华侨"一接胡汉民都督伤筹粤债之电，即设局开办"。①

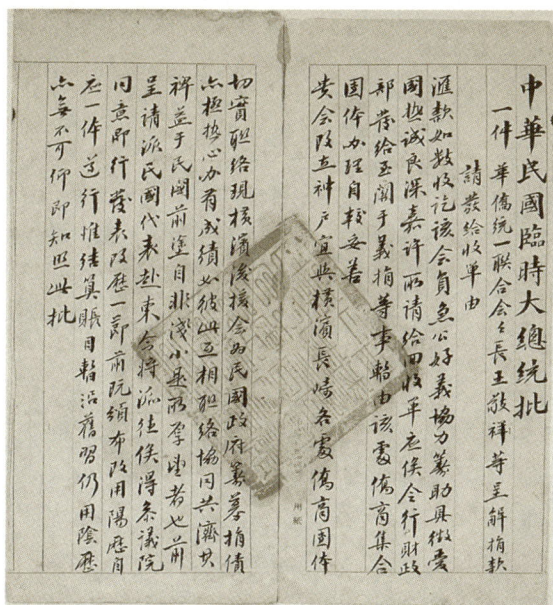

上图为 1912 年 1 月 31 日，孙中山批王敬祥等呈，嘉许王敬祥等捐款，并陈发给收单事：

"中华民国临时大总统批

一件　华侨统一联合会会长王敬祥等呈解捐款请发给收单由

汇款如数收讫，该会员急公好义，协力筹助，具征爱国热诚，良深嘉许。所请给回收单，应俟令行财政部发给。至关于义捐等事，暂由该处侨商集合团体办理，自较妥善。

贵会既立神户，宜与横滨、长崎各处侨商团体切实联络，现横滨后援会为民国政府筹募捐债，亦极热心，办有成绩。如彼此互相联络，协同共济，其裨益于民国前涂（途），自非浅小，是所厚望者也。前呈请派民国代表赴东，今将派往，俟得参议院同意即行。发表改历一节，前既颁布改用阳历，自应一体遵行。惟结算账目，暂沿旧习，仍用阴历亦无不可，仰即知照，此批。"

---

① 黄彦、李伯新编：《孙中山藏档选编》，北京：中华书局，1986 年，第 429 页。

王敬祥（？—1923），日本爱国华侨。生于金门县山后乡，后随继父旅居日本，在正金银行任职。后接掌复兴号商行（后称"复兴号贸易公司"），将该行发展为神户最大的国际贸易公司之一，继其父之后出任神户八闽公所第二任会长。1897年，孙中山前往日本从事革命活动。王敬祥与其父均系孙中山忠实追随者，在经济上大力支持孙中山的革命活动。1905年，孙中山在日本东京成立中国同盟会，王敬祥成为最早的会员。同年，王敬祥出任神户中华同文学校副董事长。1908年，神户、大阪华侨正式成立中华商务总会，王敬祥被推选为董事长。后来，王敬祥等发起成立旅日华侨统一联合会，出任会长。他为孙中山在日本的革命活动筹募大量经费，复兴号贸易公司也成为革命党人的活动据点和支援国内革命的兵站基地。辛亥革命成功后，王敬祥将复兴号贸易公司转让给堂弟王敬施，从此献身于祖国建设和革命事业。1914年，中华革命党在东京正式成立。翌年2月，王敬祥被孙中山委任为神户大阪支部部长，经常随孙中山为革命到处奔波。后随孙中山回国，曾与陈清机发起创办闽南民办汽车路股份有限公司，又在故乡山后乡建造新屋18幢，以安置宗族亲人。1923年在广州逝世，孙中山亲临吊唁。

1914年王敬祥为中华革命党捐款的收据

王敬祥（后左九）与孙中山（前左五）等人的合影

购买军需债券

面对巨大的危机和考验，发行巨额内债成为挽救临时政府财政危机的一个重要举措。1912年1月8日，由临时大总统孙中山、副总统黎元洪、财政总长陈锦涛联名签署发行中华民国元年八厘军需公债。为发行军需公债，南京临时政府制定并公布了《中华民国军需公债章程》。章程规定，此项公债专充临时军需及保卫治安之用，定额为1亿元。债票不记名，持有者即为债主。票面分5元、10元、100元、1000元四种。债票正面用华文，背面用英文。公债由财政部发行，分派各省财政司劝募。各省财政司所设公债处及其他代理处作为发行及经理公债之机构。

为了尽快筹得所需款项，在国内由各省都督承领债票、分任募集的同时，南京临时政府还派员赴日本、南洋各埠向当地华侨进行劝募。2月15日，临时大总统派交通总长汤寿潜担任南洋劝募公债总理，并刊发"南洋劝募公债总理之关防"印一颗，以资信守。2月24日，又委任林文庆为劝募南洋公债副理，与汤寿潜一同前往南洋。3月5日，添派陈同纪为驻日募集公债会办，协同先前派出的何永亨、严汝麟赴日本向旅日华侨劝募公债。军需公债的发行得到国外华侨的积极支持，以致南京临时政府所接"各埠华侨函电定购公债票者日有十数起"①。

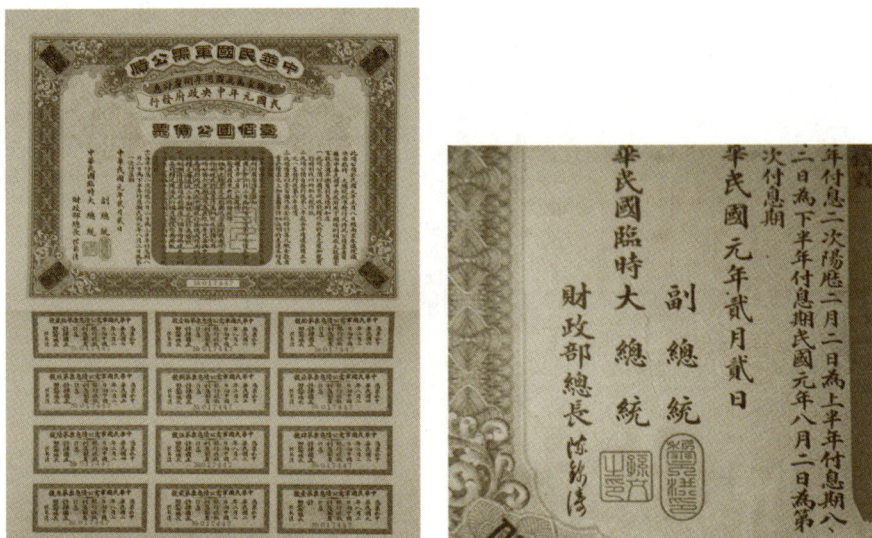

1912年中华民国军需公债

---

① 《专电》，《申报》，1912年2月5日。

响应 "国民捐" 运动

　　1912 年的 "国民捐" 运动是一场为挽救国家财政危机而兴起的民众运动。为摆脱财政危机，南京临时政府与北京政府相继向各列强举借外债。外债的举借虽说能使中国暂时渡过财政危机，但外人以善后借款行控制中国财政、军事之事最为国民所不容。而黄兴倡导的以 "国民捐" 拒外债的主张正是在这样一个大背景下提出的。① 海外华侨虽然身处异域，但对国内发起的 "国民捐" 运动也积极响应，他们与祖国联系密切，水乳相融，可谓 "血浓于水"。

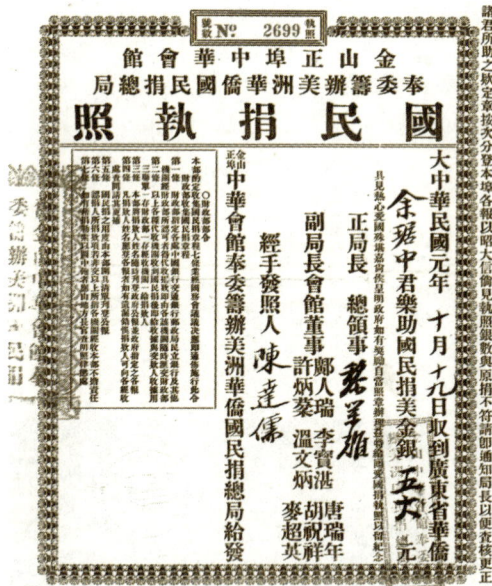

1912 年美国旧金山华侨的国民捐执照

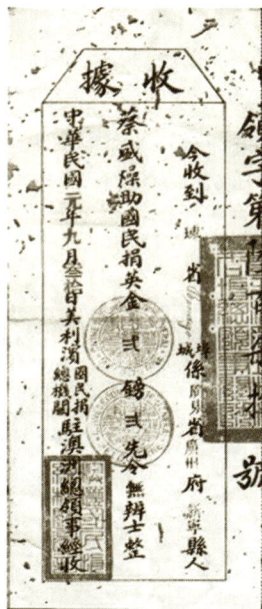

1912 年澳洲（澳大利亚）华侨的国民捐收据

---

　　① 沈航：《借款、政局与民众运动——以 1912 年国民捐运动为中心的考察》，天津师范大学硕士学位论文，2010 年，第 1 页。

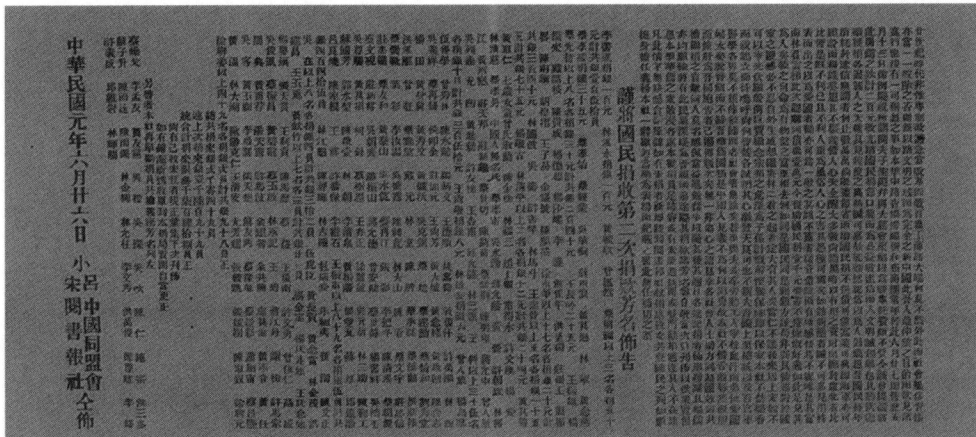

1912 年小吕宋中国同盟会阅书报社的国民捐布告

闽粤籍华侨慷慨解囊

在筹款支援国内各省光复斗争和革命政权的热潮中，广东、福建籍华侨的表现最为突出。"时星洲党员发起筹办广东救济保安捐……总计筹款二十余万元。继复发起福建保安捐，先由张永福、陈楚楠、张顺善、陈嘉庚、洪福彰、陈武烈设法向福建平集局拨款二万元，电汇福州黄乃裳应急。旋在天福宫画一轩开会……亦陆续筹汇二十余万元。"①

华侨对广东军政府的支持

11 月 12 日，广东独立后三天港商就募集到 60 余万元送至广州。新加坡华侨成立粤、闽保安筹饷局，粤籍华侨"筹款二十余万元"。马来亚华侨汇给广东军政府的捐款共 23.4 万元（新加坡币）。荷印巴达维亚（雅加达）书报社两次汇给广东军政府捐款 2.6 万元。缅甸华侨在辛亥革命期间，先后捐款约 20 万元港币。旧金山中华会馆筹饷局把筹得款项分三次电汇给都督胡汉民，共 13 万元。檀香山华侨设立"广东筹饷局，专任筹款，以办广东善后"。美洲洪门筹饷局和古巴同盟会革命军筹饷局也为军政府积极筹款。有资料显示，从广东军政府成立之初到 1911 年底，云集广州的民军就有 50 多支队伍，人数达 14 万之多。民军的军饷统一由广东军政府按每人每天 2 毫（角）发放，仅民军军饷一项，军政府一天就要支付近 3 万元，而刚成立的军政府，库府空

---

① 冯自由：《革命逸史》，北京：中华书局，1981 年，第 92 页。

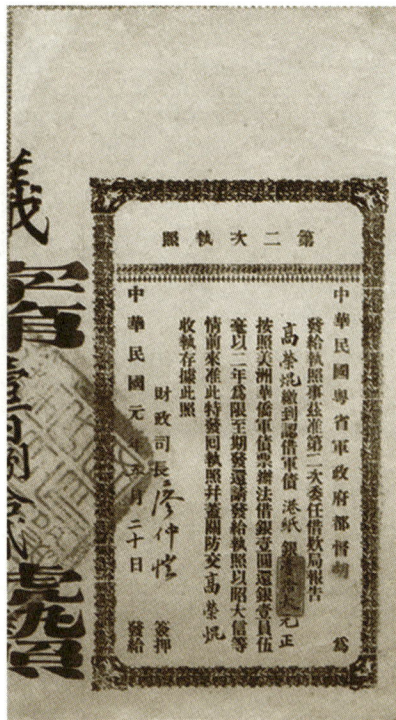

粤省（广东）军政府第二次执照

郑智勇

虚，财政捉襟见肘。① 广东军政府为解决财政困难，决定面向海内外发行革命债券。第一次募借军债 200 万元；第二次募借军债 180 万元。截至 1912 年 5 月底，军政府共募得各种公债 380 多万元，其中海外华侨认购近 160 万元。据统计，自 1911 年 11 月 9 日至 1921 年 5 月 31 日，海外华人为支持广东光复和广东军政府，捐款、借款额共达 1 758 099.54 元。② 海外华人的捐助无疑是雪中送炭，使军政府得以克服财政危机。

郑智勇（1851—1935），泰国爱国华侨，祖籍广东潮安。16 岁时加入泰国华人社会的秘密会党"洪门天地会"。郑智勇热心公益，支持民主革命。1910 年同当地侨领陈立梅、伍森源等创建报德堂，被推为首任总理。20 世纪初期，孙中山到东南亚各地宣传革命，1908 年在泰国公开演说，慕名拜会郑智勇。郑待以贵宾之礼，赞同他的革命主张，慷慨解囊，给予赞助。中华民国成立后，郑智勇一次献银圆 5 万给南京临时政府，并派儿子带大象牙一对到南京祝孙中山就任临时大总统。广东光复后，郑智勇将其华暹商轮船公司拥有的股份 100 万元拨出，捐予广东军政府。

① 沈晓敏、倪俊明：《喋血南国：辛亥革命在广东》，广州：广东人民出版社，2011 年，第 180 页。
② 钟成华：《粤省军政府军债借款执照》，《收藏》2011 年第 12 期。

华侨对福建军政府的支持

为帮助福建新政府渡过财政难关，新加坡闽籍侨胞在陈嘉庚、陈楚楠、张永福等人的倡议下发起保安捐，当场募得 2 万元叻币，并由当时的福建都督府交通部部长黄乃裳转交都督府应急。不久海外华侨还特别成立了福建保安会，推选著名华侨陈嘉庚为会长。在陈嘉庚的主持下，"筹款十万元，汇交闽督作救济用途，并倡募国民捐二十万元"①。槟城和缅甸的福建籍侨胞，亦捐款甚多。仅厦门一地，自光复后，因财政困难，各种经费均依赖于侨商的接济，前后计有 7 万余金。有人作过估计，福建光复前后，获得华侨捐款数目不下 200 万。而从 1911 年 9 月 19 日至 1912 年 10 月底的一年多时间里，福建省政府实际收入才达 378 万元。由此看出孙中山先生所言的"慷慨助饷，多为华侨"实至名归。

福建保安捐款委员会会长陈嘉庚

陈嘉庚（1874—1961），新加坡爱国华侨，出生于福建泉州。1891 年渡洋前往新加坡谋生，1910 年春，陈嘉庚在孙中山革命思想的启迪下，同一批有志之士脱离清廷，在中国同盟会盟书上宣誓、签名："驱除鞑虏，恢复中原，创民主国，平均地权，矢信矢忠，有始有卒。如或逾此，任众处罚。"后被推举为新加坡中华总商会协理及道南学堂总理。从此，陈嘉庚遵照孙中山的革命宗旨，唤醒侨胞，支持民主革命和振兴中华的一系列活动。1911 年，辛亥革命胜利，福建光复，陈嘉庚被推为福建保安捐款委员会会长，负责筹款救济福建同胞

陈嘉庚

及维护地方治安。筹款会上，各位领导成员当场捐款，为闽侨示范。一向热心民众事业的陈嘉庚为示表率，当场捐款 1 500 元。在陈嘉庚的带领下，福建保安捐款委员会筹措了 20 多万元支援福建财政，另筹 5 万元接济孙中山先生。1913 年回家乡集美先后创办了集美小学、中学、师范、水产、航海、商科、农林等校（统称集美学校）和厦门大学。厦门大学、集美学校各校师生都尊称其为"校主"。1937 年 10 月，陈嘉庚发起成立"马来亚新加坡华侨筹赈祖国伤兵难民大会委员会"，任主席，得到了大力支持和广泛响应。1939 年，陈嘉庚应国内之请代为招募 3 200 多位南侨机工回国服务，在新开辟的滇缅公路上抢运中国抗战急需的战略物资。1940 年，陈嘉庚组织南洋华侨回国慰劳团

---

① 陈嘉庚先生纪念册编辑委员会编：《陈嘉庚先生纪念册》，中华全国归国华侨联合会，1961 年，第 111 页。

历访重庆、延安等地。他据实发表关于延安观感的演讲，盛赞陕甘宁边区的新气象。通过对国共两党辖区的访问，陈嘉庚认为"中国的希望在延安"。1949年应毛泽东主席的邀请回国参加政协筹备会。曾任中国人民政治协商会议全国委员会副主席、全国人民代表大会常务委员会委员、中华全国归国华侨联合会主席等职。曾被毛泽东称誉为"华侨旗帜、民族光辉"。

辛亥革命胜利后不到两三个星期的时间，福建就光复了。当时消息不灵通，只看到外国通讯社模模糊糊的一些报道，但是华侨们已经兴奋得不得了，新加坡的福建会馆华侨开会庆贺，当场成立了"福建保安会"的组织，准备以财力来支援革命。大家推选我当会长，打电报到福建问光复的消息是否确实。以后接到回电证实了这个消息，我们马上汇了两万元到福建。过了几天又汇去二十多万元，去支持革命的财政，安定人心。我们只希望从此以后，祖国能够享受到独立平等的权利。

——中国同盟会会员陈嘉庚

福建保安捐款委员会领导人之一的陈武烈

陈武烈

陈武烈的祖父陈金钟

陈武烈（1876—?），新加坡爱国华侨。出生于新加坡，幼年就读于柔佛书院，受到良好的教育，表现出突出的领导才能。不到20岁就担任了海峡英籍华人公会马六甲分会会长。1897年当选为天福宫正董事，担任天福宫领导十余年。辛亥革命以后，为了支持国内革命，福建保安捐款委员会在海外华侨中筹款支援国内各省光复斗争和革命政权的热潮，陈武烈当时为主要领导人之一，作出了突出的成绩。他在闽侨大会上被选为临时主席之后，不满一个月，捐款就有50余万元。据后人不完全统计，福建得到的华侨捐款，总数不下200万，有力地支持了革命力量，陈武烈在其中所起到的组织领导、带头倡捐的作用功不可没。

谈到陈武烈，不能不提到新加坡的陈氏家族。最早在新加坡扬名的是陈武烈的曾祖父——1798年出生于马六甲的陈笃生。他发起创办了"贫民医院"，贫民不分阶级，不论种族，皆可免费到该院就诊。陈武烈的祖父陈金钟不仅成为新加坡航运业的开创者，还在当地兴办华文教育，设立"毓兰书室"，传播中华文化。早在1907年，光绪皇帝就曾钦赐匾额"波靖南溟"，给予这个家族莫大的荣耀。中华民国成立前，陈武烈就已加入了新加坡中国同盟会南洋分会，与孙中山结为挚友。1911 年 12 月 15 日，孙中山回国前的半个月，国内时局仍然未稳，孙中山自身的安全护卫也处于高度警戒之中，但是在他途经新加坡回南京前，毅然选择下榻陈武烈的私人别墅，表现出对陈武烈家族的高度信任和敬慕。如今这座别墅就位于新加坡秉德路 10 号。

1911 年孙中山曾下榻的金钟大厦

陈武烈曾为闽南海澄故里捐资修庙、修路，闽南石刻上留有陈武烈名字

华侨旌义状

华侨是推翻帝制、成立中华民国的有功之臣，新成立的临时政府也没有忘记华侨为革命胜利作出的贡献。1912 年 3 月 1 日，中华民国临时政府大总统孙中山颁发旌义状，褒奖革命有功之臣一千多人，其中就有许多华侨。仅就所知颁给美洲华侨旌义状的有邓荫南、李是男、黄芸苏、冯自由、黄三德、张蔼蕴、萧雨滋、黄伯耀、李绮庵、朱卓文、赵昱、郑占南、唐琼昌、梅乔林、梅光培等；颁给南洋华侨的有张永福、郑螺生、李源水、林义顺、周献瑞、李笃宾、温庆武、陈新政、沈联芳、许柏轩、徐赞周、何荫三、梁墨庵、林镜秋、陈信藩、潘叔谦等及一些华侨书报社。旌义状的褒奖内容也不同，有的是"踊跃输将"，有的是"为国宣劳"，有的是"热心筹饷"，还有的是"宣扬大义"等。①

---

① 任贵祥：《孙中山与华侨》，哈尔滨：黑龙江人民出版社，1998 年，第 342 页。

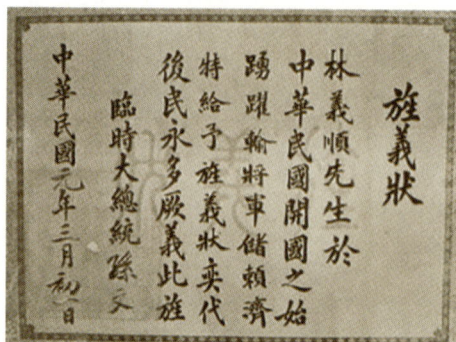

孙中山颁给林义顺的旌义状，表彰
其"踊跃输将，军储赖济"

孙中山颁给梅乔林的旌义状，表彰
其"为国宣劳，颇资得力"

孙中山颁给郑螺生的旌义状，表彰
其"为国宣劳，颇资得力"

孙中山颁给李源水的旌义状，表彰
其"为国宣劳，颇资得力"

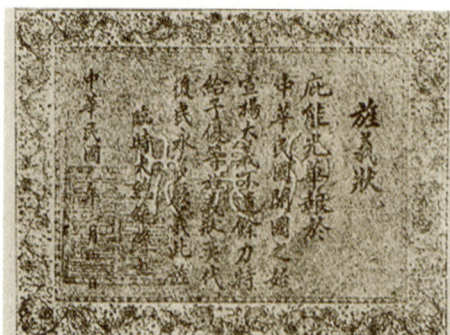

孙中山颁给庇能光华报的旌义状，
表彰其"宣扬大义，不遗余力"

孙中山颁给松柏港民群书报社的旌
义状，表彰其"踊跃输将，军储赖济"

创建民国的无冕之王孙眉

孙中山从一个农村少年成长为中国民主革命的伟大先驱，为中国的民主、独立和富强而奋斗的革命生涯中，实得力于其长兄孙眉不少的支援和帮助。

孙眉生于 1854 年，很小就挑起家中生活的重担，17 岁时随舅舅杨文纳到檀香山谋生。经过多年的努力，其经营的茂宜岛农场事业得到很大的发展，被尊称为"茂宜王"。

孙眉

1879 年，孙眉把孙中山接到了檀香山，爱弟心切，不吝资助孙中山完成学业。孙中山在檀香山意奥兰尼书院、奥阿厚书院以及香港拔萃书室、香港中央书院、广州博济医院、香港西医书院求学，学费及生活费均由孙眉供给。

在孙中山领导的革命运动中，孙眉在经济和行动上自始至终全力予以支持。1894 年冬，孙中山在檀香山组建兴中会，利用孙眉在檀香山的社会关系，开展革命工作。孙眉不但担任兴中会茂宜分会主席，还和华侨邓荫南等倾囊相助。孙眉更把自己牧场中的部分牲畜以每头六七元的贱价出售，以筹款资助孙中山发动反清起义。孙眉支持孙中山从事革命的经费，总数超过 70 万美元，这在当时是一个非常巨大的数目。

1907 年秋，孙眉结束了在檀香山经营多年的事业，举家返香港九龙牛池湾定居，以经营农业为掩护，协助孙中山从事革命活动。1909 年冬，同盟会南方支部策动广东新军"反正"。孙眉负责缝制军旗之任务，数日内缝制三色旗 100 余幅，为 1910 年倪映典率广州新军起义一役所用。此后，孙眉在九龙一带，渐与秘密会党交结，并担任同盟会南方支部副支部长，广招革命同志。1910 年秋，孙眉因动员劳工入党，被香港政府驱逐出境。此后孙眉易名黄镇东，与杨德初等赴湛江宣传革命，大招党人。此时的孙眉已完全放弃农场经营，把全部的精力用于革命，南路的革命军也完全归他联络。同年 11 月，孙眉与黄兴、赵声、胡汉民等参加了庇能会议，策划黄花岗起义，之后一直留在内地联络民军，并积极为革命活动筹款。

1912 年元旦，中华民国正式成立，孙中山就任中华民国临时大总统。广东各界人士推举孙眉任广东都督，孙中山闻知后，致函劝说孙眉："弟以为政治非兄所熟习，兄质直过人，一入政界，将有相欺以其方者。未登舞台，则众人属望，稍有失策，怨亦随生。为大局计，兄宜专就所长，专任一事，如安置民军、办理实业之类，而不必当此大任。"孙眉接受了孙中山的意见，此后约集海内外同志，提倡实业，以裕民生。

　　1915 年 2 月 11 日，孙眉在澳门病逝，享年 61 岁。1934 年初，中国国民党中央执行委员会决议拨国币 1 万元，迁葬孙眉于故乡翠亨犁头尖山，伐石刻辞，于墓旁树立《孙德彰先生墓表》，以表彰孙眉为革命作出的贡献。①

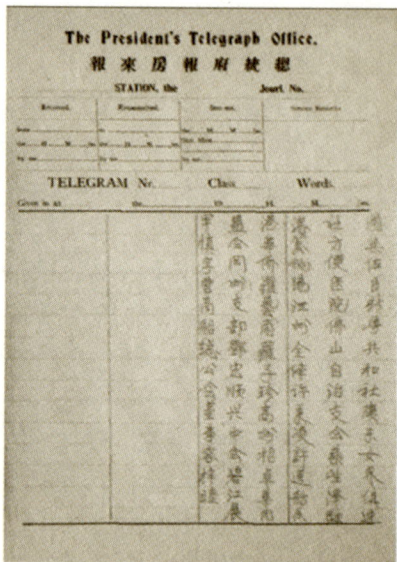

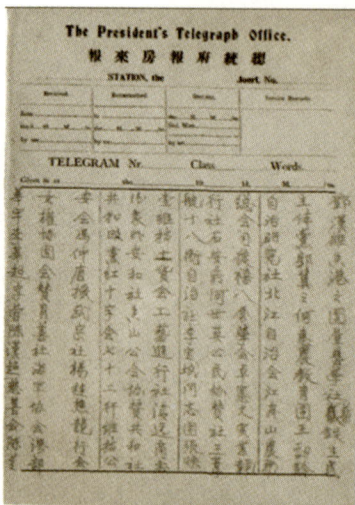

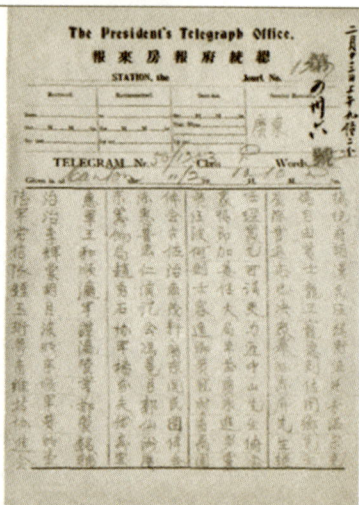

1912 年 2 月广东各界举荐孙眉任广东都督时致临时大总统府电

---

① 《没有孙眉，就没有孙中山》，《中山日报》，2011 年 4 月 24 日。

讨逆护法

1911 年 10 月 10 日，武昌起义成功后，清政府仍盘踞北方，形成南北两个政府对峙的政治格局。帝国主义为诱胁革命军向袁世凯妥协，由英国驻汉口总领事葛福出面"调停"，向湖北军政府提出议和条件。12 月初，南北双方达成停战协议，双方代表随即在上海英租界市政厅举行谈判。伍廷芳代表革命军方面提出清朝皇帝退位、选举总统、建立共和政府等条件；唐绍仪代表袁世凯向革命军进行要挟。与此同时，英国、美国、德国、俄国、日本、法国等帝国主义对议和施加压力，声称"中国的战争若持续下去，将有危于外人的利益与安全"，混入革命阵营的旧官僚和立宪派也竭力把南方引向拥袁的道路。在内外胁迫下，革命势力作出让步，孙中山发表声明，表示只要清帝退位、袁世凯赞成共和，即推举袁世凯当大总统。1912 年 2 月 12 日，在袁世凯等大臣的劝说和逼迫下，隆裕皇太后发布《清帝退位诏书》，两千多年的封建帝制宣告终结。同年 4 月 1 日，孙中山正式辞去临时大总统一职，革命成果被袁世凯窃取，无数革命志士扼腕叹息："无量头颅无量血，可怜购得假共和。"[1] 执政后的袁世凯，倒行逆施，由临时总统而正式总统，由内阁制而总统制，由任期总统而终身总统，建立起自己的独裁政权，把中华民国的一切重新纳入专制独裁的轨道。新生的资产阶级民主共和国只是徒有其表，名存而实亡。面对如此惨淡、复杂的政治图景，孙中山拍案而起，高举"讨逆护法"的大旗，先后发动了武装讨袁的"二次革命"、护国运动和反对军阀专制独裁的护法运动。值此之时，海外华侨仍然坚定不移地支持孙中山的革命事业，他们对以袁世凯为首的北洋军阀集团进行口诛笔伐，慷慨捐款资助革命，积极加入革命党，甚至万里迢迢回国参加武力讨逆。其不屈不挠、坚忍不拔的革命意志更显难能可贵。

讨逆护法

---

[1] 此语出自蔡济民的《书愤》，辛亥革命成功推翻了封建帝制，却未能彻底消灭封建制度，也未能改变中国"半殖民地半封建社会"的局面。袁世凯以武力要挟刚成立的临时政府，孙中山被迫让位于袁世凯，袁终于成功"窃国"，当上了"临时大总统"。为了限制袁的权力，革命党制定了《中华民国临时约法》，可这一约法在袁世凯面前简直就是一纸空文。袁世凯大兴复辟，当了皇帝，违背了全国人民的意志。辛亥革命牺牲了无数革命烈士，流血漂橹，却换来名为共和实为专制的下场，这便是"无量头颅无量血，可怜购得假共和"的意思。

袁世凯篡位

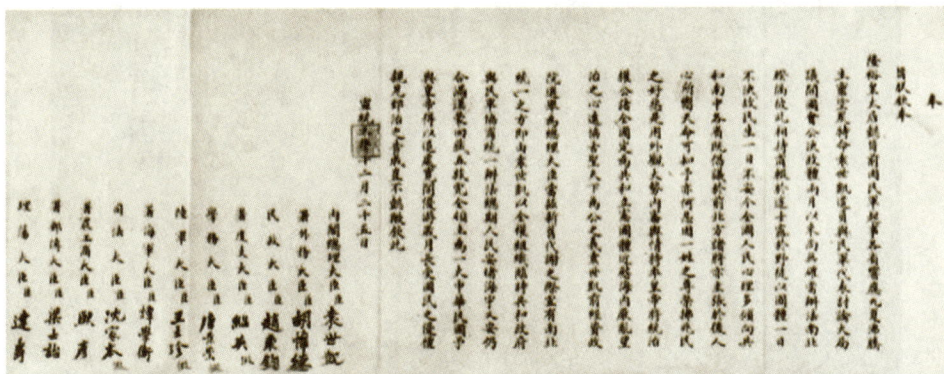

1912 年 2 月 12 日，隆裕皇太后发布退位诏书，授袁世凯全权组织临时政府，统治中国长达 268 年的清王朝结束

1912 年 2 月 13 日刊登在《京师公报》上的"号外"头版，刊载"宣布接受南京临时政府提出的优待条件。退位诏书"及"辞位后优待之条件"，并有"恭颂大皇帝永享清福万岁，中华民国共和万岁"等内容

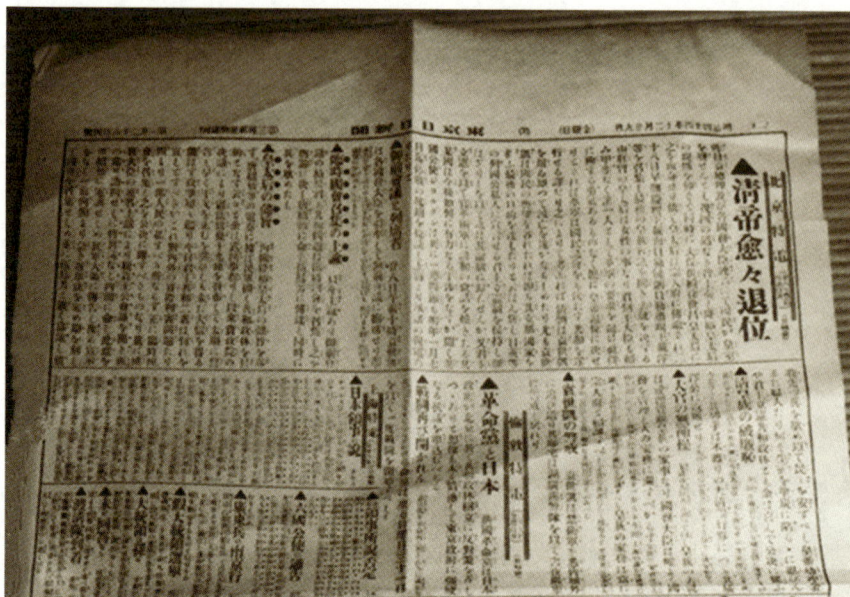

《东京日日新闻》关于清帝退位的报道

1912 年 3 月 10 日，袁世凯在北京宣誓就任临时大总统

孙中山辞职

1912 年 2 月 12 日，清帝退位后，孙中山于 2 月 13 日向参议院提出辞职咨文。文中提出临时政府要设于南京；新总统必须遵守临时政府约法等条件。

孙中山的辞职咨文

孙中山辞职后，海内外同志纷纷来信质疑。图为孙中山给各地华侨的回信，信中解释了辞职的原因，并指出总统只能是国民的公仆，并非酬庸之具

为了限制袁世凯的权力，孙中山和革命党人制定了《中华民国临时约法》，于 1912 年 3 月 8 日由临时参议院通过，11 日公布实施。《中华民国临时约法》改总统制为内阁制，袁世凯被架空为虚位总统。

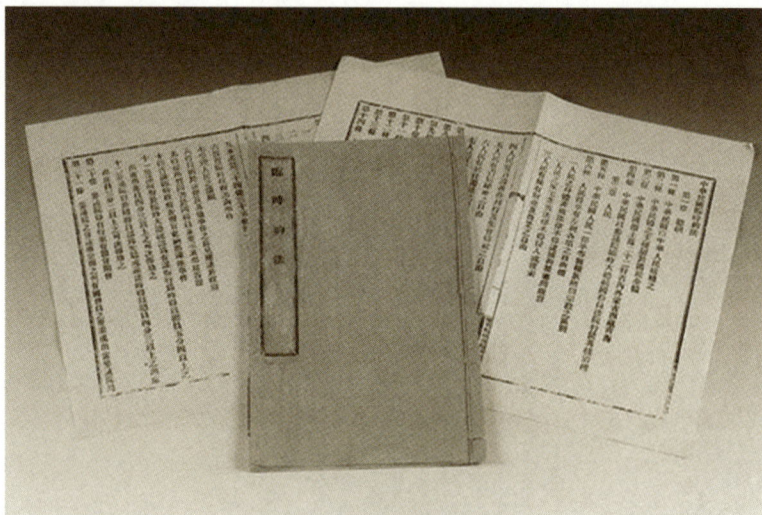

《中华民国临时约法》

1912 年 4 月 1 日，孙中山宣布正式辞去临时大总统一职。图为孙中山在临时参议院举行辞职典礼后与同僚们合影。前排左二起：居正、黄钟瑛、黄兴、唐绍仪、孙中山、王宠惠、蔡元培；二排左二胡汉民、左五林森、左六徐绍桢

　　孙中山和袁世凯都是辛亥革命后备受关注的政坛风云人物，在政坛上进行了智慧和力量的多次较量。孙中山最后让位给袁世凯是当时国际和国内因素共同作用的结果。其中包括：帝国主义国家的支持；旧官僚和立宪派的拥护；同盟会组织涣散，失去革命政党应有的作用；南京临时政府成立后的财政极其困难；孙中山个人因素，当然袁世凯当时的声望和才识是一个重要的砝码。孙中山让位给袁世凯一直被人们认为是一大憾事，是民主共和道路上的巨大挫折。在令人惋惜的同时，也使人们认识到：革命不会一蹴而就，在通往民主的道路上也必将充满坎坷和泥泞。

1912 年 4 月，孙中山临时大总统（前座中）、唐绍仪总理（前左二）与总统府秘书处同仁合影

孙中山卸任临时大总统后，袁世凯任命他为全国铁路督办。图为 1912 年 5 月 17 日孙中山出席商办粤路公司欢迎会时的合影。前排右一为著名铁路工程师詹天佑

1912 年 8 月 24 日，孙中山应袁世凯之邀到北京会见。图为 8 月 24 日孙中山在由天津赴北京的列车上

1913 年 2 月 10 日，孙中山乘轮船"山城丸"自上海启程赴日本考察。图为抵达东京时受到欢迎的情景

1913 年 3 月 13 日，神户华侨于中华会馆举行孙中山欢迎会

1912 年 3 月 6 日，国民党留日横滨支部欢迎理事长孙中山先生的合影

"二次革命"

孙中山让位于袁世凯后，便辞去了国民党理事长一职，由宋教仁任代理理事长。1913 年 3 月 20 日，宋教仁在上海沪宁车站遇刺，两天后去世。宋教仁遇刺成为"二次革命"的导火索之一。4 月，袁世凯又非法签订善后大借款，准备发动内战，消灭南方革命力量。孙中山看清袁世凯的反动面目，从日本回国。1913 年夏，孙中山起兵讨袁，发动"二次革命"。1913 年 7 月 12 日在江西湖口成立讨袁军总司令部，就任总司令，揭开了"二次革命"的战幕。随后江苏、安徽、上海、广东、湖南、重庆相继独立。孙中山发表声明要求袁世凯辞职。1913 年 8 月 3 日，袁世凯任命龙济光为广东都督兼署民政长，并授予陆军上将一职。8 月 11 日，龙济光进驻广州，至此广东进入龙济光统治时期。由于起义军各自为战，很快被拥袁军阀各个击破。短暂掀起声势后，"二次革命"不到两个月即宣告失败，各地取消独立。孙中山、黄兴、陈其美等被通缉，相继逃亡日本。

宋教仁遇刺后，孙中山立即结束了在日本的访问，赶回上海商讨对策。图为孙中山与黄兴等人在上海横滨正金银行内商讨反袁问题

　　宋教仁（1882—1913），民国初年政治家，湖南常德人。1902 年考入武昌普通中学堂。在校期间，受革命思想的影响，常与同学议论时政，并走上了反清革命道路。1903 年 8 月，结识黄兴，成为挚友，因不满清政府统治，倾向革命。11 月 4 日，偕黄兴、刘揆一、陈天华、章士钊共同成立华兴会。1904 年 11 月，宋教仁东渡日本留学。在留日期间，他对资本主义的社会制度特别感兴趣，广泛地阅读了西方资本主义政治学说和社会制度方面的书籍。1913 年，在其经营下，于中华民国第一届国会选举中，国民党取得重大胜利。宋教仁正欲循欧洲"内阁制"之惯例，以党首身份组阁之际，1913 年 3 月 20 日 22 时 45 分被暗杀于上海，时年 31 岁。

慰民望无任翘企之至
致主张令袁氏辞职以息祸庶可以挽国危而
之位置中华民国岂容开此先例愿全体国民一
国利民福为怀反欲牺牲国家与人民以争一己
民生死骨紧於袁氏一人之去留为公仆者不以
而逐旬日之内相连并发大势如此国家安危人
阂袁氏专为私谋倒行不已以致东南人民荷戈
公义自在舆论难谋时创应辞职以谢国民何
常时己将反对宋案发生袁氏阴谋一旦尽揭仆於
助虽激昂之士对於袁氏时有责言仆之衷末
曾少易不意宋案发生袁氏阴谋一旦使东南
以来仆於权利所在则为引避危疑之交则为逡
共开诚布公尽忠民国以慰四万万人之望原望
当南北统一之际仆推戴袁世凯於参议院原望
孙中山宣言

宋教仁

1913 年 7 月 22 日，孙中山发表宣言，呼吁全国人民统一意志，"令袁氏辞职，以息战祸"

"二次革命"中，讨袁起义军在阵地装设大炮

"二次革命"失败后，孙中山流亡日本。图为 1913 年 8 月孙中山从上海经台湾赴日本途中

成立中华革命党

  "二次革命"失败后，孙中山流亡到日本。他从"二次革命"的失败中深切感到，没有一个团结有力的革命组织，就不能领导革命继续前进。于是孙中山着手改组国民党。他决心从整顿党务入手，重组新党，拯救革命。1913年9月27日，孙中山亲自拟定入党誓约，规定入党者须绝对服从其领导，无论资格多老，皆须重立誓约，加按指印。至1914年四五月，先后入党者四五百人。1914年7月8日，孙中山于日本东京成立"中华革命党"，孙中山当众入盟，宣誓就任总理，并于1914年9月1日发布了《中华革命党成立通告》。

  1914年7月，孙中山在日本组织成立中华革命党时合影。前排左起：邓铿、郑鹤年、许崇智、陈其美、孙中山、胡汉民、居正、廖仲恺、田桐。中排左起：萱野长知、任寿祺、江天籁、萧萱、赵瑾卿、陈中孚、王统一、谢持、郭崇渠、李焕。后排左起：余祥辉、连声海、孙镜、周道万、戴季陶、林德宣、万黄裳、田昌节、张祖汉、方性贞

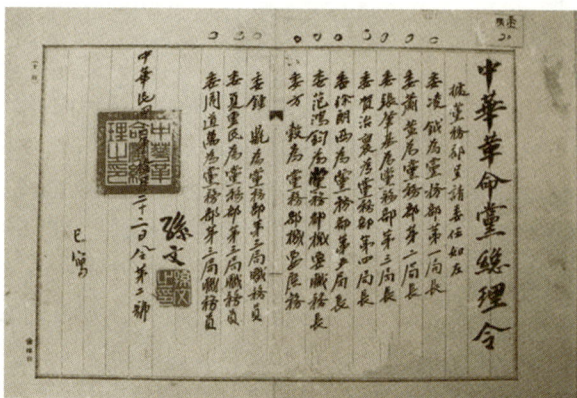

1914年10月，由孙中山签发的《中华革命党总理令》

中华革命党暹罗支部印章

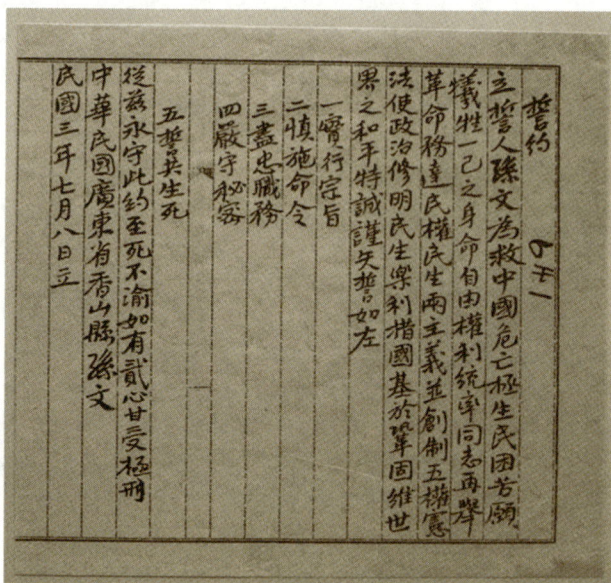

孙中山加入中华革命党时的誓约："一、实行宗旨；二、慎施命令；三、尽忠职务；四、严守秘密；五、誓共生死。"

图为中华革命党党员证。由于中华革命党是秘密团体，故党员证也充满神秘色彩。第一，没有执证人照片；第二，只有执证人编号而没有姓名；第三，证上需盖指模

中华革命党支部遍布海内外

中华革命党成立后，华侨成为中坚力量。据中华革命党党务部部长居正回忆，中华革命党组织分国内之部分，其中广东支部由华侨谢良牧任筹备处处长，华侨何天炯为主盟人兼支部部长。国外部分由本部委任分部支部或总干事者有：美洲总支部部长林森（管辖南美及南非），加拿大总支部总干事陈树人，越南总支部总干事陈茵民。檀香山、菲律宾、澳大利亚、暹罗、缅甸及新加坡、马来亚等许多地方先后成立支部并委任负责人。为避免"其殖民地政府所在种种干涉，表面则仍用国民党或书报社通讯社名目，内容则一律立约宣誓"[1]。国内支部专事组织武装讨伐袁世凯，而海外支部则负责筹款接济革命。不仅在南洋各地，而且从亚洲到欧洲，从澳洲到南非，从北美洲到中南美洲，都建立起了中华革命党的支部或分部，甚至在航行于太平洋的轮船上，也发展了中华革命党组织。这一时期，先后在海外建立了 39 个支部和 45 个分支部，中华革命党新党员也不断增加，逐渐发展到一万多人。新加坡、马来亚的中华革命党发展到 11 个支部和 29 个分部。[2]

---

[1] 居觉生（居正）：《中华革命党时代的回忆》，《中华民国史事纪要（初稿）》，1914 年，第 973－974 页。

[2] 郭梁：《海外华侨与民初捍卫共和的斗争》，《南洋问题研究》1992 年第 3 期。

1915 年孙中山为马来亚华侨签署的委任状

中华革命党雪兰莪总支部部长陈占梅

陈占梅

陈占梅（1875—1944），马来亚爱国华侨，1875 年出生于中国广东顺德。其祖父是晚清时的革命志士，因痛恨清政府的政治腐败、外交失策，遂从事革命活动，因事败而自杀。其父不甘失败，漂洋过海到美洲谋生，后来到马来亚，转而从事锡矿事业。陈占梅 5 岁时来到吉隆坡，成年后接管父亲的锡矿遗业。除了自营锡矿外，又与友人合资创办万发锡矿公司。该矿场面积有几十英亩，雇佣工人三千余，产锡丰富，获利不少。十年后又自创占利锡矿公司，由于经营得法，产业颇具规模，奠定了坚实的事业基础。

陈占梅早年追随孙中山参加资产阶级民主革命，参与组建中国同盟会吉隆坡分部，任同盟会雪兰莪支部总干事。辛亥革命的胜利果实被袁世凯窃取后，孙中山重组中华革命党，发起组织中华革命党雪兰莪总支部，陈占梅被孙中山委任为总支部正部长。6 月，中华革命党雪兰莪总支部根据革命斗争需要，组织了华侨"讨逆军"归国讨袁。其后，为了反对袁世凯称帝和北洋军阀的虐政，创办了《益群报》，努力宣传革命。1925 年，陈占梅曾应孙中山之召，回中国大元帅府参议。两年后参加北伐，被聘为总司令顾问。1931 年任侨务委员，1936 年任国民经济建设运动委员会委员。其后返回南洋。"七七"事变后，陈占梅发动马来亚华人捐款抗日，且大声疾呼，以唤起全侨抗战到底，任南侨筹赈总会主席团常务委员、雪兰莪华人筹赈祖籍国难民委员会常务委员兼财政，并被广东省政府聘为参议及筹赈会委员。

讨袁时期的反袁宣传画

1914年秋，革命党人朱执信与南洋爱国华侨合影。前排右一邓泽如、右二郑螺生、右三朱执信，左二区慎、左三周之贞。后排右一朱赤霓、右二李源水，左一谢八尧

朱执信（1885—1920），原名大符，字执信，留日归国革命家，生于广东番禺的书香世家。1904年留学日本时与孙中山结识，次年参加中国同盟会，归国后暗中宣传革命和策动起义。1910年与赵声、倪映典等发动广州新军起义，次年参加黄兴领导的黄花岗起义。武昌起义爆发后，他在广东发动民军起义，对促成广东的和平光复起了巨大作用。后随孙中山去日本，组建中华革命党，任中华革命军广东司令长官。1920年，在广东虎门策动桂系军阀反正时，被军阀杀害。

朱执信

1914 年 11 月，孙中山在日本

1915 年 12 月，孙中山为反对袁
世凯窃国称帝发布的《讨袁宣言》

《民国日报》1916 年 3 月 22
日刊文《华侨讨袁之决心》，火
奴鲁奴（檀香山）华侨电上海日
报公会转伍廷芳、唐绍仪勿调
和，表达了讨袁之决心

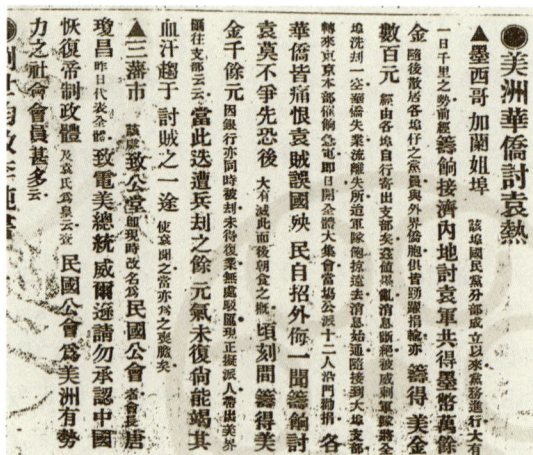

《民国日报》1916 年 8 月 3 日刊登的《美洲华侨
讨袁热》

美洲华侨敢死先锋队

　　海外华侨较大规模地、有组织地参与国内武力讨袁的标志是加拿大华侨组织的华侨敢死先锋队。1915 年 4 月，中华革命党在加拿大埃德蒙顿市成立军事社，由胡汉贤任社长、马超凡任副社长。该社一成立，即有当地华侨革命党数百人参加。其中青年工人及店员居多。他们白天工作，晚上集中训练。继之加拿大各大城市的华侨陆续组织军事分社，掀起了学习军事、随时候命归国讨袁的热潮。袁世凯帝制公开后，革命党人夏重民遂在加拿大温哥华召集侨胞组织华侨敢死先锋队，颁布《加属华侨敢死先锋队规则及章程》。其章程共有 19 条，以"回国效力，实行三次革命，反对帝制，以保护共和"为宗旨；以"实行牺牲主义，务达民权民生"为目的。1916 年 5 月上旬，孙中山派夏重民率队带领华侨敢死先锋队回国，进入山东潍县，归中华革命军东北军总司令居正指挥，改编为"中华革命军东北军华侨义勇团"。团长夏重民，副团长胡汉贤、伍横贯。同时，日本八日市飞机学校也调回山东潍县，定名为"中华革命军东北军华侨义勇团飞机队"。飞机队附属于华侨义勇团，有飞机 3 架，分为 3 队。华侨义勇团配合革命军暗袭济南城，华侨义勇团飞机队派出全部飞机 3 架，飞往济南上空散发传单，鼓动敌军弃暗投明，一时军心大变。华侨敢死先锋队的成员都是自愿回国参加讨袁斗争的，不少人不领返回加拿大的护照，以表破釜沉舟之决心。

1915 年，加拿大军事社之应征者及教职员合影

1915 年，加拿大军事社同仁合影

华侨义勇团团长夏重民

夏重民

夏重民（1885—1922），旅加革命党人。广东花都赤坭西边村人。出生于贫苦农民家庭，后被送往广东孤儿院收养。1905 年因参加反美华工禁约运动被捕入狱，出狱后赴日本留学，入早稻田大学及帝国大学攻读经济、政治。1905 年加入中国同盟会，参加革命活动。1911 年回国，任上海《天锋报》撰述。1912 年 1 月，孙中山在南京就任临时大总统，夏重民入总统府任职，不久被派为中国同盟会广东支部部长。1915 年春，孙中山派夏重民任中华革命党加拿大联络委员，并任命他为《新国民报》主笔。同年 10 月，夏重民到日本八日市负责中华革命党飞机学校事务。1916 年 5 月，孙中山派夏重民带领华侨敢死先锋队回国，任华侨义勇团团长及航空司令，并参加暗袭济南的战斗。义勇团下分三个队，一队队长蔡鹤民、二队队长李宜民、三队队长李锐军，皆为新宁人。从现存的该团团员名单看，93 名团员大部分为五邑籍华侨。[1] 1917 年孙中山建立海陆军大元帅府后，曾任大元帅府稽查长、粤军第二军别动队司令等职。1922 年被叛将杨坤如捕获杀害，时年 38 岁。1924 年，被广东国民政府追赠为陆军中将。孙中山命建纪念碑于石围塘，以表忠烈。

1915 年冬，一天早上，卖报纸的人喊得特别起劲，买报纸的也特别踊跃。原来报上发表消息说，袁世凯要做皇帝，中山先生号召华侨回国参加讨伐袁世凯。我便决意回国，实现我跟随中山先生的志愿。随后又得知中山先生派夏重民和胡汉贤组织华侨敢死先锋队，在域多利埠的新民国报馆设立机关，并由胡

---

[1] 张运华：《五邑华侨与辛亥革命》，《五邑大学学报（社会科学版）》2010 年第 1 期。

汉贤和蔡鹤朋在爱孟顿成立一个军事社，进行训练。我便和黄惠龙一齐报名参加，总计参加的共有五百人。我恐被父亲知道，受到拦阻，报名时化名为黄升。

孙中山卫士队长——马湘

鲜为人知的 "中华革命党讨袁军美洲华侨敢死先锋队"

○刘墨菲

辛亥革命广东光复后，陈炯明任广东副都督（继为代都督），大肆排除异己，解散民军，培植私人势力。胡汉贤和谭瀛组织的"瀛书敢死军"也被解散。没过多久，孙中山在南京卸任临时大总统后南下，经广州时，胡汉贤谒见孙中山，请示今后去向。孙中山因胡汉贤是广东四邑人，遂派他到美洲联络华侨，宣传和推动华侨投资国内，兴办实业。

胡汉贤领受任务后，于1912年冬离开前往加拿大，落脚于维多利亚城《新民国晨报》。该报原为加拿大同盟会机关报，当时主持人为黄伯度（辛亥革命前谢英伯，冯自由曾主持过该报）。胡汉贤通过报纸、通信和口

支部事务。胡汉贤调往加拿大东部的伺候城（Ednouton），主持加中和加东的党务工作。经过一番宣传和组织工作，一年内，加拿大先后成立党分部与通讯处50余处，入党人数达数千人。

在加入中华革命党的成员中，工人、店员占多数，青年知识分子及商人次之。他们对袁世凯帝制自为、危害民国等罪行颇为愤恨，不少愿毁家纾难。

但当时加拿大致公堂的领导层和中华革命党的关系却日趋恶化。孙中山早期进行革命活动时，曾加入致公堂，被奉为"大哥"，并对致公堂进行改组，议定了章程，使致公堂成为支持孙中山革命活动的组织。辛亥革

原文：刘墨菲：《鲜为人知的"中华革命党讨袁军美洲华侨
敢死先锋队"》，《湖北档案》2013年第1期

马湘（1889—1973），又名黄升。美国爱国华侨，广东台山人。早年旅居加拿大，为温哥华洪门致公堂主持人之一。1909年加入同盟会，追随孙中山从事革命活动。1915年响应孙中山号召，回国参加山东讨袁运动，加入以加拿大洪门为骨干的华侨敢死先锋队。后一直跟随孙中山，先后担任过孙中山卫士、卫士队长、少将副官等职。

孙中山与马湘（左六）等人合影

华侨义勇团飞机队

华侨义勇团飞机队在山东潍县培子坡飞机场合影

1915 年 4 月，孙中山在日本创办中华革命党飞行学校（以下简称航校），原留日学生夏重民为校务负责人之一。华侨捐献 3 架飞机为教学实践之用，20 余名学员大多为广东籍华侨。其中华侨飞行生李文耀、刘季谋等人成绩优异。1915 年 12 月，袁世凯帝制公开，孙中山决定将学校迁回山东潍县，改编为讨袁飞机队，委任胡汉贤兼任飞机队管理主任。学校正在搬迁时袁世凯暴毙，但北洋政府仍然敌视孙中山的革命力量，故孙中山仍坚持把航校全部迁回国内。1916 年 7 月，飞行学校全体师生共 87 人、飞机 3 架迁回山东潍县，正式编为"华侨义勇团飞机队"。飞机队多次侦察敌情、散发传单、轰炸北洋军队。后来南方各省纷纷取消独立，北洋政府派代表到山东与革命军和谈，结果中华革命军被改编、遣散，讨袁飞机队宣告结束。

孙中山与美洲华侨敢死先锋队（中华革命军东北军华侨义勇团）队员合影

《民国日报》1916 年 9 月 29 日刊文《孙中山先生慰劳义勇华侨》

华侨讨袁先锋

林文英（1873—1914），泰国爱国华侨，祖籍海南文昌，出生于泰国。1903 年，自泰国赴日本东京留学，1904 年在日本横滨经廖仲恺引荐结识孙中山，参加了同盟会。毕业后，返回泰国捐巨款创办《华暹时报》，宣传革命，协助孙中山筹款，购买万仑火船运军械回国接济起义，曾参加镇南关战役、黄花岗起义，是孙中山的得力助手。起义失败后，他陪同孙中山奔走南洋各地，发动华侨支持和参加革命。1909 年，奉孙中山之命回海南，在海口成立同盟会海南支会，发动青年学生和乡亲入会。袁世凯背叛辛亥革命、窃据总统职位的倒行逆施，遭到了全国人民的激烈反对。林文英因发表反袁言

林文英

论而被通缉，他潜往上海与孙中山一起制订讨袁计划。在 1913 年讨袁的"二次革命"中，林文英跟随孙中山四处讲演，募捐筹款，支持革命。革命失败后，林文英同孙中山出国逃亡。之后，林文英又陪同孙中山回国，奉命再返海南，同陈子臣等同盟会海口支会会员在海口市西门外街创办了琼崖第一份革命报纸——《琼岛日报》，他任总编辑兼记者，撰写爱国文章，宣传孙中山先生的"三民主义"共和主张。当时《琼岛日报》日发行量达两千多份。林文英经孙中山推荐，被选为众议会会员。赴京就任期间，敢于发表反袁言论，引致当政者的忌恨和蓄意谋害，幸得到孙中山的手谕，及时潜逃出京。在后来的反袁高潮之际，林文英得到孙中山亲赠的宝剑和红旗。林文英的革命行动触怒了袁世凯政府，1914 年 3 月 29 日，广东都督龙济光和琼崖督办陈世华奉袁世凯之命将林文英逮捕入狱。同年 4 月 2 日夜间，林文英被害于府城第一公园，时年仅 42 岁。林文英就义前高呼口号："打倒袁世凯""拥护孙中山""反对帝制""拥护共和"，在场民众无不对之肃然起敬。

《林文英：竟把头颅换自由》，
《海南日报》，2011年4月25日

林文英的遗骨被安葬在故乡清澜世坑
村村南，孙中山亲题"烈士林文英之墓"

阮汉三（1888—1952），美国爱国华侨，出生于广东中山隆都。少年时期离乡背井，跟随父亲远渡重洋，到秘鲁、墨西哥、檀香山等地谋生。1904年，孙中山再到檀香山宣传革命，当年阮汉三16岁，正跟随父亲在檀香山打工。当他第一次看到孙中山并亲耳聆听到他的演讲，便深深地为孙中山的革命精神和爱国主义情怀所折服。通过孙中山的革命宣传，他明白了"国家兴亡，匹夫有责"的道理，而后加入了兴中会。随着反清革命的不断深入，孙中山筹备第二次广州起义，在海外动员华侨青年回国参加反清武装斗争。阮汉三毅然响应孙中山

阮汉三

的号召，于1911年回国，勇敢地参加了3月29日在广州的黄花岗起义。辛亥革命，推翻了延续268年的清王朝，民主共和国诞生了。然而，辛亥革命的胜利果实很快被袁世凯窃取，他妄图恢复君主制当皇帝。为此，孙中山又发动了讨袁战争。当时，阮汉三已经回到了檀香山，但出于对孙中山的信任和爱戴，阮汉三立刻于1915年再次回国参加反袁斗争。回到祖国的阮汉三被编入讨袁的华侨义勇团，参加讨袁战斗。1917年，孙中山在广州筹备成立中华民国军政府，阮汉三被调入军政府警卫队，担负起保卫孙中山的职责。1920年，阮

汉三被孙中山委任为侨安舰上校舰长。1921 年 4 月，广州非常国会推选孙中山为中华民国正式政府非常大总统。次年，孙中山看到阮汉三对革命忠诚、做事干练，便委任他为设于广州的中国监狱长，并晋升为少将。1925 年孙中山逝世后，阮汉三悲痛万分，萌发了辞官归隐的念头。然而，"革命尚未成功，同志仍需努力"的孙中山遗嘱不断激励着他，使他继续坚持工作，曾被选为中山县商会会长。1952 年 5 月病逝于家乡，享年 64 岁。

孙中山赠阮汉三"博爱"的条幅

1917 年，孙中山任广州军政府海陆军大元帅时同陆军军官合影，后排左四为阮汉三

李祺祁

李祺祁（1874—1916），又名李箕。美国爱国华侨，广东阳江田寮村人。1892 年，经香港抵达美国旧金山经商，开设餐馆，其间认识孙中山，参加兴中会，后加入同盟会，负责华侨筹款工作。从此，与孙中山结下革命情谊。1909 年参加旧金山少年学社，后追随孙中山先生投身革命，不为苟安，矢志不渝。1910 年，回到香港、广州等地，追随孙中山进行反清活动。李祺祁在阳江号召力尤强，是阳江民军的领导。在 1911 年黄花岗起义中，他带领阳江义士参与由黄兴、朱执信发动的广州起义，率先垂范，随敢死队进攻两广总督府。同年 10 月 10 日，他在阳江率众策应武昌起义，立下汗马功劳。1913 年秋，"二次革命"失败，在广东的国民党上层人士多数出走或辞职。没有出走的广东警察厅厅长陈景华、南韶连军务督办陈仲宾先后被袁世凯在广东的爪牙、广东镇抚使龙济光杀害，形势相当恶劣。李祺祁不但没有躲起来，还响应朱执信、邓仲元策动的广东旧军队、民军起义，积极活动，筹款扩军。1915 年 1 月 4 日，奉孙中山之命担任广东游击队司令，并前往菲律宾筹款。1915 年 4 月，自菲律宾回国，在阳春、澳门、台山等地联络革命军，筹划起义。为了讨伐龙济光，他在台山境内秘密集结民

军，数年出入台、阳交界地方，备尝艰苦。由于长期在穷山野岭行军，疲惫致病，1916 年不幸殉职，年仅 43 岁。中华革命军广东司令长官朱执信深为痛悼，并于 1917 年 4 月 1 日在其殉难处的文笔山上立碑撰文纪念。

右图为朱执信为李祺礽撰写的碑文：

呜呼！此吾友李君死义稿葬地也。予以十一月四日别君，旋戎装东谒孙逸仙先生，而君蓬以十四日死，死而稿葬此地越一载有奇。而后其子伯骏等克归君骨于阳江东山寺之侧，则于斯地犹不能无所志也，乃铭之贞石。君讳其字，祺礽自号，介龄以革命义号于海外，动其群归与于广州攻署之役不死；武昌兵起，君以其子弟复阳江镇抚之，当是时乡镇多惊，阳江晏然，民至死怀之……

1914 年 7 月 12 日，孙中山和中华革命党人在东京举行"讨袁死难同志追悼会"，图为追悼会后留影

鼎力筹措军饷

1914年冬至1915年，海外各埠筹措革命军饷，总计日金一百七十四万八千四百零五元二角一分正，英洋一百一十一万九千三百九十元零四角七分正①

中华革命党把武装讨袁作为本党首要任务，为筹措革命经费，遂在海外发行革命债券。这"亦出自中山先生意思，认为尽管各地华侨热心爱国，踊跃捐输，不望报偿，但出钱为国，国家革命成功，亦应采取负责态度。故决定嗣后接受捐款（十元以上）时，均致发'革命公债'，作为收据凭执，并订明偿还办法"。债券的发行由中华革命党本部财政部负责。《中华革命党总章》中特别规定由国内支部专事实行，国外支部专事筹款。南洋是筹款的主要地区，孙中山指示

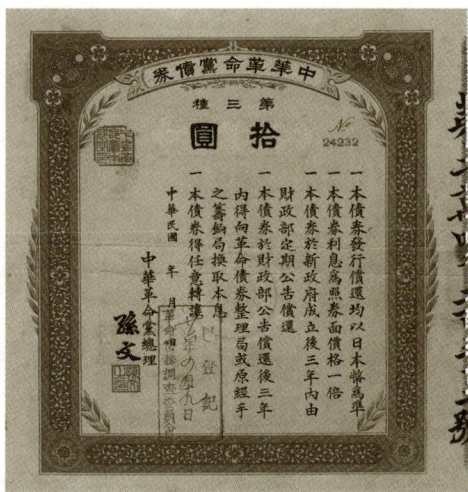

1914年中华革命党债券

---

① 参见程存洁：《南洋筹饷：广州博物馆藏孙中山及其同志有关筹饷手札集》，北京：文物出版社，2011年，第21页。

邓泽如"暂驻南洋，就各埠筹集巨资，以备急用"，并任命他为南洋各埠筹款委员长。同时，华侨主要聚居地之一的美洲也是重要筹款地区，林森受命担任美洲筹款委员长。

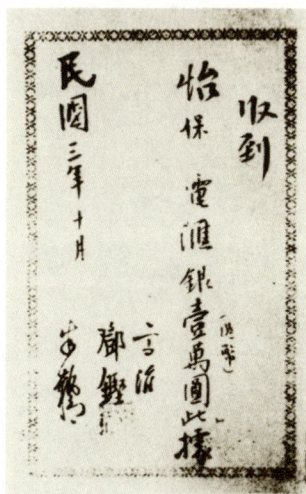

1914 年中华革命党发给马来亚怡保华侨捐款的收据

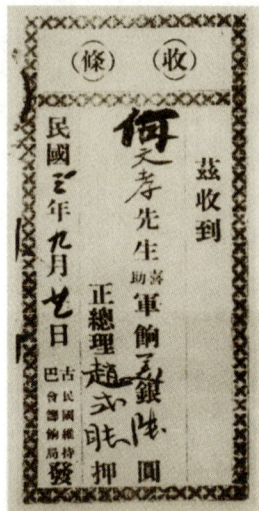

1914 年中华革命党发给古巴华侨的捐款收据

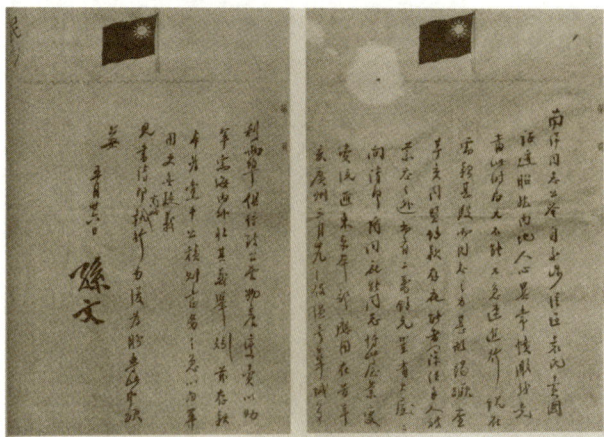

1915 年 5 月 26 日，孙中山致南洋同志函。函中希望南洋同志变卖物产支援讨袁斗争："自交涉经过，袁氏卖国证迹昭然，内地人心异常愤激。我党当此时局，尤不能不急速进行。现在需款甚殷，而同志之力甚形竭蹶。查辛亥同盟会余款存庇能者尚有二万余元，置有大屋二间。请即商庇能同志，将此屋业变卖，统汇东京本部应用。在昔辛亥广州三月二十九之役，温哥华、域多利两埠俱将致公堂物产变卖，以助军需，海内外壮其义举。"

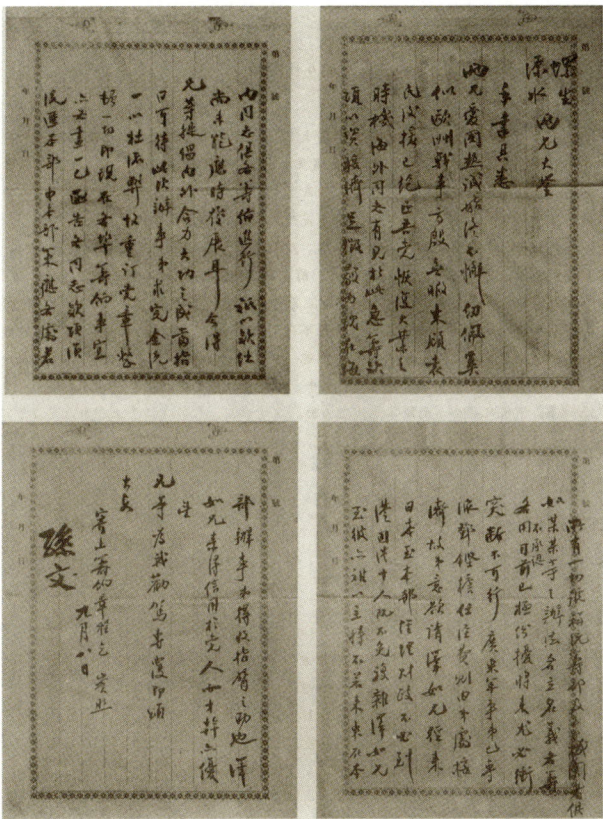

图为 1914 年 9 月，孙中山回复南洋华侨郑螺生、李源水的函，其中谈及南洋筹款问题，从中可以看出孙中山与南洋华侨的密切联系和南洋华侨对孙中山革命事业的鼎力支持：

"两兄爱国热诚，始终不懈，纫佩奚似。欧洲战事方殷，无暇兼顾，袁氏后援已绝，正吾党恢复大业之时机。海外同志有见于此，急筹款项以资接济，足征毅力。现在海内同志俱各筹备进行，只以款绌，尚未能应时发展耳。今得兄弟提倡，内外合力，大功之成，当指日可待。此次办事，弟求完全统一，以杜流弊，故重订党章，整顿一切。即现在各埠筹款事宜，亦必画一，已函告各同志，款项须统汇本部，由本部策应各处。"

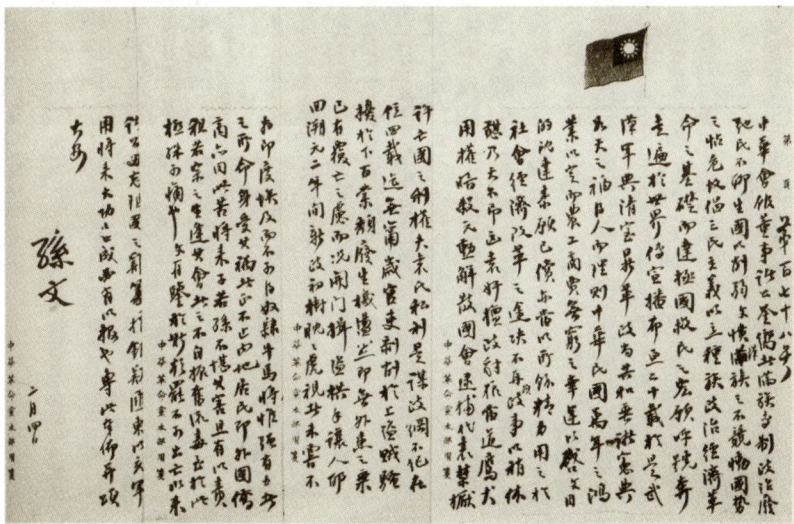

1916 年 2 月 4 日，孙中山致函中华会馆，揭露袁世凯的卖国罪行，要求华侨积极筹集革命经费

●華僑全體護共和

昨接檳榔嶼友人來訊大略云 南洋各埠華僑向分兩派 一為同盟會派 多係從前老同盟會及新國民黨分子為極端主張共和者 一為保皇派 多係進步黨黨員所謂保皇者非保袁世凱為皇帝乃從前康梁派之名南僑因沿共稱謂者 然二派之宗旨 則屬同軌蓋中國恐不免土崩瓦解 源禍起彼二三奸人難逃公道 剝下挽救辦法惟有扶植民軍使勢力膨脹北軍知難而退則帝制不患不即時瓦解全案冰消故南洋各埠華僑現已屏除從前意見 犧牲家賞湊集現金一千萬元匯往雲貴兩省以充軍餉並將源源募捐源源接濟 對於袁政府之行為則竭力痛斥 其愛國熱心已成一致矣

央二三奸人為一己將位倡興帝制致西南諸省民軍舉義而 一則主張真正之共和 一則贊成現狀之共和 現圖中

《民国日报》1916年3月9日发文《华侨全体护共和》，其中有南洋各埠华侨力挺唐继尧、蔡锷等发动的"护国战争"，"牺牲家赀凑集现金一千万元汇往云贵两省以充军饷，并将源源募捐陆续接济"，"对于袁政府之行为则竭力痛斥"等内容

●籌餉倒袁之華僑

▲泗水

維持中華民國 日前泗水商務總會因眾職員及會友之前開會集欵正會長李 副會長蔣料當稱稱本埠華僑係中 華民國國民對於中華民國當負維持責任議欲籌辦 一捐輸財救濟 政府唐都督委任籌餉事宜 訂本十七晚先開董事會合行通知此佈吿云

▲馬尼拉 美屬 馬尼拉（即小呂宋）華僑係中 籌餉至七萬餘元 其餘各埠亦不開風興起 贊成討袁者 已佔華僑全數十之八九

又一 云 非律賓 華僑自犧牲之心達於極點小呂宋欣迎君之夕一刻 間捐餉至七萬餘元 自由許崇智 演說 贊成討袁軍餉之 獨古萬萬元為 成績最優 每三百元抽一元當作 討袁軍餉之 仙另照炎政府營業稅例 每百斤抽出二毫五

數萬元外由全體議決本省華人生意貨物 於獨君演說之後除捐現金 施林兩埠徒自取辱而已 日前馮許南君親赴各埠 遊華僑大受民歡 迎籌餉甚巨 尤以馮君所到之禮智省 民黨之勢力卒為公理報得勝報紙以揭 各地冠今該處華僑齊志討袁省居大多款捐欵亦最踴躍 便他處華僑皆能若 是袁逆之逃當更速矣 需計此兩項 每月得六千餘元 前九月一號貨行至賊賊成功之日止可謂破天荒之籌餉法查非律賓全局生意以華人佔十之七九力之雄為

1916年5月16日，《民国日报》刊文《筹饷倒袁之华侨》，对泗水、马尼拉、菲律宾等地华侨倒袁筹饷的情况进行了报道

1916年6月20日,《民国日报》刊文《旅美华侨筹饷简章》,表明"此次筹饷系华侨本爱护共和之热诚,专为接济民军军饷为宗旨"

护法运动

1916年6月6日,在全国各地的一片讨伐声中,袁世凯暴毙,黎元洪继任总统,此后,军阀混战局面形成。先有张勋复辟,继有段祺瑞毁掉《中华民国临时约法》,使中国陷入军阀割据混战的动乱局面。面对《中华民国临时约法》一再被践踏,以孙中山为首的革命党人毅然举起护法的旗帜,组织护法政府,誓师北伐,打倒北洋军阀,统一中国。1917年9月,中华民国军政府在广州成立,孙中山被选举为军政府大元帅。孙中山就职后,发表护法宣言,号召北伐,"兴师讨贼"。但因军阀暗中勾结,阻挠南方护法军的进攻,剥夺孙中山的领导权,迫使孙中山于1918年5月辞去大元帅职务,第一次护法运动宣告失败。1920年8月,驻闽粤军回师广东讨伐桂系军阀,占领广州后,孙中山宣布重建军政

护法运动

府，第二次护法运动开始。1921 年 4 月，国会非常会议通过《中华民国政府组织大纲》，将军政府改组为正式政府，选举孙中山为非常大总统。1921 年 6 月，孙中山命令粤、赣、黔、滇各军进攻广西，两广得以统一。1922 年夏季，孙中山发动了讨伐直系军阀的战争。正值北伐军胜利进军的关键时刻，军政府内政兼陆军总长和粤军总司令兼广东省省长陈炯明，暗中勾结直系军阀在广州发动了反对孙中山的武装叛乱。6 月 16 日陈炯明部炮轰总统府，孙中山被迫转移到永丰舰上，坚持与叛军斗争。8 月 9 日孙中山离粤赴沪，第二次护法运动又告失败。在护法运动期间，海外华侨一如既往地坚决支持孙中山的革命活动。护法军政府的经费和军饷"几大部分出自侨胞接济"。据统计，从 1917 年 6 月到 1918 年 6 月，供护法运动使用的经费总计 139.27 万元，大部分由海外华侨捐献和借给，其中无偿捐献的有 30 多万元。①

1916 年 3 月 22 日，袁世凯被迫取消帝制。1916 年 4 月 9 日，孙中山、廖仲恺、宋庆龄、何香凝等人在日本举行"帝制取消一笑会"

中华民国军政府成立

1917 年，北洋军阀政府撕毁约法、解散国会，孙中山率南下海军由沪去粤，并电邀国会议员赴粤开会维护约法。8 月，到达广东国会议员 91 人，因不足法定人数而举行非常会议，决议成立中华民国军政府，选举孙中山为海陆军大元帅，唐继尧、陆荣廷为元帅。9 月 10 日孙中山先生就任大元帅一职。

---

① 有关华侨为护法运动的捐款和借款的统计参见黄庆云：《爱国华侨对护法运动的支持和贡献》，载《孙中山研究》第 1 辑，广州：广东人民出版社，1986 年，第 102－104 页。

1917 年 7 月，孙中山到广州组织护法军政府，被推为大元帅。图为就任大元帅时的孙中山

1917 年孙中山南下后在广州留影

1917 年 8 月 25 日，孙中山与参加非常国会的各界代表合影

1918 年 3 月，孙中山
与宋庆龄在大元帅府合影

大元帅府外观

1917 年 9 月 7 日，《申报》刊文《广
东非常国会议组军政府》

1917 年 9 月 13 日的《申报》对广东
军政府情况的报道

孙中山大元帅府大本营参议林义顺

林义顺

林义顺（1879—1936），新加坡爱国华侨，1879 年
出生于新加坡，祖籍广东澄海。17 岁时进入商界。1895
年，与严永成、林文庆等人成立了怡和轩俱乐部，让支
持中国国内革命活动的华侨有了交流的地方。1901 年，
他又与张永福、陈楚楠、林受之等人共同组织了政治小
团体"小桃源俱乐部"，经常聚会讨论国内的时局。
1904 年初，林义顺与陈楚楠、张永福创办了第一份公开
宣传以革命推翻清朝的报纸——《图南日报》，通过报

纸呼吁南洋华人一同宣传共和理念支持反清革命，对抗专制体制和立宪派舆论。继《图南日报》后，1907 年 8 月，南洋同盟会的机关报《中兴日报》在新加坡吉宁街 18 号诞生了，林义顺就任第一任总经理。

1911 年 10 月，武昌起义成功。林义顺与陈嘉庚等人募筹巨款汇寄至南京革命政府。广东光复，林义顺在新加坡参与组织广东保安会，在同乡中募集救济款给予支持。1912 年初，应孙中山电请回国，任南京临时政府内务部卫生司司长。1913 年担任新加坡乡务局局员，其时祖国南方各省讨袁失败，革命党人多逃往南洋，李烈钧、柏文蔚、陈炯明、谭人凤、邹鲁、黄兴、张继等都先后到过新加坡，住在林义顺的"湛华别墅"，受到热情款待，并以林义顺的"通美行"作为革命党人的秘密通讯处。从 1914 年开始，林义顺先后担任华商银行、联东保险有限公司、新加坡华人银行董事，新加坡银行、华人保险有限公司等财团的董事和主席。

1917 年 8 月，孙中山在广东就任临时政府大元帅，委任林义顺为大本营参议。到 1921 年，他的资产已经达到数百万，在当时的商业和金融中心罗敏申路兴建了属于自己的商业大厦，和陈嘉庚一起被称为"橡胶大王"。1924 年出任英属马来亚鸦片委员会成员；1925 年荣膺太平绅士；1928 年创立了新加坡潮州八邑会馆，并曾出任两届新加坡中华总商会会长。1936 年 3 月 19 日林义顺不幸逝世于上海，终年 57 岁。

孙中山辞去大元帅职务

1918 年，广州护法政府逐渐由旧桂、滇系军人控制。5 月 20 日，桂、滇各系控制国会改组护法军政府，以七总裁取代大元帅，孙中山被架空。这件事给孙中山以极大的刺激，使他深刻认识到"顾吾国之大患，莫大于武人之争雄，南北如一丘之貉"。因此，孙中山于军政府改组前一日的 1918 年 5 月 4 日愤然辞去大元帅职务，孑然一身离粤转沪。

孙中山虽然辞去大元帅职务，但海外华侨并没有因此放弃对孙中山革命事业的支持。《民国日报》1919 年 2 月 7 日刊文《澳洲华侨爱护约法》，表达了澳洲华侨要求南方代表竭力维持民国约法的决心。

《民国日报》1918年5月28日刊文《国会挽留孙中山》

《民国日报》1919年2月7日刊文《澳洲华侨爱护约法》

1918年5月28日，孙中山离广州抵梅县时，与前来迎接的南洋华侨谢逸桥、谢良牧等合影

改组中华革命党

在俄国十月革命和国内五四运动的影响下，孙中山觉察到过去的革命方式和组织机构不能适应复杂形势的需要，于1919年5月28日发表《护法宣言》，认为"国内纷争，皆由大法不立"，因此，"今日言和平救国之法，惟有恢复国会完全自由行使职权一途"。10月，孙中山在上海法租界改组中华革命党为中国国民党，废除了中华革命党的总章，颁布中国国民党规约。规定"以巩固共和、实行'三民主义'为宗旨"，表示要重新开始革命事业，以求根本改革，创造一个全体国民所有的共和国家；规定中国国民党实行总理制，改变了中华革命党那种近似于旧式会党的组织方式。中华革命党改组为中国国民党，虽然谈不上彻底的改造，但它体现了孙中山愈挫愈勇的革命精神和坚定的意志。

孙中山在上海寓所的书房

1919 年的孙中山

1919 年，孙中山在上海寓所与章炳麟、胡汉民、汪精卫、朱执信等合影

1917 年至 1919 年，孙中山倾其毕生学力著《建国方略》，系统地抒发了自己的建国宏愿和构想。《建国方略》由"民权初步""孙文学说"和"实业计划"三篇构成

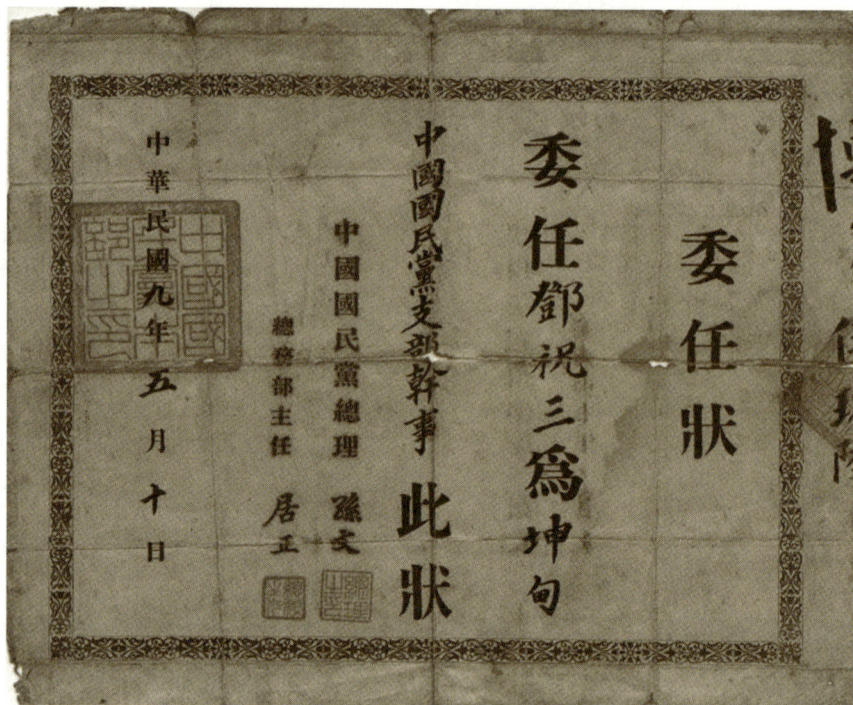

1920 年孙中山为印度尼西亚坤甸华侨签发的中国国民党支部干事的委任状

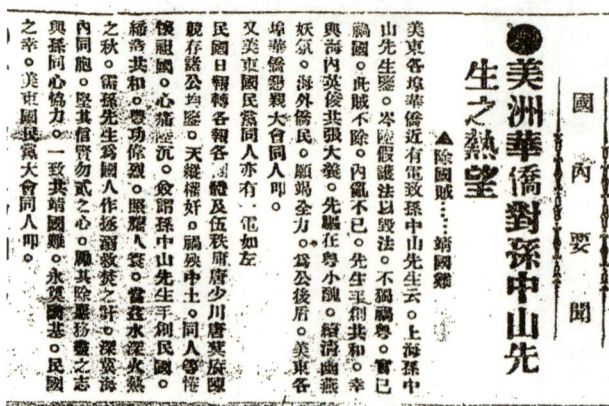

《民国日报》1920 年 8 月 11 日刊登的《美洲华侨对孙中山先生之热望》，表达了美洲华侨支持孙中山的护法运动和"除国贼、靖国难"的热望

中国国民党缅甸总支部党员证章

民国正式政府成立

　　1921 年元旦，孙中山在军政府发表演讲，正式提议仿照民国元年创立南京临时政府先例，在广州成立民国正式政府。3 月 6 日，广东各界人士一万余人举行国民大会，呼吁尽快选举总统，组织正式政府。海外不少华侨团体也纷纷来电，催请非常国会议决组织政府案。1921 年 5 月 5 日，孙中山在广州就任非常大总统一职，[①] 并发表就职宣言和对外宣言。在对外宣言中他表示："列强及其人民依条约契约及成例，正当取得之合法权利当尊重之。"对国内天然资源的开发则实行"开放门户主义，欢迎外国之资本及技术"。希望各国承认广州政府为"中华民国唯一之政府"。

孙中山就任非常大总统

　　1921 年 5 月 5 日，国会非常会议通过了《中华民国政府组织大纲》，推举孙中山为非常大总统。图为孙中山就职时与军政人员合影

---

　　① 民国十年（1921）4 月 10 日，非常国会在广州选举孙中山为非常大总统。5 月 5 日，孙中山就职。非常大总统依照总统制原则，以国家元首兼行政首长，以下不设国务总理，分外交、财政、司法、陆军、内务、海军六部及总统府秘书长。民国十一年（1922）6 月 16 日，广东军阀陈炯明叛变，孙中山任非常大总统至此为止。

民国十年，非常国会在广州开会，选举中山先生为非常大总统。"当我把选举的结果，除了两张废票以外，二百三十七票一致选举孙先生当总统的事报告给他的时候，他站了起来，严肃地拉住我的手：同志，从你报告我这个消息以后起，救中国的责任，就落在你我辈人的身上了。又对我说：你赶快去告诉其他同志，大家要勉力，要以此引为忧虑。我们要达到革命的目的，尚须同志们付出更大的努力。这种勇于负责的精神，是我至今尚引来勉励后人的。"

——中国同盟会会员梁钟汉

就任非常大总统时的孙中山和夫人宋庆龄

1921年，孙中山致南洋华侨李源水的信函，内有希望为革命筹款等内容。信函除开头"源水"二字和信尾"孙文"二字为孙中山手写外，其余内容均为印刷字体，说明中山先生将此信同时发送给多位同志

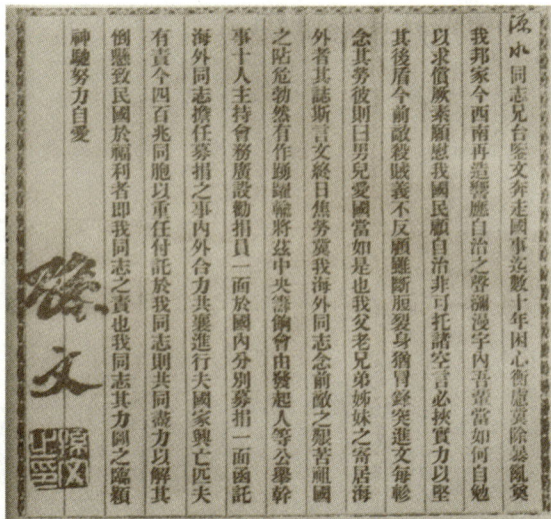

马来亚怡保华侨庆祝孙中山就任非常大总统

信函原文：

　　源水同志兄台鉴：文奔走国事，迄数十年。困心衡虑，冀除暴乱，奠我邦家。今西南再造，响应自治之声弥漫宇内。吾辈当如何自勉，以求偿厥素愿，慰我国民。顾自治非可托诸空言，必挟实力以坚其后盾。今前敌杀贼，义不反顾，虽断肠裂身，犹冒锋突进。文每轸念其劳，彼则曰：男儿爱国当如是也。我父老兄弟姊妹之寄居海外者，其志斯言。文终日焦劳，冀我海外同志念前敌之艰苦，祖国之阽危，勃然有作，踊跃输将。兹中央筹饷会由发起人等公举干事十人主持会务，广设劝捐员，一面于国内分别募捐，一面函托海外同志担任募捐之事，内外合力，共襄进行。夫国家兴亡，匹夫有责。今四百兆同胞以重任付托于我同志，则共同尽力以解其倒悬，致民国于福利者，即我同志之责也。我同志其力图之。临颖神驰，努力自爱。

孙文

中央筹饷会成立

　　在海外华侨的强烈呼吁下，民国正式政府成立后，随即成立了中央筹饷会，专司筹集义捐之职，以济国家之急。爱国人士及海外华侨踊跃捐饷，支援北伐，以解军政燃眉之急。中央筹饷会工作由邓泽如负责。孙中山对邓主持当时的中央筹饷会工作很满意，表扬他"急公好义，办事得力，深堪嘉许"。除中央筹饷会外，国民党海外各支部也积极组织筹款工作。

1921年8月23日，《民国日报》刊文《华侨请设中央筹饷局》，文中建议成立中央筹饷局，所有筹捐款项，专供大总统北伐及统一国政之用

《民国日报》1921年8月25日刊文《中央筹饷会致华侨书》，劝告华侨筹饷救国

1922年中国国民党驻西贡总支部为越南华侨出具的特别筹款捐助正式政府的收据

1923年邓泽如为秘鲁华侨签发的中央筹饷会的捐款收据

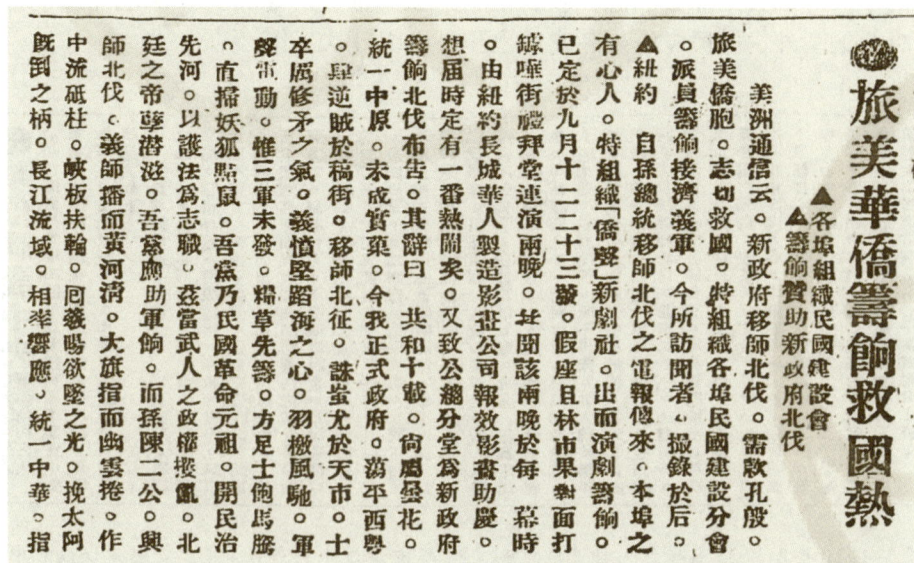

1921年10月8日，《民国日报》刊文《旅美华侨筹饷救国热》，报道了美国各埠组织民国建设会，筹饷赞助新政府北伐的消息

●華僑助餉北伐之踴躍

▲荷屬華僑義士 ▲香港義社之彙輪

荷屬華僑捐助北伐軍餉數萬元。前已函總匯餘元。現該二埠再派代表廖某等。親自帶同軍餉萬粵。昨廿九日到粵。隨赴總統府晉謁各要人。群表荷屬華僑受戴孫大總統親征之誠意。及現時華僑決定助餉辦法。每人捐工資一體入黨。此項餉可得軍餉一大宗。不日當可彙匯來粵。之軍餉一二點交安當後。復往總司令部晉謁陳總司令。陳總司令臨為優禮。聞希望我們西南政府早日成功。有良好政府保護海外華僑。將來打破此等不平的事。廖代表等聞言。均甚喜悅云。又民治社云。中央籌餉會成立後。由香港聯義社匯來輪船捐款絡繹不絕。天洋九輪船。前次已捐助義款四百二十餘元。今復捐助義款四百三十餘元。南京輪船。前次捐助義款數百元。今復捐助千餘元。搭客船員。均以北伐任即。故情形稱為踴躍。華僑之熱誠若此。至足令人欽羨也。

《民国日报》1921年12月8日刊文《华侨助饷北伐之踊跃》，报道了荷属华侨为北伐捐款数万元、香港联义社汇来捐款络绎不绝的消息

●澳洲華僑助餉北伐

▲組織華僑籌餉局

澳洲美利濱通信云。首孫大總統軍北伐。海外華僑之熱心贊助者甚眾。澳洲雪梨埠華僑已設有籌餉局。寄有鉅歀返粵。美利資國民黨。第一次曾捐助五百餘磅。以充軍需。陳安仁至美濱埠。復召集該埠華僑各團體。佐座岡州會館。會議進行。到會者四十餘人。陳安仁君為主席。隨議決於各團體派代表。組織一美利濱華僑籌餉局。十二月二十二日。各團體派代表均到公堂。基督聯會堂。香山會館。木行致公堂。是晚八點開議。陳君為主席。副局長陳象惡君。為伍洪南君。正財政黃銘昆君。副財政劉燈維君。憲記陳任一君。勸捐員二十餘人。定於正月初三。沿門勸捐。閩岡州會館首捐百磅。以為各團體之提倡云。

《民国日报》1922年2月23日刊登《澳洲华侨助饷北伐》，对澳洲华侨组织华侨筹饷局助饷北伐的情况进行了报道

1922年美国留学生在旧金山华埠宣传演出，为孙中山筹募北伐军饷

平定叛乱

1921 年 12 月，孙中山在桂林设立大本营，准备第二年春出师湖南北伐。1922 年 5 月，直奉战争中直系获胜，约法和国会恢复，在粤国会议员纷纷北上。陈炯明主张停战，实行联省自治，而孙中山主张继续北伐，双方产生激烈冲突。6 月，陈炯明炮击总统府，孙中山被迫登上永丰舰，一面亲督海军抗击叛军，一面令北伐军平乱，坚持至 8 月 9 日，北伐军失利回师，始离舰赴港转沪。1923 年 1 月 4 日，孙中山发出讨伐陈炯明的通电。经过半个月的战斗，滇、桂、粤联军攻克广州，将叛军驱至粤东。孙中山离沪赴粤重建大元帅府。

永丰舰

孙中山和宋庆龄于 1922 年 6 月在越秀楼与反击陈炯明叛乱中立功的卫士队合影

1923 年 1 月 5 日《国民日报》刊登的《孙大总统讨陈炯明电》

1923 年 2 月，陈炯明被滇桂联军逐出广州。孙中山离沪赴粤重建大元帅府。图为孙中山途经香港，2 月 20 日在香港大学演说后与师生合影

1923 年 8 月，孙中山和夫人宋庆龄在陈炯明于广州发动武装叛乱蒙难一周年后摄于永丰舰①

---

① 1894 年，北洋水师在甲午海战及之后的威海卫海战中全军覆没。清朝政府再筹巨款重建海军。1910 年，海军大臣载洵和北洋水师统制萨镇冰从日本三菱长崎造船所和川崎造船所订购了同样款式的钢木结构军舰两艘。1912 年军舰竣工下水。1913 年 1 月，两艘军舰开抵上海吴淞，编入海军第一舰队，并分别命名为"永丰"和"永翔"。1925 年孙中山逝世后，永丰舰更名为"中山舰"。

1923 年 6 月，孙中山在惠州附近的飞鹅岭亲自发炮轰击撤退到惠州的陈炯明部

1924 年 9 月 20 日，孙中山在广东韶关举行北伐誓师大会，并发表演说，检阅部队

　　1922 年，陈炯明阴谋背叛革命。当时，吴稚晖想说服陈炯明归顺，就请示中山先生要什么条件。先生宽宏大量地说：只要陈炯明写一张悔过书就可以。可惜陈炯明反动到底，背叛革命。1923 年冬，我随中山先生东征讨伐陈炯明。在战斗中，先生表现出大无畏的精神。在飞鹅岭炮兵阵地，忽然枪弹飞射，掠帽而过，中山先生却若无其事地来回走动，指挥发炮。我们都替他担心。在石滩战场敌军已经迫近，我们劝先生快走，但是先生泰然地指挥退却的部队返回前线。

——中国同盟会会员罗翼群

讨逆护法中的华侨

《民国日报》1922年6月25日刊文《华侨一致声讨叛军》，表达了华侨愿为讨袁做坚强后盾的决心

《民国日报》1922年12月17日刊文《荷属华侨筹饷援助讨贼》，报道了荷属东婆罗州（洲）华侨召集国民大会，筹饷援助讨伐陈炯明失利的消息

《顺天时报》1923 年 10 月 27 日刊文《南洋华侨助赈之踊跃》

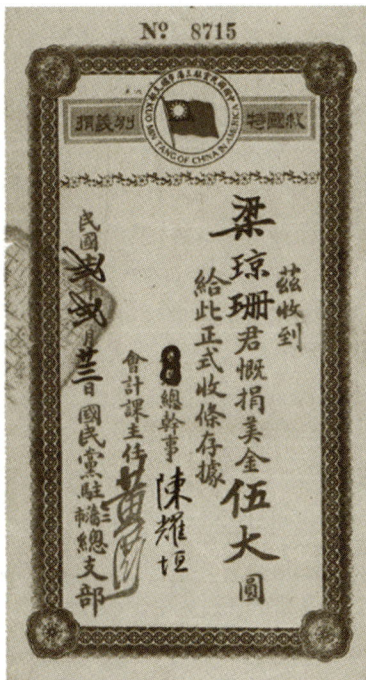

陈炯明在广州叛乱后，海外华侨为援助孙中山，发动了"救国特别义捐"，上图是 1923 年 2 月国民党旧金山市总支部为华侨出具的"救国特别义捐"收据

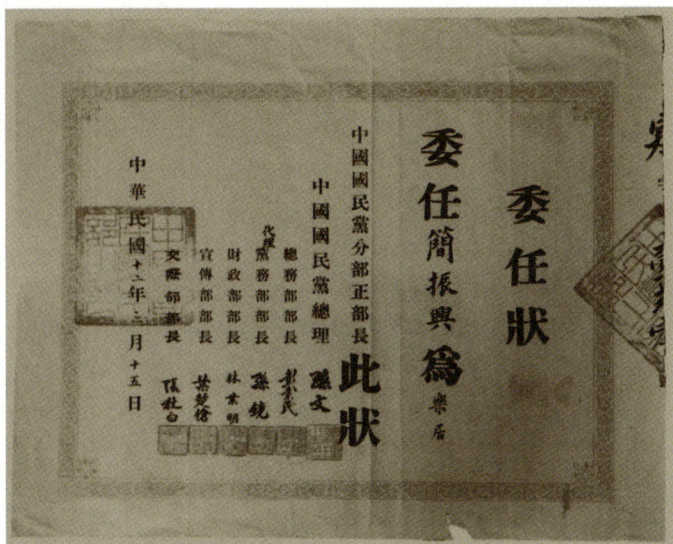

1923 年孙中山为美国华侨简振兴签发的中国国民党分部正部长的委任状

国民党驻旧金山市总支部总干事陈耀垣

陈耀垣（1887—1949），美国爱国华侨，广东香山南山乡人。1906 年赴美国经商，接替堂兄经营德和商店。在经营商务的同时，他积极参加各项社会活动，结识孙中山后，与孙结成挚友。1910 年加入孙中山在美组建的中国同盟会。1911 年，用两个月为孙筹集军饷五十万，并出卖德和商店，变卖全部家产，将所得款项悉数用于支持孙中山在美国开展的反清革命活动。同盟会改组为国民党后，陈耀垣于 1911 年任士得顿党部代表。1912 年任中华民国临时总统府秘书长、国民党中央委员。"二次革命"后，再次赴美，在华侨中开展反袁宣传活动。后受国民党在美洲总部支部部长林森委托，具体负责筹办 1915 年 7 月恳亲会，共商讨袁大计。会后他积极参与筹建航空学校，为培养第一批航空人才作出贡献。1921 年后任非常大总统府秘书长、国民党中央侨务委员。1922 年任国民党驻旧金山市总支部总干事。1925 年 9 月主持召开全美洲国民党第一次代表大会，悼唁孙中山，改订总支部章程发动党员筹款。1927 年任南京国民政府执委、国民党中央委员。1929 年归国，1931 年任西南政务委员会常委。广州沦陷后，一度移居香港，抗战胜利后回广州。1949 年再度赴香港寓居，1949 年 10 月 23 日在香港病逝。

180 万银圆捐助国民政府的陈耀衢

陈耀衢（1879—1949），泰国爱国华侨，广东潮阳人。1896 年赴暹罗谋生，肩挑杂货，日夜操劳。数年后稍有积蓄，创办制冰机器厂，参股经营首饰金业公司，至 1905 年成为曼谷等地公认的侨领之一。1909 年在曼谷参加同盟会，后转为中国国民党党员。历任国民党驻暹总支部执行委员、监察委员、评议委员，旅暹广东同乡会副理事长等职。1921 年，陈耀衢募款 180 万银圆回国，捐助孙中山的国民正式政府。孙中山得悉此事，遂于 1924 年驰书陈耀衢，称赞他"热心党务，迭次讨贼，卓著勋劳，操劳运筹，慨助巨款，崇德令誉，久已远近昭彰矣"。并希望陈耀衢今后对党务之策划与饷项之运筹仍继续努力，同时题书"养天地正气，法古今完人"相赠。1926 年，陈耀衢与马元利代表旅暹华侨向广东国民政府捐献水上飞机 1 架，并派飞行员 3 名，支援北伐战争。是年当选为国民党第二次全国代表大会代表。[①]

---

① 辑自姚作良、陈丰强主编：《潮阳县志》，广州：广东人民出版社，1997 年，第 1102 页。

东征讨陈华侨将领梁国一

梁国一（1892—1923），柬埔寨爱国归侨，海南省文昌市会文镇长坵村人，其父为越南侨商。梁国一中学毕业后产生革命思想，遂回国考入广东陆军小学及陆军速成学校。毕业后参加讨袁之役、护法运动，屡建战功。陈炯明叛乱时，在粤军任营长的梁国一正随军北伐，他奉命"旋师靖难"，翁源一战，以寡胜众，使敌"谈虎变色"。后随许崇智拔闽，在攻克福州之战中任先锋，战功卓著，升任团长。1923年春，奉命率部返粤讨陈，转战期海、捐阳、兴宁、博罗等地，艰苦备尝，积劳成疾，住院医治。东江战事告急，东路讨贼军第一路司令吴铁城命梁率部出援，梁遂抱病出任前敌指挥。他率军先败惠州之敌一部，继援增城，为坚守增城，梁命众兵固守，他亲率少数精锐出城迎敌，以一当百，大败敌军，击毙击伤敌人无数。但敌人大批援军到来，将梁部合围，他挥臂向所部发出命令："此正我辈军人报国之时也。尔等努力杀敌，迟者枪毙！"随即亲持机关枪连续率部冲锋，但终因敌众我寡，梁国一及所部战士全部壮烈牺牲，梁牺牲时仅33岁。孙中山先生亲题墓碑"梁国一先生之墓"，并追赠梁国一为陆军少将。梁国一是为东征讨陈、保卫广东革命根据地牺牲的一位重要的华侨将领。

梁国一墓

整党治国

　　早在第二次护法运动失败后，孙中山就开始考虑与苏联及中共合作的可能性。重建政权后，孙中山希望以布尔什维克的模式改造中国国民党，并借助苏联建军北伐。在共产国际和中国共产党的帮助下，孙中山开始改组国民党。1924 年 1 月 20—30 日，孙中山在广州主持召开中国国民党第一次全国代表大会，通过了《中国国民党第一次全国代表大会宣言》《中国国民党章程草案》和其他决议案，接受中国共产党提出的反对帝国主义、封建主义的主张，承认共产党员和社会主义青年团员以个人身份加入国民党，确立"联俄、联共、扶助农工"三大政策，重新解释"三民主义"，把旧"三民主义"发展为新"三民主义"。同中国共产党结成盟友，实现国共合作，组成反帝反封建的联合阵线，显然是孙中山政治生涯后期的重大英明决策。在共产国际和中国共产党的帮助下，孙中山的国防科技思想也逐渐成熟起来，黄埔建军、航空救国等军事思想的应用，标志着孙中山国防科技思想质的飞跃。这一时期，华侨对孙中山革命事业的支持，更多的是亲自投入、身体力行，比如参政议政、投身军旅。他们中的很多人还身兼多项军政要职，而且作出了不同的贡献。尽管这一时期在华侨中因各自情况不同和识量有别而对孙中山在新时期所制定"联俄、联共、扶助农工"三大政策的新方针，出现了不同的态度，但广大华侨坚定不移地追随和支持孙中山革命事业的信念没有改变，步伐也没有停止。

整党治国

改组国民党

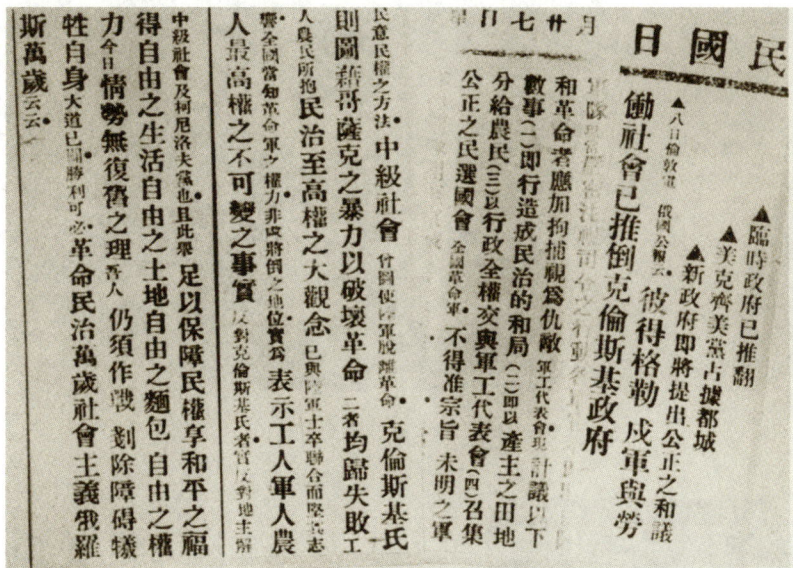

1917 年 11 月 10 日，《民国日报》首先报道了苏俄十月革命成功的消息

　　苏俄在十月革命中的胜利没有得到北洋政府的重视和支持，反而给了正处于革命绝境中的孙中山以鼓舞和动力。孙中山立即通过中间人向列宁表示敬意。在与苏俄使者的通信会谈中，孙中山逐渐萌发了联俄思想，希望苏俄能支持中国革命，给予中国革命以肯定，同时传授苏俄军队组织的方法和政党组建的方法。陈炯明叛变之后，孙中山与苏俄进入实质性的磋商阶段，在找到利益平衡点后，孙中山和苏俄逐渐走向联合。

　　1924 年，孙中山"以俄为师"对国民党进行改组，成为国民党历史上的重要时期。苏俄派鲍罗廷负责国民党改组事宜，开始根据苏俄的体系改组国民党。孙中山改组国民党的目的是十分明确的，他在大会上致开幕词时明确宣布："此次国民党改组，有两件事：第一件是改组国民党，要把国民党再来组织成一个有力量、有具体的政党。第二件就是用政党的力量去改造国家。"①

---

① 刘学：《另一个视角：以国民党"以俄为师"改组折射政党国家"基因"》，《中山大学研究生学刊（社会科学版）》2011 年第 3 期。

孙中山宴请苏联顾问

1923 年 10 月共产国际驻中国代表鲍罗廷来到广州以后，孙中山经常与其彻夜交谈。鲍罗廷根据孙中山所提出的问题，给出很多好的建议，如修改党纲、制定党章，尽早召开党的全国代表大会，在广州、上海首先建立党的核心等。图为孙中山与鲍罗廷（左）

鲍罗廷，苏联人。生于沙俄前威特比斯克省。青年时代开始革命活动。1903 年参加俄国社会民主工党，1907 年春赴美侨居，参加革命活动，曾在芝加哥加入美国社会党。1923 年秋来中国，任共产国际驻中国代表、苏联驻广州革命政府代表，并被孙中山聘为国民党的组织教练员，其后任国民党中央政治委员会高等顾问等职。他提出改组国民党的具体计划，推动了国民党的改组和第一次国共合作的形成。1924 年 1 月参加中国国民党第一次全国代表大会，协助起草大会宣言和会议的其他文件。同时协助孙中山创办黄埔军校，请求苏联政府派军事顾问团及调拨款项、军械支持军校，并多次到军校介绍十月革命经验以及苏联红军的生活和政治工作。当年 10 月支持孙中山镇压商团叛乱。11 月随孙中山北上。孙中山逝世前，请他转达遗言和给苏联的信。1925 年 7 月任广州国民政府高等顾问。

20世纪20年代初期，国共两党有过第一次交集，由此拉开了整个国共关系史。1924年国民党改组正是第一次国共合作的重要成果，也是孙中山对国民党进行彻底改组的有益尝试。

1922年8月，李大钊在参加中共杭州西湖会议后，受命前往上海拜会孙中山，共同探讨振兴国民党与振兴中国的问题，表达了中国共产党与孙中山及国民党合作的诚意。孙中山对李大钊给予很高的评价。1922年9月4日，孙中山在上海寓所的草坪上召集在沪国民党骨干举行国民党党务改进会，邀请共产党员李大钊、林祖涵（林伯渠）参加。会上，孙中山总结了几十年斗争屡遭失败的经验教训，阐述了联俄、联共、改组国民党的必要性和迫切性。会议一致赞同孙中山关于改组国民党的主张，自此国共合作迈出了第一步。

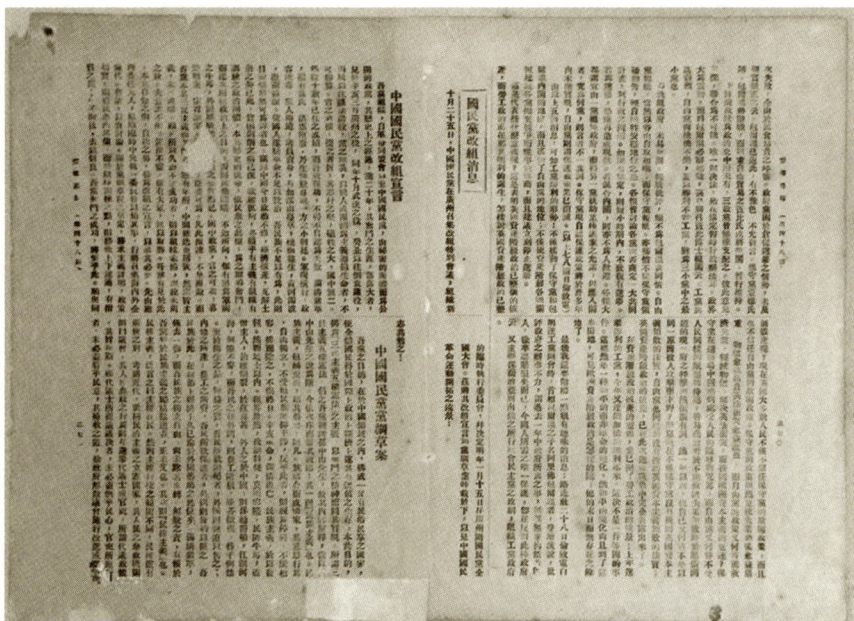

1923年11月25日，国民党临时执委会发表《中国国民党改组宣言》，同时公布了党纲和党章草案。图为《向导周刊》第四十八期发表的《中国国民党改组宣言》

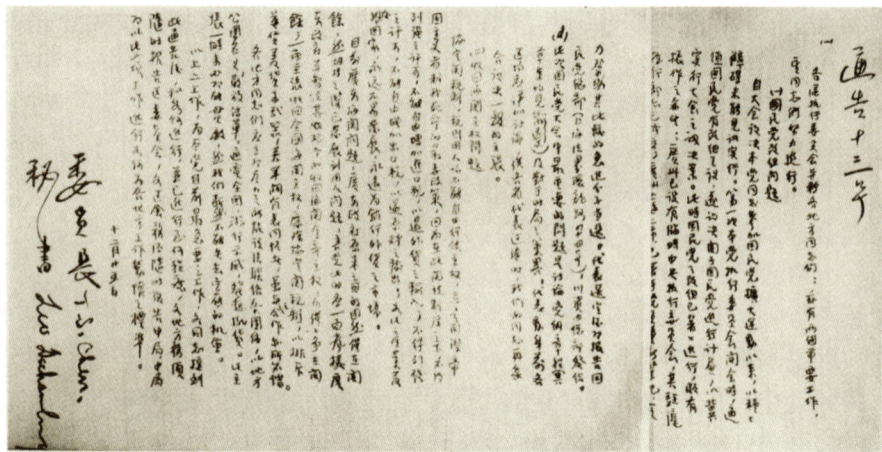

1923 年 6 月，中共三大决定共产党员以个人身份加入国民党，建立民主联合战线。会议选举陈独秀为中央执行委员会委员长，毛泽东为秘书。图为同年 12 月 25 日中国共产党发布的通告，要求各级党组织帮助国民党进行改组工作

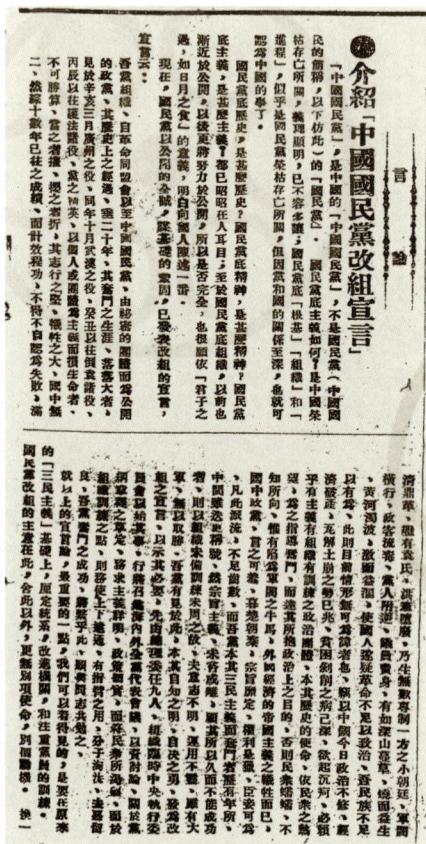

《民国日报》1923 年 12 月 7 日刊文《介绍〈中国国民党改组宣言〉》，为国民党改组做好舆论工作

◎國民黨改組大綱
▲全國委員會設廣州　▲執行委員會設上海

中國國民黨，定於明年一月十五日，在廣州舉行全黨大會，討論黨務進行，已誌前報，現聞籌備各委員對於改組計畫，已經草就，其大要如后：

（一）國民黨全國委員會　國民黨領袖，為全國委員會之第一次全體大會，尚未召集之前，全國委員會，應由現在之國民黨本部組織成立，名為「國民黨臨時全國委員會」，該會應舉會長一人、秘書一人、住居廣州，每兩月開會一……

《申报》1923年11月9日刊文《国民党改组大纲》，该大纲为国民党改组提供了制度保障

王恆談國民黨改組後傾向
▲解釋民黨赤化之誤會

《民国日报》1924年2月11日刊文《王恒谈国民党改组后倾向》，对国民党改组后"赤化"倾向的误会进行了解释

中国国民党第一次全国代表大会召开

　　1924 年 1 月 20—30 日，孙中山在广州主持召开了中国国民党第一次全国代表大会，大会通过决议，共产党员和社会主义青年团员可以个人身份加入国民党。这标志着国民党改组的完成和国共合作的正式建立。上图为会议代表合影；下图为会议会场

　　孙中山自 1923 年 2 月 21 日从上海抵达广州到 1924 年 11 月 13 日离开广州北上，是其革命过程中最艰苦、最复杂的一段时期。在此之前，孙中山进行了一次又一次的奋斗，也经历了一次又一次的失败，并且因为找不到能够使革命取得胜利的道路而感到痛苦，但是他并没有放下斗争的旗帜。终于，他遇到了十月革命和中国共产党，开始了他一生中最伟大的转变。他接受了国际工人阶级和中国工人阶级给予的帮助，勇敢地采取了"联俄、联共、扶助农工"三大政策，并且在这三大政策的基础上，改组了他创办的中国国民党。1924 年 1 月，中国国民党召开第一次全国代表大会，自开会至闭会不过十多天的时间，孙中山就亲临大会发表演讲达八次之多，足见其对国民党改组期望之深切。

孙中山在中国国民党第一次全国代表大会上致开幕词

国民党"一大"特别出入证

国民党"一大"结束后，孙中山与代表步出会场

1924 年春，孙中山于广州大元帅府留影

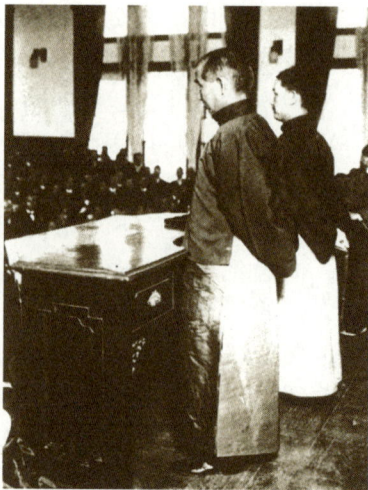

1924 年 11 月 28 日，孙中
山在日本神户高等女子学校发
表演讲，宣传"三民主义"

1924 年 5 月 5 日，中国国
民党上海执行部成员举行庆祝
孙中山就任非常大总统三周年
纪念会合影。其中邓中夏（前
排左一）、沈泽民（前排左四）、
邵力子（前排左九）、向警予
（前排左十）、毛泽东（后排左
二）等人，都是中国共产党员。

参加国民党 "一大" 的华侨

1924 年 1 月下旬，中国国民党第一次全国代表大会召开，共产党人李大
钊、毛泽东、谭平山、瞿秋白和林祖涵（林伯渠）等出席。出席这次大会的
指派、推选的代表共 197 人，其中华侨代表 34 人，而在内地各省代表中，可
以判明来自华侨家庭或有鲜明华侨背景者尚有廖仲恺、邓泽如、冯自由、谢英
伯、孙科、方瑞麟等多人，加起来约占总代表人数的 20%。① 华侨代表在大会

① 参阅《中国国民党"一大"史料专辑》，广州：广东人民出版社，1984 年，第 367－370 页。

上分别就越南河内、澳洲雪梨、美国檀香山、墨西哥、加拿大、南洋芙蓉、暹罗、菲律宾党务状况作了报告，并认定"本党对于华侨同志应该积极联络"，商议在上海、香港、广州等地设立海外同志招待所。①

中国国民党第一次全国代表大会与会华侨代表

选举产生的华侨代表		由孙中山指派或其他方式产生的华侨代表			
代表地区	代表姓名	代表地区	代表姓名	代表地区	代表姓名
澳洲雪梨支部	黄右公	越南西贡	林永伦、赵卫平	西世金分部	陈有庚
越南支部	冯苇渔	加拿大	黄发文	日本神户分部	刘土木
加拿大支部	黄季陆	墨西哥	黄宽禄	暹罗分部	陈美堂
越南河内支部	陈觉梦	南洋	陈汉子、陈鸿锐	菲律宾龙马总地	赵鸿、协鹏
暹罗支部	萧佛成	美国	叶崇濂	西贡薄寨分部	何觉非
美国旧金山支部	刘芦隐	暹罗	林伯歧	西贡金瓯分部	欧家荣
菲律宾怡朗支部	杨挺秀	缅甸仰光	黄馥生	联义分部	林达生
檀香山支部	刘福珠	菲律宾第二分部	梁为杰	西贡美狄分部	许英祥
吧城支部	李国瑞	日本东京第二支部	宋垣忠	日里棉兰分部	梁如九
墨西哥支部	余和鸿				
芙蓉支部	肖振堂				
缅甸仰光支部	黄德源				
西贡总支部	陈甦生				

注：以上共有华侨代表34人，还有各省选出的归侨代表廖仲恺、冯自由、邓泽如、陈树人、方瑞麟、孙科、陈璧君等，共计40多人，约占代表总数的1/5，占与会代表的1/4。本表根据任贵祥《孙中山与华侨》第418-419页内容制作。

---

① 中国第二历史档案馆编：《中国国民党第一、二次全国代表大会会议史料》（上），南京：江苏古籍出版社，1986年，第66-67页。

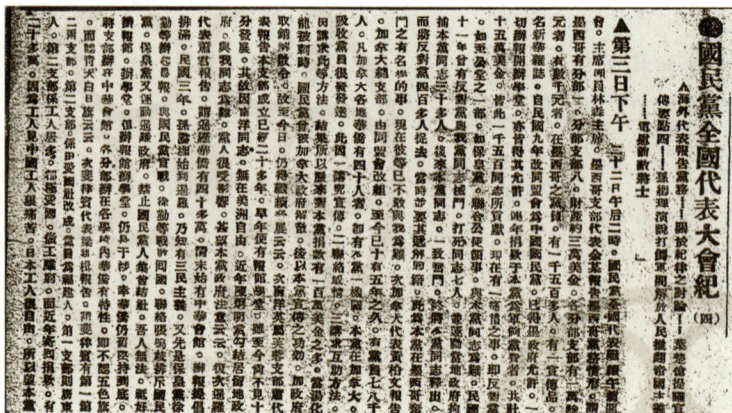

《民国日报》1924年1月31日刊文《国民党全国代表大会纪（四）》，对会议中海外代表报告党务的情况进行了陈述

美国旧金山支部代表刘芦隐

刘芦隐

刘芦隐（1894—1969），美国爱国归侨，江西永丰人。早年就读于南昌一中。1912年4月，加入同盟会。次年夏，考入上海复旦大学，毕业后赴美国留学，入加利福尼亚大学攻读经济学，获学士学位。1921年任旧金山《少年中国晨报》总编辑，兼国民党旧金山支部总干事。1922年，奉命赴沪开展青年工作，兼上海大学、复旦大学教授。新中国成立后任四川省文史研究馆馆员、文史馆杜诗校注小组组长。1955年后当选为全国政协第二、三、四届委员会委员，四川省政协社会人士工作组组长，民革中央团结委员会委员。1969年病逝于四川雅安。

暹罗代表林伯歧

林伯歧

林伯歧（1889—1968），泰国爱国华侨，广东汕头溪南镇董坑村人。17岁赴泰国经商。1898年，在泰国川走北标一带府邦的货船当雇工。6年后，自己开办了纱布杂货店。1906年，在泰国参加了同盟会并开始为中国国内起义筹集经费。1910年，在曼谷红桥头开办荣成记酒行，并积极参加同盟会革命活动。1911年，孙中山在泰国宣传革命时，林伯歧经常参加资助活动，并任中华会馆干事。1921年，泰京中华赠医所创办，林伯歧成为首任理事长。1924年，林伯歧被孙中山指定为暹罗代

表，与暹罗支部萧佛成、暹罗分部陈美堂三人出席中国国民党第一次全国代表大会。林伯歧还在家乡董坑村创办圣彰小学，以培养家乡人才。此后，历任泰国新民学校、振坤女校、培英学校总理兼财政，为社会福利慈善事业出钱出力。林伯歧为中泰亲善以及泰国经济繁荣作出了很大努力，曾荣获泰皇七世、八世、九世御赐勋章。1968 年 9 月 25 日，林伯歧在泰国无疾而终，火葬时泰皇普密蓬恩赐圣火，给予殊荣。

暹罗分部代表陈美堂

陈美堂（1872—1936），泰国爱国归侨，广东潮阳人。自小遵父训致力于学医。待父亲去世后，他于清末赴暹罗经商，稍有积蓄后，在曼谷创办大安堂药行，后创耀华力药行。1905 年，在暹罗参加同盟会。1915 年任国民党暹罗分部部长，与萧佛成等合办新民学校。1919 年，护法军舰队南下广州，陈美堂前往谒见孙中山，捐巨款支援海军，得到孙中山的嘉奖。同年，回乡创办萃英学校，由孙中山题书校名。1921 年任大元帅府参议，兼任汕头华侨联合会会长。1924 年被选为国民党第一次全国代表大会代表，赴广州参加会议。1935 年当选为广东省参议会议员，兼任侨务组副组长、西南执行部侨务委员会委员。1936 年病逝。

陈美堂　　　　　　　　孙中山赠送陈美堂的特制瓷画像

孙中山先生虽然特别爱护同志，但是谁要是违反他的革命主张，即使是老同志他也不迁就。不只对老同志不迁就，坚持自己的革命立场，就是对自己的儿子也不徇情，谁反对与共产党合作就不要谁。国民党改组后，他的儿子孙科本来已列入国民党中央委员名单，后来孙先生听说孙科背后曾说"反苏""反共"的话，孙先生就把孙科的名字从中央委员名单上勾去。并且说："留着这个名额给赞成与共产党合作的同志。"

——中国同盟会会员刘积学

中国国民党海外部正式成立

国民党"一大"闭幕不久，即 1924 年 2 月 6 日，在孙中山亲自主持下，国民党中央执行委员会举行第三次会议，会议通过《海外党务方案》："议决依据海外代表谈话会之结果，于中央执行委员会增设海外部，统辖海外加拿大、旧金山市、古巴、檀香山、墨西哥、澳洲、菲律宾、安南、暹罗、缅甸、日本、香港、南洋、英国、印度、南美、法国、南非等十八个总支部。"① 2 月 15 日，海外部正式成立。第一任部长由国民党资深人物林森担任。

《顺天日报》1924 年 2 月 2 日刊文《国民党在海外之党务》，报道了墨西哥、加拿大、南洋、暹罗、菲律宾的海外党务情况

---

① 参见《中华民国史事纪要（初稿）》1924 年 1—2 月，第 369－370 页。

《民国日报》1924 年 12 月 12 日刊文《国民党之海外发展》，认为国民党有必要吸收新鲜血液

中国国民党海外部第一任部长林森

林森（1868—1943），近代著名政治家，福建闽侯人。幼居福州，入英华学堂，因反清被开除，后参加反割让台湾斗争，并加入兴中会；中国同盟会成立时率会加盟。辛亥革命中，领导九江起义，并促海军反正，派兵援鄂、皖，稳定革命大局，被推举为南京国民临时政府参议院议长。"二次革命"失败后于 12 月赴日本。1914 年在东京加入中华革命党。后离日本赴美洲，开展筹饷和党务活动。在袁世凯死后离美回国，此后又担任过大元帅府外交部部长、参议院院长兼宪法会议议长等

林森

职。1921 年 1 月，任非常国会议长。1922 年出任福建省省长。1923 年 10 月在广州召开中国国民党改组会议，林森负责国民党改组事宜。1924 年 1 月，国民党第一次全国代表大会在广州举行，林森被选为中央执行委员，并被任命为

国民党海外部部长。1925 年 7 月广州国民政府成立，林森被选为常委。1927年 9 月被推举为南京国民临时政府常务委员。1928 年 9 月任国民党中央政治会议委员，10 月任国民政府立法院副院长，接着又被选为中国国民党中央监察委员。1931 年 12 月 23 日，接替因"九一八"事变而下野的蒋介石任国民政府主席。1937 年抗日战争爆发后，林森于 11 月 20 日宣布迁都重庆，并率员于 11 月底抵达重庆。1941 年 12 月 9 日，林森代表国民政府对日宣战。1943年 8 月 1 日因车祸在重庆逝世，葬于重庆歌乐山林园。

中国国民党海外部党务特派员许甦魂

许甦魂

许甦魂（1896—1931），新加坡爱国华侨，广东潮安人。1916 年秋出走南洋，结识了彭泽民、包惠僧、董方成等爱国青年，经常在一起谈论国内政治形势。1917年 8 月，以私蓄在新加坡创办华工免费夜校，自任校长。到 1920 年，该校先后有 4 批、近 200 名华侨受到教育，成为新加坡华侨爱国活动的第一批骨干。1918 年 1月，新加坡店员工会成立，许甦魂为名誉主席。1919 年初，为《新国民日报》编辑，积极宣传革命。五四运动爆发后，他发起成立"旅新华侨反帝救国后援会"，声援国内的反帝爱国运动。1924 年初在广州加入中国共产党，时正值国共合作时期，他积极投身于两党领导下的革命斗争。3 月他再赴东南亚，担任国民党缅甸总支部负责人兼国民党海外总支部机关报——仰光《觉民日报》总编辑。1926 年出席国民党"二大"，被选为国民党候补中央执行委员，任国民党中央海外部秘书兼中央海外总支部负责人。大革命失败后，参加了著名的南昌起义。1929 年 12 月参加百色起义，任红七军政治部宣传科科长，参与创建右江革命根据地。1930 年 11 月，任整编后的红七军第十九师政治部主任，参加了北上转移至湘赣边的各次作战。1931 年初，任红七军政治部秘书长。不久，又任红七军政治部主任，并被选为中共红七军前敌委员会委员。

黄埔军校与华侨

苏俄体制中最早引起孙中山及国民党人兴趣的，就是建立一支由革命党自己控制的武装力量。第二次护法运动期间，孙中山接受了共产国际代表马林关于创办军官学校培养革命骨干，以建立革命武装的建议。1922 年 6 月，陈炯明叛变革命后，孙中山更坚定了建立军校和革命军队的决心。1924 年 1 月 24

日，正值国民党第一次全国代表大会在广州召开，孙中山正式下令，要求参照苏联红军的制度筹办陆军军官学校，简称"黄埔军校"。6月16日，黄埔军校举行开学典礼，孙中山到会发表演说，指出创办军官学校"独一无二的希望，就是创造革命军，来挽救中国的危亡"。军校成立后，孙中山任校总理，并同党代表廖仲恺、校长蒋介石组成校本部。下设机构有政治部、教练部、教授部、管理部、军需部、军医部。军校一直得到苏俄政府的各种援助。初创时，苏俄政府资助了两百万卢布作为开办费，还派出专业顾问，如鲍罗廷、加伦、巴甫洛夫、斯切潘诺夫等。军校学生来自全国各地，以广东、湖南、湖北、浙江、四川等省为多；还有来自越南、朝鲜、马来亚和泰国的革命青年。[①] 华侨一直是黄埔军校中的一支劲旅，如黄埔军校第六分校第十五期第六总队就有100多名南洋华侨子弟。而黄埔军校第四分校于1940年成立了唯一一支"华侨总队"，从港澳、新加坡、马来西亚、印度尼西亚、缅甸、越南、泰国、菲律宾等地总共招收了华侨青年1 500多人，毕业后他们大都被派往南洋各地，负责日本占领下的东南亚之情报工作。[②] 黄埔军校从1924年5月创办以来共办了7期，培养了大批军事政治干部，对中国革命事业作出了重大贡献。

孙中山与黄埔军校

---

① 《孙中山与黄埔军校》，华夏经纬网，http://www.huaxia.com/20040616/00212073.html。

② 黄修毅、马怡敏：《漂泊的黄埔军校》，《党政论坛（干部文摘）》2014年第9期。

1924 年 6 月 16 日，孙中山在黄埔军校开学典礼上

黄埔军校旧貌

黄埔军校华侨教官叶剑英

叶剑英

叶剑英（1897—1986），马来亚爱国归侨，出生于广东省梅县雁洋堡。少年时在丙村三堡学堂和梅县东山中学读书，受到辛亥革命影响，立志报效国家。1916 年随父赴南洋投奔伯父。翌年回国，入云南讲武堂学习，毕业后追随孙中山投身于民主革命。1920 年夏，叶剑英参加了由孙中山组织的驱逐桂系军阀之役。翌年 10 月，随大总统孙中山出巡广西。1922 年 6 月，军阀陈炯明叛变，时任海军陆战队营长的叶剑英率部同叛军英勇作战，护卫孙中山脱险。嗣后，前往福建任东路讨贼军第

八旅参谋长，随军入粤讨伐陈炯明。1924 年初，叶剑英任建国粤军第二师参谋长。受廖仲恺邀请，参与创建黄埔陆军军官学校，被委任为教授部副主任，掌管军事理论的学科教育。叶剑英讲课深入浅出，善于把深奥的道理讲得通俗明白，受到学生的欢迎和好评。军校日常生活和作风严格紧张，叶剑英常常黎明即起，亲自巡视教官、学生的军训和生活情况。从军容风纪、整理内务、擦拭武器到出操、晚休等起居作息的各个环节，他都认真检查，要求学生做到的，自己首先做到，赢得了学生们的爱戴。当年同在军校执教的聂荣臻称叶剑英是"军校最有威望的教官之一"。

叶剑英跟伯父在马来亚怡保住过的地方

时任黄埔军校教授
部副主任的叶剑英

在国民政府中任职的华侨

国民党中央执行委员、 海外部部长， 国民政府委员彭泽民

彭泽民（1877—1956），马来亚爱国归侨，广东四会人。1902 年，背井离乡前往南洋谋生。1906 年，响应孙中山的主张，在当地参加同盟会，从事革命活动，是吉隆坡分会负责人之一。1908 年 10 月下旬，为了加强南洋各地同盟会组织的领导以及筹办军饷，孙中山赴芙蓉、吉隆坡等地活动。为了保证孙中山的安全，彭泽民发动当地同盟会会员全体担任警卫工作。同年秋，根据孙中山"改良扩充，以求其进步"的指示，吉隆坡同盟会支部进行组织整顿和扩充，彭泽民被推选为"青年益赛会"总理。在彭泽民等的领导下，吉隆坡

同盟会会员不断增加，活动逐渐开展，全力为武装反清起义募集捐款。1911年6月，中华革命党雪兰莪总支部根据革命斗争需要，组织了华侨"讨逆军"回国讨袁，彭泽民负责为讨逆军筹饷。

1915年孙中山签发给彭泽文（民）的委任状

彭泽民

1914年孙中山亲笔题赠彭泽民"博爱"条幅

辛亥革命的胜利果实被袁世凯窃取后，孙中山重组中华革命党，开展反袁斗争。彭泽民发起组织中华革命党雪兰莪总支部，服从孙中山领导的"二次革命"。1919年10月，中华革命党正式改组为中国国民党。11月，彭泽民等成立了中国国民党芙蓉总支部。它与新加坡总支部、庇能总支部并列，成为马来亚联邦国民党组织的最高领导机关。1921年初，彭泽民被吉隆坡《益群日报》聘为总理，在华侨中影响甚大。1926年，彭泽民当选为华侨代表，回广州出席中国国民党第二次全国代表大会，并被选为国民党中央执行委员、海外部部长，国民政府委员。坚决同国民党新、老右派破坏国共合作的分裂行径作斗争，维护孙中山的"联俄、联共、扶助农工"三大政策，是孙中山的忠实追随者和战友。新中国成立后，曾任中央政治法律委员会副主任、中央华侨事务委员会委员、首都归国华侨联谊会主席、全国侨联副主席、中国红十字会副会长、中国中医研究院名誉院长等职务。1951 年起任农工民主党副主席，1954 年被选为第一届全国人民代表大会常务委员会委员。1956 年 10 月在北京逝世，享年 79 岁，遗体安葬于北京八宝山革命公墓。

孙中山的外事顾问陈友仁

陈友仁（1875—1944），特立尼达爱国华侨，祖籍广东兴宁。曾是加勒比地区第一位华人律师，也是第一位有色人种律师。1911 年回国，先在北洋政府交通部任法律顾问，后离开政府担任新创办的英文版《每日新闻》编辑。不久后辞职，自己创办随后相当著名的反帝反封建英文版《京报》，自任总编辑。1916 年，通过廖仲恺的介绍，在上海法租界与孙中山见面。由于都具有共同的民主思想和文化政治修养，两人言谈甚欢，相见恨晚。1918 年 5 月陈友仁在《京报》发表《出卖中国》，揭露段祺瑞与日本密谋借款 1 亿元的丑举，结果被段祺瑞以"妨碍公务罪"逮捕入狱，判处 4 个月监禁，报纸被查封。出狱后他立即南下广州，追随孙中山。1918 年秋，任广东军政府外交及法律顾问，成为孙中山的亲密助手。1919 年，他作为南方的中国政府代表团代表（北方代表为北洋政府官员）出席巴黎和会。在和会上，当时作为北洋政府首席代表的顾维钧，在征求包括陈友仁在内的代表团各成员的意见后，强烈表示不同意列强有关日本在山东权益问题的决议，拒绝签字，从而引发了震惊中外的五四运动。1922 年，陈友仁任孙中山的外事顾问，参加孙中山与苏俄特使越飞的会谈。会谈后发表的《孙文、越飞宣言》，表明了孙中山开始放弃对帝国主义国家的幻想和寻求国际革命力量援助的愿望，这次会谈对陈友仁的政治思想也产生了积极的影响。1924 年 11 月，孙中山接受冯玉祥等的邀请北上共商国是，陈友仁以英文秘书身份随同。孙中山逝世前一天，陈友仁代为起草《致苏联遗书》。1926 年被选为国民党第二届中央委员，任国民政府外交部部长。1927 年国民党右派一系列镇压共产党事件发生后，陈友仁与宋庆龄一

陈友仁

陈友仁夫妇在工作中

起公开坚决反对。1941 年在香港被日寇软禁，严词拒绝担任南京汪伪政府的外交部部长，1944 年在软禁中于上海去世。

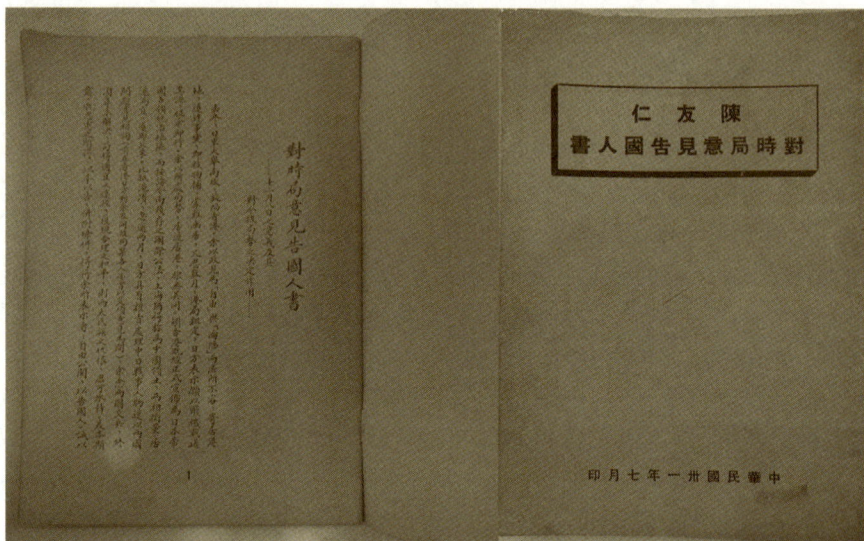

1942 年，时任外交部部长陈友仁的手写体抗战宣传材料《对时局意见告国人书》

投身军旅的华侨

转战疆场的华侨将领

张民达

张民达（1885—1925），马来亚爱国华侨，广东省梅州市梅县区桃尧镇石螺岗人。9 岁时因家贫随家人赴南洋。初进英文学校，继入方言传习所。毕业后，因通晓多种语言，先后在吉隆坡、芙蓉、怡保等地审判厅当传译员。辛亥革命前，经邓泽如介绍结识孙中山，后加入同盟会和中华革命党，追随孙中山投身革命。1916 年，张民达响应孙中山的讨袁运动，回国参加华侨护国军，组成讨龙（济光）敢死队。1917 年，追随孙中山参加护法运动。1922 年陈炯明叛变后，孙中山将北伐军改编为讨伐陈炯明的东路讨贼军，张民达在北伐中表现忠勇，立下战功，被提拔为第八旅旅长，率领第八旅参加言岭关大战，惠州、博罗之役，白茫花之役，淡水之战，派尾之战等大小战役，威震四方，受到孙中山嘉勉。1924 年二三月间，建国粤军正式成立，张民达升任第二师师长，取得连平大捷。1924 年春，广东革命政权的财政陷于困境，原因之一就是贩私盐猖獗。廖仲恺向孙中山建议，委任张民达兼任两广盐务缉私处主任，以整顿盐税。是年 4 月，张民达走马上任，即采取果断措施整治，使走私敛迹，政府盐税收入有了保证。6 月间，孙中山任命张民达为建国粤军第二师师长兼第四旅旅长，叶剑英任师参谋长。7 月，张民达奉命征讨盘踞在连平的陈炯明属下李易标部，击毙其师长麦胜芳。8 月 9 日攻克连平。10 月，回师广州讨平广州商团陈廉伯之武装叛乱。1925 年春的第一次东征，张民达以第二师师长职担任右翼军总指挥，扫荡了石滩、石龙一带之陈家军，攻克广九线上的常平。张民达在扫清陈炯明残部后，任梅州五属绥靖督办。是年 4 月 5 日，张民达由梅县赴汕头商议回师广州的军机大事，途经潮州时，船触湘子桥铁索，翻船遇难，时年 40 岁。

1924 年 6 月 13 日，张民达就职建国粤军第二师师长仪式

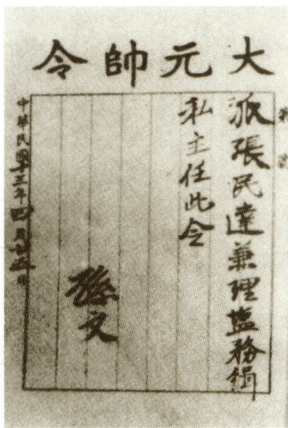

1924 年 4 月，孙中山签署的张民达任盐务缉私处主任令

航空救国中的华侨先驱

将航空和救国联系在一起，是孙中山的强国梦想。辛亥革命前后，孙中山曾到英、美、法、德、日等国游历，从事革命的宣传、鼓动和组织工作，同时考察了西方的政治、经济、军事等有关情况。他在耳闻目睹飞机的发明、发展和应用情况之后，深感这一当时最新科学技术在军事上和国家建设上的重要作用，认为"飞机将成为新式的军事武器，大大有助于我国国民革命"。辛亥革

命爆发后不久，孙中山致函海外同志，指出"谋设飞船队极合现时之用，务期协助成，以为国家出力"。1915年，孙中山在日本八日市创办了中华革命党航空学校，并亲临训话："飞机将是未来战争决胜之武器。"以"航空救国"的道理激励学生。1920年，孙中山委托陈树苹、蔡荃湘组织杨著昆、杨仙逸、蔡司渡等在美国旧金山开办图强公司（飞行学校），专门培训飞行人员。1922年，孙中山指示在广州兴办一家飞机制造厂。5月生产出第一架飞机，命名为"乐士文"号，孙中山特为此飞机题写了"航空救国"四个大字。1924年，孙中山创办的广东军事飞机学校（广东航空学校）是当时中国培训航空人员最多、质量最好的一所航校。孙中山的"航空救国"思想及实践，大大激发了华侨的爱国热情。他们纷纷解囊捐款，筹集经费购买飞机；创办航空训练机构。许多华侨青年积极学习航空技术，学成回国后成为中国航空事业的先驱和骨干。由华侨组成、领导或担任骨干的四支航空部队——广东军政府飞机队、华侨革命飞机团、中华革命军东北军飞机队、大元帅府航空处，为辛亥革命的胜利、为维护革命的成果、为挽救民主共和国、为支持孙中山讨袁发挥了积极的作用。

航空救国宣传画

1911年12月30日，华侨革命飞机团的飞机运抵上海，准备支援辛亥革命

1924年，孙中山在广州创办的广东军事飞机学校（广东航空学校）旧址

中国近代航空先驱冯如

　　冯如（1884—1912），美国爱国华侨，出生于广东恩平。12 岁随父漂洋过海到美国谋生。白天当勤杂工，晚上研读机械学，苦心钻研。6 年以后，转往纽约，攻读机器制造专业。5 年后，通晓 36 种机器，具备了广博的机械制造知识，发明制造出抽水机和打桩机。他设计制造的无线电收发报机由于性能良好深受用户的欢迎。1904 年，日俄战争爆发，日本帝国主义强占中国的企图令冯如萌发了"航空救国"的念头。他变卖了所有的家当，又游说当地华侨筹集了 1 000 多美元，于 1907 年在旧金山以东的奥克兰设立飞机制造厂。1909 年正式成立

冯如

广东飞行器公司，冯如任总工程师，公司于当年便投入制造飞机。1909 年 9 月 21 日，冯如等人制造的飞机试飞成功。1910 年 7 月，"冯如一号"制造成功。当年 10 月，冯如驾驶着他新设计的飞机参赛，以 700 多英尺的飞行高度和 65 英里的时速分别打破了一年前在法国举办的第一届国际飞行比赛的世界纪录，荣获优等奖，再一次使中国的航空技术超过了西方。冯如在 1911 年初研制成功一架全新型飞机，称作"冯如二号"。1911 年 2 月，志在报国的冯如谢绝美国多方的聘任，接受了孙中山的邀请，带着助手及两架飞机毅然回国，组建革命军飞行队。辛亥革命后，冯如被广东革命军政府委任为飞行队队长。1912 年 8 月 25 日，冯如在广州燕塘的一场飞行表演中因飞机失事不幸牺牲，时年 28 岁。冯如在弥留之际嘱咐同志："吾死后，尔等勿因是失其进取之心。"冯如是中国历史上第一个提出"航空救国"主张，并为之奋斗终生的中国人。冯如逝世后，被国民政府追授为陆军少将，遗体安葬在黄花岗，并立碑纪念，尊为"中国首创飞行大家"。

1910 年冯如（左一）及其"冯如一号"飞机

1911 年 1 月 18 日晨，冯如亲自驾驶"冯如二号"在奥克兰市琼斯街终端、靠旧金山海湾做公开试飞

1909 年，冯如试飞成功后，美国报纸的报道称"在航空领域，中国人把白人抛在后面"

冯如的三位助手，左起分别为朱竹泉、司徒璧如、朱兆槐

冯如在广州燕塘的飞机厂组装飞机

1912 年 8 月 27 日，
美国报纸报道冯如死
讯，配发"冯如一号"
飞机前的冯如照片

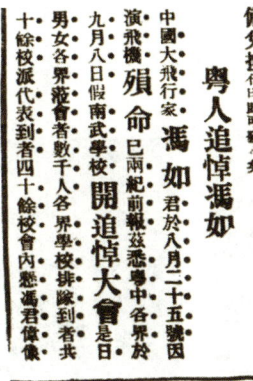

1912 年 9 月 16 日
《申报》发文《粤人追悼
冯如》，对广东人深切悼
念冯如的情况作了报道

广东恩平的冯如纪念馆

中华革命军飞行队队长谭根

谭根（1889—?），原名谭德根，美国爱国华人，1889
年出生于美国旧金山，祖籍广东开平。1907 年，得亲友的
资助，进入美国希敦飞机实验学校学习，深入研究航空理
论和飞机制造技术。1909 年 9 月 21 日，冯如等人制造的
飞机试飞成功，轰动一时，给谭根打了一剂强心针，他更
加全身心投入设计新式的水上飞机，创造性地将发动机安
装在机头上。1910 年 7 月 19 日，谭根制造了船身式水上
飞机，参加在美国举行的万国飞机制造比赛，因其飞机性
能良好、设计先进，夺得冠军。1911 年 3 月，谭根奉孙中

谭根

山之命回广州，参与谋杀清将军孚崎，他加入当时"美洲幻术马戏杂技团"，
表演施放乘人气球节目，吸引孚崎观看，以便刺杀。孚崎往观表演途中，被革
命党人温生才杀死。事成后谭根返回美国，继续潜心研究飞机。1912 年 4 月，
他参加圣地亚哥的飞行比赛，面对更多更强的对手，谭根以高超的驾驶技术升
空三四千尺，技压群雄。他在空中表演至汽油耗尽，才不惊不惧地安然着陆。
其杰出的表现，赢得了由寇蒂斯飞机公司颁发的银鼎一座，从此声名远播。谭
根此后前往多个国家进行飞行表演，曾被邀请驾机飞越菲律宾境内海拔 2 416
米高的马荣火山，创造了当时水上飞机飞行的世界纪录。1914 年，谭根得知
孙中山因反袁失败而远走日本，他随后前往东京，于 1915 年 5 月辗转见到了
孙中山，孙中山认为他是革命军未来发展所需的人才，便极力邀请他回国担任

中华革命军飞行队队长，谭根欣然回到广州任职。1918 年参加讨伐广东军阀龙济光的战役。后回到美国，转而从商，直至 20 世纪 60 年代去世。

1910 年 7 月，谭根驾驶自制水上飞机，参加了美国芝加哥万国飞机制造比赛，获得水上飞机第一名

1912 年谭根（左二）勇夺圣地亚哥飞行比赛大奖

1915 年 5 月，孙中山（中）在日本会见谭根（左一）

大元帅府首任航空局局长杨仙逸

杨仙逸（1891—1923），美国爱国华人。出生于美国夏威夷，祖籍广东中山北台村。从少年时代起，就深受孙中山革命思想的影响。出于对孙中山的景

仰，把自己的名字从原来的"仙镒"改为"仙逸"。1910 年，杨仙逸加入同盟会。后转入美洲卡利科弥省哈厘大学机械专科，学习机械及兵器制造技术。"二次革命"失败后，孙中山被迫流亡海外，开展讨袁斗争，并号召华人子弟学习航空，建立飞机队，开展"航空救国"。杨仙逸再次响应，于哈厘大学毕业后考入纽约茄弥斯大学航空专科，学习飞机制造及驾驶技术，毕业时成绩优异，考取了万国飞行会颁发的驾照。1917 年，回广州参加第一次护法战争。1919 年，奉命往福建漳州筹备组织我国第一支飞机队，并充任总指挥。不久，桂系军阀莫荣新叛变革命，并盘踞广州越秀山一带负隅顽抗。为了结束军阀割据的混乱局面，孙中山组建了以杨仙逸为总指挥的"援闽粤军飞机队"，于 1920 年 8 月从福建回师广东，配合援闽粤军作战。杨仙逸率领飞机队在广州上空投下传单，声讨莫荣新的罪状，9 月 26 日向越秀山敌占区投弹。莫荣新在海、陆、空夹击下，抱头鼠窜。为了壮大飞机队，杨仙逸到日本、美国、墨西哥等地向华侨筹款购机。到檀香山时，其父杨著昆积极赞助，用个人的财产购买 4 架飞机献给祖国。后来，杨仙逸又购得 8 架飞机，组建了中国第一支空军队伍。1923 年 3 月 1 日，孙中山在广州重建大元帅府，任命杨仙逸为航空局局长，在广州大沙头设立航空局。接着，杨仙逸又筹办了广东飞机制造厂，并兼任厂长，且亲自领导航空和飞机制造工作。1923 年 8 月，由杨仙逸主持设计、中国自行生产的以"乐士文"命名的第一架军用飞机正式试航及命名典礼在大沙头机场举行，宋庆龄亲自登上飞机参加试航。1923 年 9 月，陈炯明在惠州发动叛乱。孙中山派大军讨伐，杨仙逸亦参与作战。在惠州一役中，因试布水雷爆炸而殉难，时年 32 岁。

第一架由华人自行设计并在中国本土制造出来的飞机"乐士文号"，是中国第一架轻型侦察机，时速可以达到 120 千米

杨仙逸

　　"九日下午四时，大元帅率同其夫人宋女士，顾问宋子文……至大沙头该局督阅飞机演放。""各机放至六时后始已。孙夫人更坐一号自制机摄影，以留纪念。"

——《民国日报》，1923 年 8 月 18 日

杨仙逸（左七）与制造"乐士文号"飞机的中外技术人员合影

孙中山和宋庆龄在"乐士文号"飞机前

杨仙逸取得万国飞行会颁发的驾照

杨仙逸（中）与他的战友在一起

为了表彰杨仙逸的卓越功勋，鼓励其继续努力为新中国建立一支强大的空军，孙中山亲笔题写"志在冲天"的横幅赠给杨仙逸作为纪念

大元帅府继任航空局局长黄光锐

黄光锐（1898—1985），美国爱国华侨，广东省台山市白沙镇潮境田心村，幼年时随父亲去美国。1916年，通过勤工俭学和亲友资助，自费到旧金山美洲飞行学校学习飞行技术，以优异成绩获得美国飞行执照。1917年9月10日，孙中山在广州就任军政府大元帅。1921年孙中山在广州成立大元帅府，为保卫广东革命政权，急需筹建一支空军，于是派遣早期在美国纽约茄弥斯大学航空专科毕业的杨仙逸、陈应权等去美国招收和培训航空人才。当时已取得飞行执照的黄光锐受国民党

黄光锐

美洲支部推荐，应招参加培训，继续深造。他随训练队到美国夏威夷等城市做飞行表演，并号召华侨捐资购机，支持孙中山领导的民主革命。黄光锐于翌年毕业后，由杨仙逸率领回国，在大元帅府直接管辖下，组织航空局，建立广东飞机制造厂，杨仙逸任局长，黄光锐和林伟成分任第一、二飞机队队长，是为广东空军之雏形。1923年8月，"乐士文号"由黄光锐亲自驾驶试飞，报请孙

中山检阅。陈炯明叛变后，令其部属洪兆麟袭击大元帅府，孙中山紧急命令空军马上参战，黄光锐即刻驾机飞到前线轰炸，弹投完了，回来再换一架，轮流驾驶三架飞机上阵，炸乱了叛军阵脚。杨仙逸遇难后，黄光锐接任航空局局长重任。1937年抗战后，他调任中央航空委员会副主任兼成都空军司令，被授予空军少将衔。1941年4月，黄光锐调任航空研究所所长，培养了我国第一代高级航空工程技术人员。1949年他迁往香港，后移居美国洛杉矶。1985年8月，在美国洛杉矶病逝，享年87岁。

六个民国空军飞行员合影。自左至右：黄光锐、周宝衡、陈庆云、张惠长、杨官宇、黄毓沛。除周宝衡外，其余均为美国华侨

大元帅府航空局副局长张惠长

张惠长

张惠长（1899—1980），美国爱国华侨，广东中山人，幼时随父侨居美国，1914年入纽约寇蒂斯航空学校学习飞行。1917年毕业，领万国飞行师执照，同年回国。9月孙中山任其为侍从副官、参军处副官。1918年任大元帅府航空处副处长。1920年任航空局飞机队第一队队长。1922年升任航空局副局长、代理局长，仍兼第一队队长，率队驻扎韶关。同年6月，陈炯明叛变，张惠长随孙中山赴上海。1927年返回广州，任广东航空学校首任校长。次年初，改任第八路总指挥部航空处处长。之后，张惠长组织了中国近代史上首次全国长途飞行。1928年冬，张惠长偕杨官宇、黄毓沛、杨标三人，驾飞机"广州号"经汉口、南京、北平、沈阳，转往天津、上海返回广州。这次环中国飞行活动在没有雷达、导航的航空条件下进行，是一大创举；同时还打破了省与省之间各自为政的微妙局面，到访当时尚未易帜的东北，对全国的航空事业进程起到了推动作用。1929年4月，任中国航空公司理事；8月被任命为国民政府军政部航空署署长，旋复兼任广东航空学校校长。继而率机返南京，在南京筹建航空学校，旋改中央航空学校迁杭州笕桥。1930年率机参加中原大战。1931年5月，国民党中央执监委员非常会议决议在广州成立国民政府，任张惠长为空军总司令。同年12月，

当选为国民党第四届中央执行委员。1932 年任西南政务委员会常务委员、西南军事委员会委员。1933 年 4 月，被聘为行政院全国航空建设委员会委员。1935 年 4 月，出任驻古巴公使。1937 年 4 月回国，任行政院直辖之中山模范县县长。1947 年 4 月，任立法院立法委员。1948 年任行宪国民大会代表。1949 年去台湾。1980 年 7 月 16 日病逝，享年 81 岁。

广东军事飞机学校总教官陈庆云

陈庆云（1897—1981），美国爱国华侨，广东珠海南溪人。3 岁时随父母侨居日本，后于横滨结识孙中山。1914 年得孙中山与廖仲恺推荐，赴美国寇蒂斯航空学校受训。1917 年，毕业归国，任孙中山侍从武官，协助孙中山创建革命空军，开辟广州东郊珠江畔的大沙头为水陆飞机场。孙中山成立航空局后，陈庆云任航空大队长。1918 年 4 月，奉孙中山之命，到福建组织援闽粤军飞机队，复被派赴日本大阪购买飞机，归国后任援闽粤军飞机队队长。1920 年，为号召民众声讨军阀，驾机在广东省各县散发传单，开创了中国历史上用飞机散发传

陈庆云

单的先例。同年，陈庆云还奉孙中山之命在澳门购置两架飞机，并在离澳门较近的三灶第一次开辟简易机场，供训练和侦察敌情使用。国共合作后，孙中山于 1924 年冬创办广东军事飞机学校，陈庆云任总教官。1927 年后，历任广东航空学校教育长、航空处副处长、广东省航政总局局长、虎门要塞司令兼广东海军副司令、广州市公安局局长、中央航空委员会主任等职，被选为国民党中央候补执行委员。抗战前夕，被任命为中央航空学校校长；抗战爆发后，改任空军募款委员会主任委员及国民党海外部部长。1949 年辞去海外部部长职务，退出军政界，侨居美国，1981 年 12 月 14 日逝世于纽约。

广东航空队副队长林福元

林福元（1890—1962），美国爱国华人。出生于美国加利福尼亚州奥克兰市，祖籍广东省开平市赤水镇。青年时期的林福元在变法维新思潮的影响下加入了保皇党，于 1911 年初考入美国寇蒂斯航空学校。1913 年 3 月，林福元在航空学校毕业。他在美国西部举行过多次飞行表演，以飞行技术高超而蜚声美国。1917 年 8 月，林福元开始接受孙中山的革命主张。1917 年 9 月，孙中山到达广州，就任军政府大元帅，开展护法斗争。林福元随即脱离保皇党，受任为广东航空队副队长，追随孙中山革命。1927 年 6 月，孙中山创办的广东军

事飞机学校改名为"国民革命军总司令部航空学校",通称"广东航空学校",并于 1928 年 3 月恢复招生,林福元被任命为该校机务处处长。1928 年 11 月,南京中央政府扩建空军,把国民革命军总司令部航空处扩充为航空署,隶属军政部;又在中央陆军军官学校开设航空班,训练空军人才。1929 年任南京中央政府航空署机务处处长。从此,一直从事与"航空救国"有关的工作。1949 年移居香港,1962 年在香港病逝。

林福元

情系 "航空救国" 的容氏父子

容嵩光(1870—1950),美国爱国华侨,出生于广东珠海斗门。1881 年,以"契约劳工"身份跟随伯父远涉重洋赴美国。在结识孙中山后,受其革命思想影响,成为最早在美洲秘密加入同盟会的会员之一。孙中山委任他为中国国民党通讯处处长兼饷局主任。辛亥革命后,孙中山提出"航空救国"主张,希望华侨支持、参与创办航空学校、培养航空人才。1914 年孙中山委派林森赴美筹办航空学校,容嵩光响应号召,向华侨发起集资,率先创办中华航空公司,以支持新成立的寇蒂斯航空学校。寇蒂斯航空学校培养出了杨仙逸、陈庆云、张惠长

容嵩光

等 20 多位中国航空史上的优秀人才,他们学成后纷纷回国参加孙中山创建的广东空军并成为骨干。而早在 1913 年,容嵩光就在美国创立中华飞船公司,试制的飞机成功升空,1918 年他还创立了图强飞机有限公司。

容嵩光有两个儿子,长子容兆明毕业于美国航空学校,回国后成为中国第一批飞行员,服务于广东航空学校,任高级飞行员,是中国训练跳伞员的第一位教官。1937 年,他驾机护送工程师时因大雾而撞山,不幸殉职。容嵩光的幼子容兆珍于 1942 年参加美国陆军,同年被编入中国远征军,被派往中国、缅甸,支援中国抗击日本侵略军。1944 年,容兆珍作为史迪威助手,参与策划了松山战役,打通了滇缅公路的咽喉要道。不久,他晋升为少校军官。任务结束后,容兆珍返回美国,任奥克兰陆军基地军械部副部长,并升任上校军官。

容兆珍

容嵩光父子均将"航空救国"视为己任,为祖国的航空事业作出了极大贡献。

缅怀永恒

1924 年 10 月 23 日，冯玉祥发动北京政变，逼迫"贿选总统"曹锟下野，赶跑了掌有实权的直系军阀将领吴佩孚，北伐军停止前进。29 日，冯玉祥电请孙中山北上共商大计。孙中山于 11 月 10 日发表《北上宣言》，随即偕宋庆龄等人绕道日本北上，在孙中山北上期间，因时局多变，冯玉祥迫于压力，与张作霖等人联名推举段祺瑞为中华民国临时执并与张作霖合作政。段上台后对各国公使表示要"外崇国信"，即遵守不平等条约，并公布善后会议条例，决定召开完全由军阀官僚作为代表的善后会议。12 月 4 日，孙中山一行抵达天津，因旅途劳顿，加上天气寒冷，孙中山在天津病倒。他得知段祺瑞的言行后，旗帜鲜明地反对召开善后会议，主张召开国民会议，得到国内各界及日本、南洋等地华侨的响应。12 月 31 日，孙中山抱病进京，并发表公开的书面讲话。随着病情愈重，孙中山被确诊为肝癌并已到晚期，各种治疗办法均无效，于 1925 年 3 月 12 日病逝。一代伟人孙中山逝世，举国哀悼，海外各地华侨惊闻噩耗，沉浸在无限悲痛之中，并举行了各种形式的悼念活动。伟人虽逝，但孙中山为民族独立、社会进步、人民幸福所建立的历史功勋，孙中山的爱国思想、革命意志和进取精神，将永远让人缅怀，催人奋进。

1924 年 11 月，孙中山决定接受冯玉祥的邀请北上，10 日发表《北上宣言》，图为孙中山 10 日当天与大元帅府工作人员在广州大元帅府合影

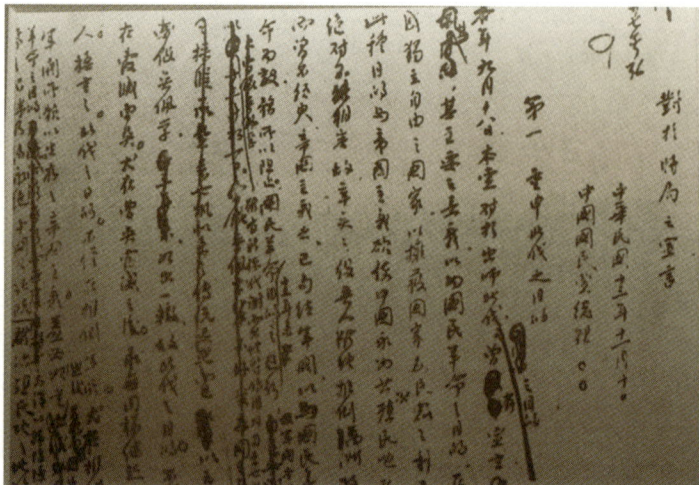

孙中山《北上宣言》手稿，提出"召开国民会议和废除不平等条约"两大号召

1924 年 11 月 23 日，孙中山北上北京，绕道日本，
在船上与留日学生及华侨代表合影

1924 年 12 月 31 日，孙中
山扶病至北京，受到北京各界
群众十余万人的热烈欢迎。孙
中山发表《入京宣言》以及对
欢迎民众之书面讲话。图为当
时孙中山和宋庆龄分赠报刊及
各界人士的照片

《申报》1924 年 11 月 20 日刊文《孙中山离粤赴
沪北上》

遗憾离世　举世悲痛

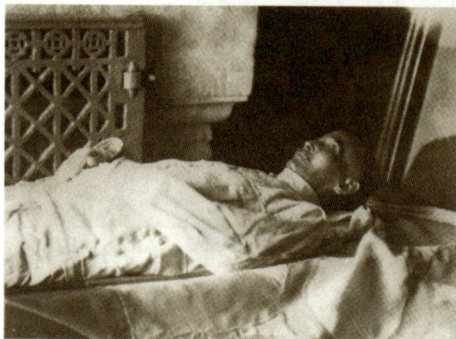

1925 年 3 月 12 日，孙中山病逝于北京铁狮子胡同行馆，享年 59 岁

为孙中山守灵的亲属，右起分别为孔祥熙、宋子文、孙科、戴恩赛、宋庆龄、宋美龄、宋霭龄

中国国民党中央执行委员会上海执行部为孙中山逝世发布的讣告

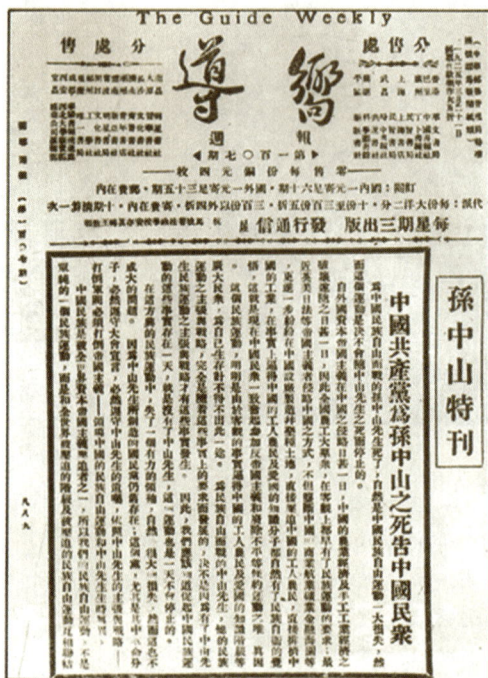

中国共产党为孙中山逝世发布的告民众书

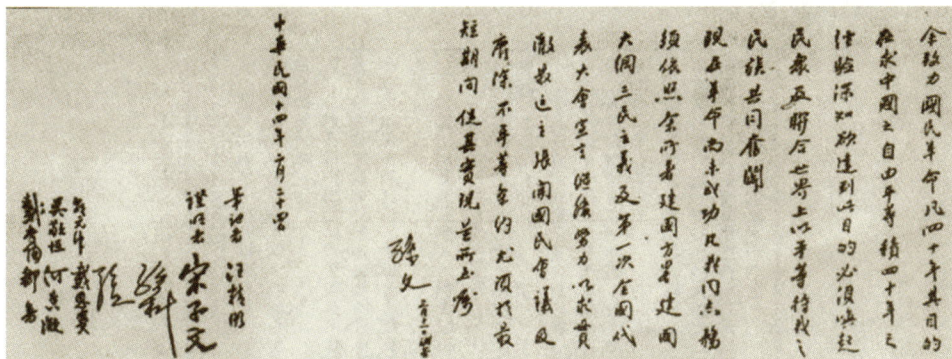

　　孙中山临终前十七天，即 1925 年 2 月 24 日，他知道自己病已不治，预立了三份遗嘱，这三份遗嘱是《遗嘱》《家事遗嘱》和《致苏联遗书》。图为孙中山于 1925 年 3 月 11 日签署的国事遗嘱。遗嘱全文："余致力国民革命凡四十年，其目的在求中国之自由平等。积四十年之经验深知欲达到此目的，必须唤起民众及联合世界上以平等待我之民族，共同奋斗。现在革命尚未成功，凡我同志，务须依照余所著《建国方略》《建国大纲》《三民主义》及《第一次全国代表大会宣言》继续努力，以求贯彻。最近主张开国民会议及废除不平等条约，尤须于最短期间促其实现。是所至嘱！"

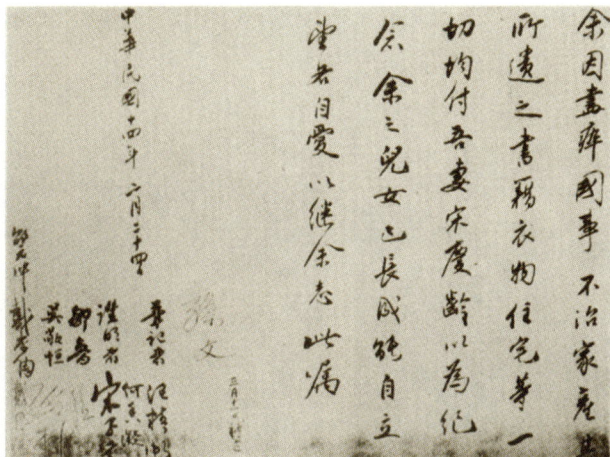

　　孙中山《家事遗嘱》。原文为："余因尽瘁国事，不治家产。其所遗之书籍、衣物、住宅等一切均付吾妻宋庆龄，以为纪念。余之儿女已长成，能自立，望各自爱，以继余志。此嘱。"

孫中山致蘇俄遺書

蘇維埃社會主義共和國大聯合中央執行委員會親愛的同志：

我在此身患不治之症，我的心念，此時轉向於你們，轉向於我黨及我國的將來。

你們是自由的共和國大聯合之首領。此自由的共和國大聯合，將藉此以保衛其自由，從以古代奴役戰爭偏私爲基礎之國際制度中謀真正同志之人。將稍此以保衛其自由，從以古代奴役戰爭偏私爲基礎之國際制度中謀真正同志之人。解放。

我遺下的是國民黨。我希望國民黨，在完成其由帝國主義制度解放中國及其他被侵略國之歷史的工作中，與你們合力共作。命運使我必須放下我未竟之業，移交與被護守國民黨主義與教訓而組織我故我已囑附國民黨進行民族革命運動之工作，俾中國可免帝國主義加諸中國的半殖民地狀況之羈縛。爲達到此項目的起見，我已命國民黨長此繼續與你們提攜；我深信你們政府亦必繼續前此予我國之援助。

親愛的同志，當此與你們訣別之際，我願表示我熱望的希望，有望不久即將破曉，斯時蘇聯以良友及盟國而欣迎强盛獨立之中國，兩國在爭世界被壓迫民族自由之大戰中，攜手並進以取得勝利。

謹以兄弟之誼祝你們平安。

孫逸仙（簽字）

《孙中山致苏俄遗书》，即《致苏联遗书》，重申国民政府反对帝国主义，坚持中苏友好政策，阐明实行"三大政策"的坚定信念

孙中山逝世，北京十二万市民空巷送灵

孙中山灵柩由协和医院移交中央公园社稷坛，各界群众聚集在协和医院门前哀悼孙中山

广州各界在东较场举行追悼孙中山大会

烟台群众举行孙中山逝世追悼大会

《申报》1925 年 3 月 15 日发文《孙中山逝世之哀
悼（二）》，对全国各地悼念孙中山的活动进行了报道

孙中山逝世后，海外各地华侨举行了各种形式的悼念活动，悼电悼函如雪片般飞回国内。据初步统计，有唁电 87 件、挽联 160 余副。[1] 十几个国家 30 多个地区的华侨举行了追悼活动。海外华侨这样大规模沉痛悼念中国革命的领袖是前所未有的。[2]

1925 年 3 月，美国加州一小镇的华人几近全体出动，隆重悼念孙中山

1925 年 3 月，美国洛杉矶华侨隆重悼念孙中山

[1] 据孙中山先生葬事筹备处编《哀思录》挽联卷三统计。
[2] 任贵祥：《孙中山与华侨》，哈尔滨：黑龙江人民出版社，1998 年，第 441 页。

《顺天时报》1925 年 5 月 5 日刊文《旅法华侨追悼孙中山》

古巴华侨在会馆设立灵堂，沉痛悼念孙中山

日本横滨各界人士举行追悼会

新加坡华侨得知孙中山不幸逝世的消息后，华埠连日降半旗，"妇孺辈亦莫不痛惜"，"甚至各小童手执一国旗，沿街大唱哀国父逝世之悲歌"；工商多停业一天；侨校一致停课。4月12日，新加坡各界华侨举行追悼孙中山大会，"到者逾十万人，秩序肃穆"。马来亚、菲律宾、越南、韩国等地华侨也都举行了悼念活动。

《申报》1925年4月15日刊文《新加坡华侨追悼孙中山之沪讯》，对新加坡华侨追悼孙中山的情况进行了报道

南京中山陵和广州中山纪念堂

孙中山在就任临时大总统时，有一次与随从到紫金山游玩，对此地山水十分欣赏，说一旦死后希望向全国人民要这里的一块土地建墓。1925年3月12日，孙中山在北京逝世，国民党根据他的遗愿在紫金山南侧选定墓址，开始建墓。1929年5月26日，孙中山遗体从北京迁往南京中山陵。图为南京中山陵远眺

1929 年 6 月 1 日，南京举行了孙中山葬礼，即奉安大典。该大典是由南京国民政府前后历时四年为孙中山举行的国葬，备极隆重。图为大典现场

广州中山纪念堂是广州人民和海外华侨为了纪念伟大的革命先行者孙中山而筹资兴建的纪念性建筑物。1929 年 1 月动工，1931 年 11 月建成。广州中山纪念堂外形庄严宏伟，具有浓郁的民族特色，现在是全国及广东省重点文物保护单位。图为中山纪念堂外景

南京中山陵和广州中山纪念堂的设计者、归侨建筑师吕彦直

吕彦直（1894—1929），归侨建筑师，出生于天津。幼年喜爱绘画。8 岁丧父，翌年随其姊侨居巴黎，开始接触西方文化。数年后回国。1911 年考入清华学堂留美预备部读书。1913 年毕业后以庚款公费被派赴美国留学，入康奈尔大学，先攻读电气专业，后改学建筑。1925 年 5 月，孙中山葬事筹备处向海内外建筑师和美术家悬奖征求陵墓建筑设计图案。9 月，他的设计方案以简朴、庄重的钟形图案，在 40 多种设计方案中脱颖而出，荣获首奖。不久受孙中山先生葬事筹备委员会之聘，担任陵墓建筑师，监理陵墓工程。1927 年 5 月，由他主持设计的广州中山纪念堂和纪念碑再夺魁首。他设计、监造的南京中山陵和由他主持设计的广州中山纪念堂，是我国近代建筑中融汇东西方建筑技术与艺术的代表作。他也因此被称作中国"近现代建筑的奠基人"，从此蜚声海内外。不幸的是，吕彦直终因积劳成疾，于 1929 年 3 月 18 日因病在上海不治逝世，年仅 35 岁。吕彦直逝世后，南京国民政府曾明令全国予以褒奖，并在陵园立碑纪念。

吕彦直

海内外孙中山纪念馆

上海孙中山故居。由美洲华侨于 1912 年筹款购买送孙中山居住

台北孙中山纪念馆

香港孙中山纪念馆

南京孙中山纪念馆。由北美安提瓜华人捐资兴建

广东省中山市孙中山纪念馆

武汉辛亥革命武昌起义纪念馆

加拿大温哥华中山公园里的孙中山塑像

位于马来西亚乔治城打铜仔街120号的孙中山槟城基地纪念馆

美国旧金山圣玛利广场上的孙中山铜像

美国檀香山中国城里的孙中山塑像

日本兵库县的孙文纪念馆

海内外华侨纪念孙中山的活动

1966 年 11 月 12 日，北京举行纪念孙中山诞辰 100 周年大会，周恩来在大会上讲话，宋庆龄发表题为"孙中山——坚定不移、百折不挠的革命家"的演说

1981 年 10 月 9 日，北京人民大会堂举行辛亥革命 70 周年纪念大会。中共中央副主席、全国人大委员长、大会筹备委员会主任委员叶剑英主持会议，中共中央主席胡耀邦在会上作了主题报告

孙中山先生诞辰 90 周年纪念大会在北京隆重举行，孙中山生前的老战友们在交谈。自左至右：马坤（加拿大华侨）、林伯渠、叶恭绰、马湘（美国华侨）

北京市民举行纪念孙中山逝世91周年活动

美国旧金山唐人街华侨华人每年在孙中山诞辰纪念日都会到圣玛利广场集会，举行纪念活动

旅日华侨在东京举行纪念孙中山诞辰100周年大会

1986 年 11 月 12 日，北京举行纪念孙中山
诞辰 120 周年大会

泰国各界
华侨举行"纪
念孙中山先生
诞辰 140 周年座
谈会"

美国华盛顿举行"孙中山先生与辛亥
革命"图片展

加拿大多伦多华团举办纪念孙中山图片展

德国华侨华人举行"纪念辛亥百年，给力祖国统一"座谈会

"孙中山与华侨"研究成果

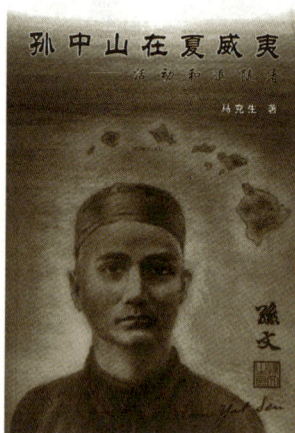

《孙中山在夏威夷：
活动和追随者》

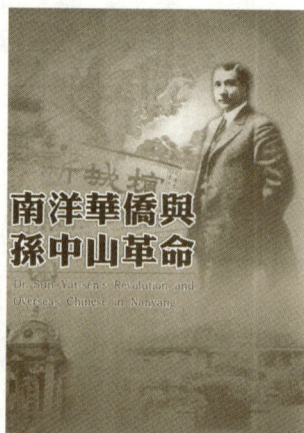

《南洋华侨与孙中山革命》

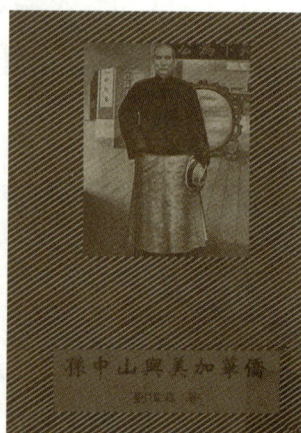

《孙中山与美加华侨》

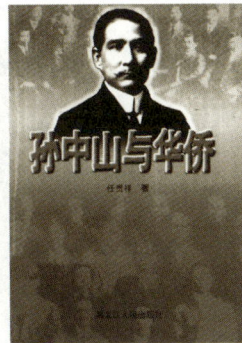

《孙中山在槟榔屿》　　《辛亥革命时期的华侨》　　《孙中山与庇能会议》　　《孙中山与华侨》

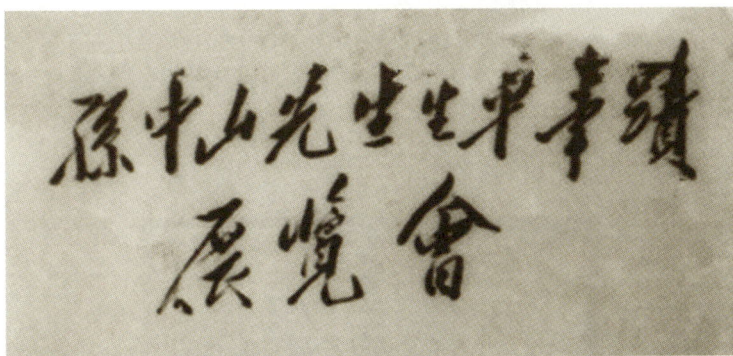

毛泽东为孙中山生平事迹展览会题字

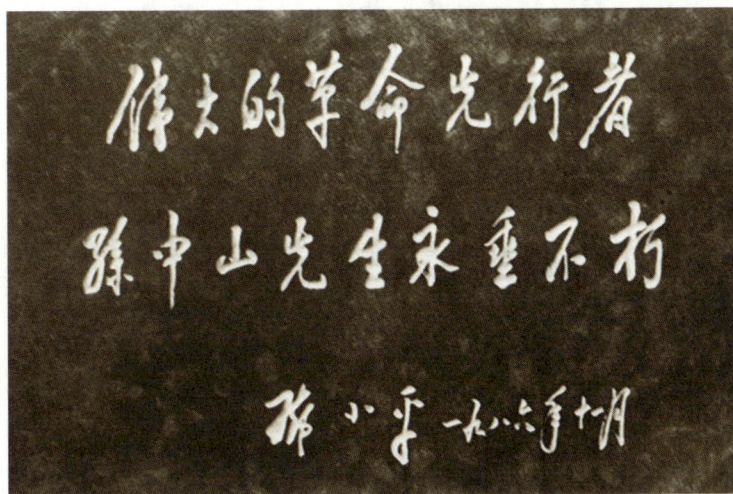

邓小平为北京中山公园的孙中山铜像题词

　　1942年7月7日，美国邮政总署发行纪念中国抗战五周年邮票。这是美国第一枚印有中文的邮票。邮票两侧分别为林肯和孙中山肖像图案，林肯像下印有他在著名的盖德斯堡演说中的名句"OF THE PEOPLE. BY THE PEOPLE. FOR THE PEOPLE"，而孙中山像下则是竖排中文"民族、民权、民生"，以此表明孙中山的"三民主义"与林肯思想一脉相承

国家邮政局于2006年11月12日发行《孙
中山诞生一百四十周年》纪念邮票1套4枚

孙中山的一生是革命的一生、光辉的一生、战斗的一生，他为中华民族的独立和富强建立了不朽的历史功绩。从清朝灭亡到现在的一百多年里，在中国的历史、政治舞台上，没有哪一个人像孙中山这样获得海内外华侨华人的衷心爱戴以及国共两个党派共同的尊重和肯定。以孙中山先生名字命名的"中山公园"，是世界上数量最多、分布最广的同名纪念性公园。作为特定历史背景下产生的历史人文建筑，中山公园与孙中山及其领导的旧民主主义革命这一重大历史事件紧密相连。国共两党都对孙中山给予了高度的评价和赞扬。在漫长的历史长河中能够同时得到不同立场政治势力的拥护和尊重，恐怕也是不多见的。

正如习近平主席于 2014 年 2 月 18 日在北京钓鱼台国宾馆会见时任中国国民党荣誉主席连战及随访的台湾各界人士时所发表的讲话《共圆中华民族伟大复兴的中国梦》中所说：

实现中华民族伟大复兴，实现国家富强、民族振兴、人民幸福，是孙中山先生的夙愿，是中国共产党人的夙愿，也是近代以来中国人的夙愿。我们说的中国梦，就是这个民族夙愿的生动表述。

伟人已去，精神永存。孙中山精神激励着一代又一代中华儿女为民族独立、国家富强前仆后继、勇往直前。这其中包括一代又一代华侨华人，他们秉承孙中山的遗志，发扬爱国爱乡的赤子情怀，始终不渝地支持和参与中国革命、建设和改革的伟大事业，功勋卓著、伟业长存。

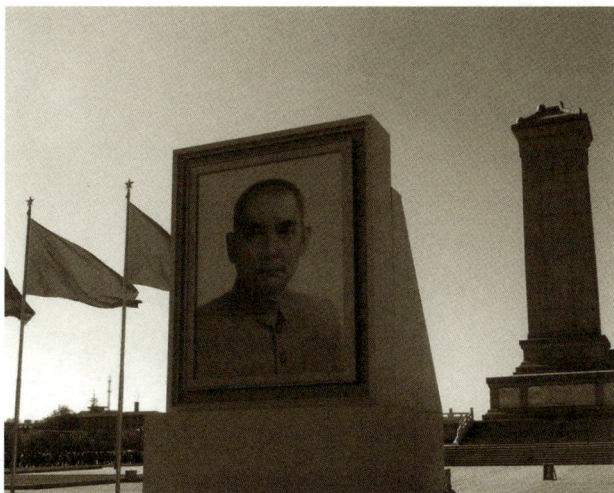

矗立在天安门广场的孙中山巨幅画像